メンタル童貞ロックンロール

森田哲矢

幻冬舎文庫

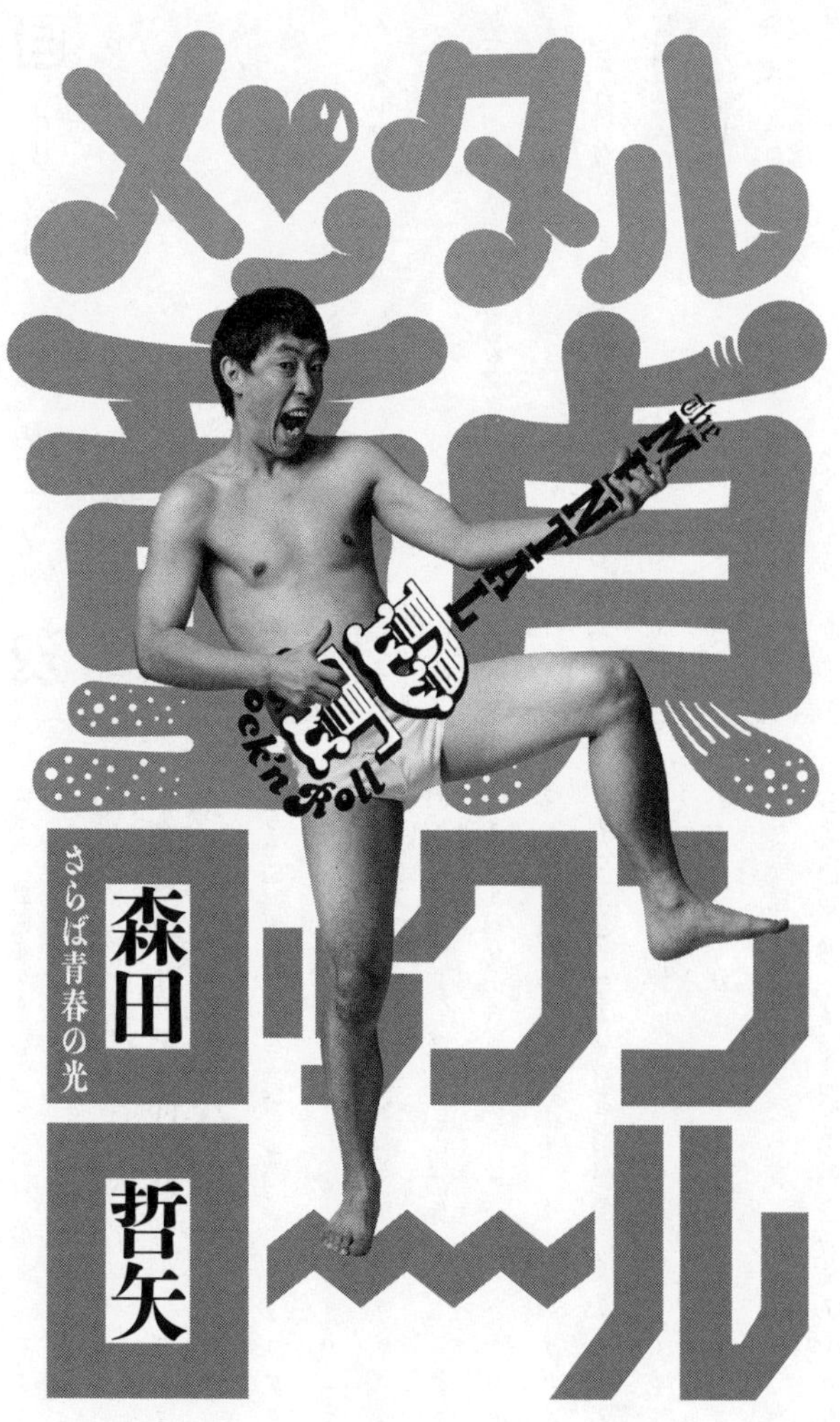

メタル
童貞
The METAL
Rock'n Roll
さらば青春の光
森田哲矢

INDEX 目次

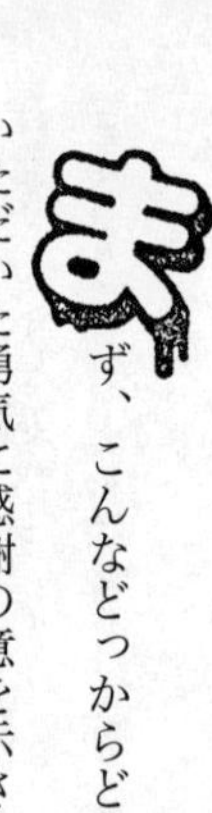

ず、こんなどっからどう見てもヤバそうな本を手に取り、レジまで持っていっていただいた勇気に感謝の意を示させていただきます。

ダ・ヴィンチニュースという崇高な媒体で、約3年半連載させていただいたコラム『**煙だけでいい……あとはオレが火を起こす！**』が、とうとう本という形になった次第であります。

連載開始当初は、ゴシップ好きの芸人達が激安居酒屋に集まり、芸能界に蔓延る(はびこる)ほぼほぼ嘘に近いような薄汚いゴシップを朝まで喋るという、底辺の飲み会で仕入れてきたゴシップを、独自の見解を織り交ぜながら紹介するコラムでした。あの有名人は枕営業をやっているだの、あのアスリートの性欲は果てしないだの、誰も得をしない情報を、ただただ毎月書く、芸能界の偉い人に見つかったら一瞬でこの世から消されるようなやべえコラムでした。

しかし、月日を追うごとに、自分の身の回りで起こった、芸能界のゴシップなんて比べものにならないほどのゲスい出来事や、低俗で薄汚い日常の醜態を垂れ流すコラムに変わっていきました。

誰に見つかっても消されはしませんが、本当に誰も得をしないコラムです。

そんなうんこ以下の読み物が本になり、しかもその本が天下のＫＡＤＯＫＡＷＡ（単行本・二〇一九年）さんから出版されるという事実は、間違いなく平成最後の奇跡と言っても過言ではありません。

買っていただいた皆様に、この本を存分に味わっていただき、読んだ直後に思いっきりゴミ箱に捨てていただき、買ったことを強烈に後悔していただく、そんな本になっていれば幸いです。

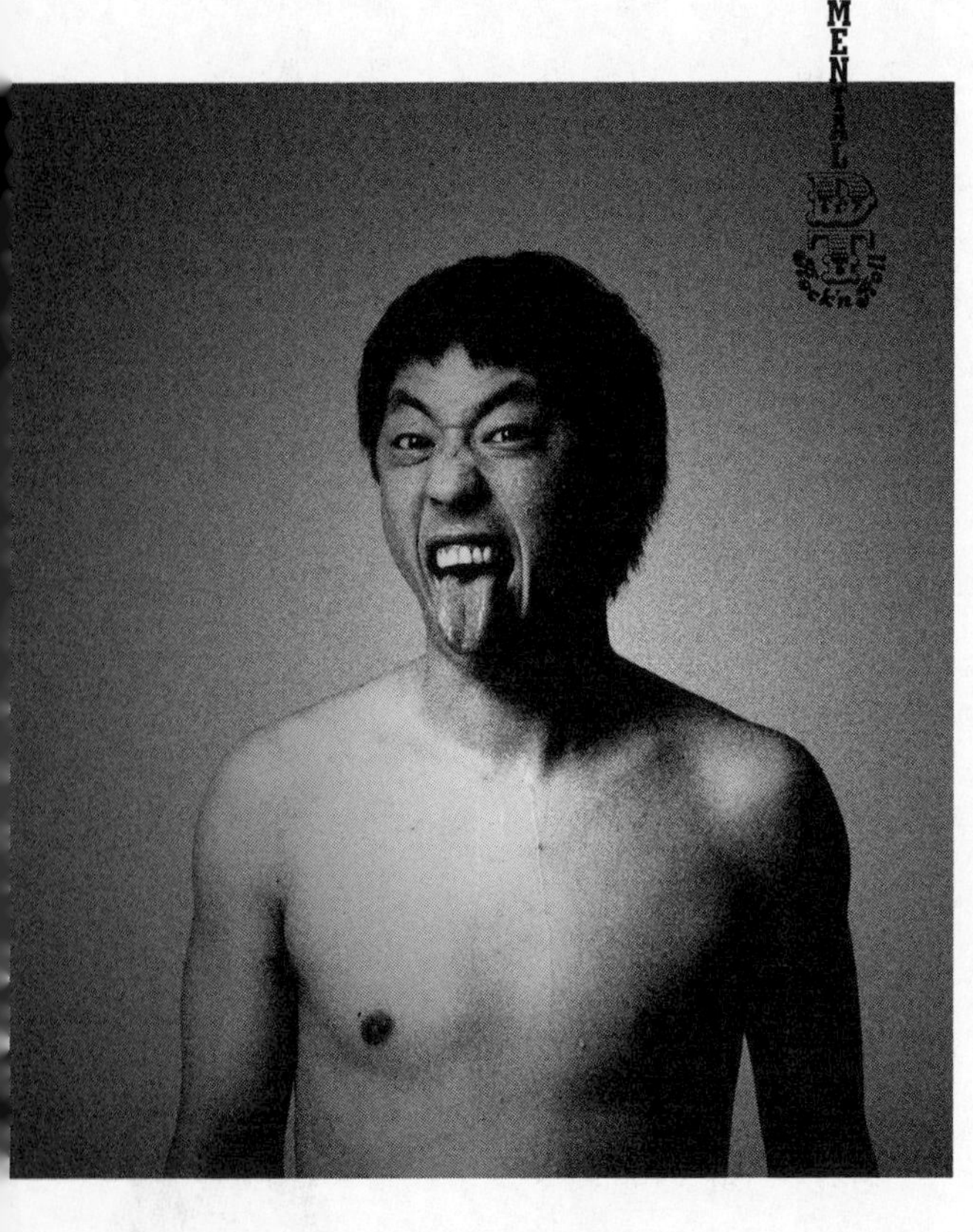
The MENTAL

メ♥タル童貞

初級編

［コラム］煙だけでいい……　あとはオレが火を起こす！①

本書はダ・ヴィンチニュースで連載された
『煙だけでいい……　あとはオレが火を起こす！』の記事を再編集したものです。
諸事情により書籍に収録できなかったweb記事の内容とイラストを
著者のメモと共にご紹介します（編集部）。

第1回「枕営業」

日本の超有名女優が
世界を代表する映画監督に
抱かれてハリウッド映画に
出た話

事務所の
看板タレントを売る為に
その事務所の
下の方のタレントが
枕営業していた話

女子アナが読むニュースのエロさ

素晴らしき芸能界

連載当初は
こんなことばっかり
書いてました

記念すべき第一回目のコラム。
今考えると、よくもこんな
ヤベえ内容書いてたなと
あの頃の自分にゾッと
します。

煙

（p.018につづく）

ヤリマンいい奴説
森
'16.06.15
田
感謝状
ヤリマン説

読者の皆様お久しぶりです。1ヶ月の準備期間を終え、『ダ・ヴィンチ』に帰ってまいりました。というのも、先日このコラム「煙だけでいい……あとはオレが火を起こす!」担当のK氏との打ち合わせの際にK氏から、

「最近の内容を見る限りどんどん書籍化から遠ざかっています。いい加減芸能界に変な幻想を抱くのはやめてください。全部自分で煙立ててるだけじゃないですか」

というご指摘を受けました。僕は食い下がりました。

「本当なんすよ! あのアイドルが飼ってる犬が本当にコンドームを吐き出したんすよ! あの俳優はゆず湯のようにう○こを風呂に浮かべてるんすよ! あのイケメンアイドルのキ○タマを、あの大女優が食べたんすよ! 信じてくださいよ! 全部底辺の飲み会で仕入れてきた奴なんでほぼほぼ本当なんすよ!」

しかしK氏は、

「あーあ、そもそもなんでこんな奴にコラムなんてやらせたんだろ? よくもまあこんなまっすぐな瞳で毎回力説できるよなあ? あーあ、こいつの代わりに朝井リョウとか連載やってくんねえかなー?」

という顔でこちらを見てきます。議論は平行線を辿ったまま時間だけが過ぎていき、気づけばただの世間話をしていました。僕がK氏に日常生活の他愛も無い話をしていたその時で

した。K氏が急に机を叩き僕にこう言ってきました。

「さっきから聞いてたらてめえの日常めちゃくちゃ煙にまみれてんじゃねえか！　何が芸能界のゴシップだ！　末端の芸人の日常こそゴシップそのものじゃねえか！　それを書けバカ野郎！」

僕は食い下がります。

「いや、こんな事書けるわけないでしょ！　こんな事書いたら女性ファンが離れていきます！」

「そもそもてめえに女性ファンなんていねえんだよ！　この幻想野郎が！　つべこべ言わずにとっとと書けバカ野郎！　殺すぞコノヤロー！！！」

K氏の「アウトレイジ」ばりの怒号が会議室に響きわたりました。このままでは殺されてしまう。「アウトレイジ」の加瀬亮のように、バッティングセンターで椅子に括り付けられて、猛スピードで飛んでくるボールをひたすら顔面で受け殺されてしまう。

僕は生きる道を選びました。

生きてりゃそのうち良いことも絶対あるはずです。という事で今回のテーマは〝ヤリマン〟です。

我々底辺の芸人はよくコンパに行きます。これも芸のため、というわけのわからない大義名分を振りかざし、コンパに行きます。そのコンパに来る女性陣の中に、稀にヤリマンがいます。我々底辺の芸人は終電までの限られた時間であの手この手を使い、どの子が今日ヤらせてくれる子なのかを嗅ぎ分けるのです。

「おい！　お前本当に何言ってんだ!?　いくらなんでもそんなに身を削る必要ないだろ！　そんなもん黙っときゃいいんだよ！　マジで女性ファンが離れていくぞ！」

そう心配してくれる男性読者の方々、ありがとうございます。しかしこれでいいんです。殺されるよりは絶対にマシですから。ヤリマンを語る上で、僕が以前から唱えてる説があります。

〝ヤリマンいい奴説〟

です。地上波の『水曜日のダウンタウン』では絶対取り上げてくれないであろう説。そう、ヤリマンはいい奴なのです。なぜならヤらせてくれるから。だってヤらせてくれるんですよ？　こんな底辺の芸人だとわかっていてもヤらせてくれるんですよ？　顔面のクオリティも低い、お金もない、その上これでもかってぐらいのヤりたい感がダダ漏れしている。そんな人間でもヤらせてくれるんですよ？　間違いなくいい奴です。

しかもそういう子に限ってノリが良いので喋ってて楽しい、割り勘でも嫌な顔をしない、親兄弟を大切にしている、などの特徴があり非常に好感が持てます。そしてなんといっても底辺の芸人でもしっかりとヤらせてくれる。恐らくヤリマンはこの世で最も優しい人種なのではないでしょうか？

そんな女神のような彼女達を〝ヤリマン〟などという汚い言葉でしか形容できてない現状を我々日本男子は恥ずかしく思わないといけません。かといって〝性天使〟や〝やさマン〟など、僕も色々と考えてみましたが、いまいちどれもピンとこないのが現状です。もし可能であれば稀代のコピーライター、糸井重里さんにも考えてもらいたいですね。まあたとえ彼女達に直接ヤリマンと言ったところで、優しい彼女たちが怒ることはないのですが。

コンパにおいて重要な事は、どの子が一番可愛いとか、どの子が一番気が利くとか、どの子の服装が好みだとかそんな事ではなく、どの子が一番ヤらせてくれそうか。底辺の芸人達はこれが知りたいのです。たまにこういう事を言う人がいます。「勝てるギャンブルなんて楽しくもなんともない」と。

「楽しいに決まってるやろ！！！！」

そいつの鼓膜をぶち破る勢いでそう言ってやりたいです。勝てんねんぞ？　抱けんねんぞ？　それが確定してんねんぞ？　楽しくないわけないやん？　オレらはパチンコ屋行って、ひょっとしたら20万円勝てる台よりも、確実に2千円勝てる1円パチンコを選ぶ人種や！　舐めんな！　ほんで何もチャラチャラした奴がヤリマンとは限らんからな！　結構見た目普通っぽくてちゃんとしたとこに勤めてる奴の方が実際ヤリマンやったりするからな！　全然出なさそうな台が意外に500円で確変かかったりするからな！

少し感情的になってしまいましたが、結局何が言いたいかというと、家まで来ておいて、いざそういう空気になると、がっちりガードを固めてくる女性よりも、すんなりヤらせてくれる女性の方が、圧倒的に徳の高い人間なのではないかという事です。

僕には一つの流儀があります。それは、ヤらせてくれた女性には、朝起きた時に必ずパンを焼いてあげることです。ヤらせてくれなかった女性よりも、ヤらせてくれた女性のほうに、

「パン焼いてあげたい」

と思うのは当然です。面と向かって感謝を伝えるのはどこか恥ずかしい。だからパンという名の感謝状にジャムとマーガリンを塗って贈呈させていただく。我々底辺の人間がこの贈呈式を怠るようになったら、それこそただのクズです。

芸能界にもヤリマンは沢山いると言われています。しかし彼女達のほとんどは自らのメリットを計算して抱かれたり、有名芸能人にしか抱かれない、いわゆるステータスヤリマンです。底辺の芸人には見向きもしない。僕らに言わせればそんな奴らヤリマンでもなんでもあ

りません。ただごく稀に底辺の芸人が大女優ヤリマンにヤらせてもらったというゴシップが入ってくる時があります。そうなるともうその大女優が日本のヤリマンの中で実質一番いい奴です。その優しさたるや計り知れないです。いつか朝から並んで打ってみたいものですね。

書籍化へ向けて茨すぎる道を素っ裸で歩き始めた僕。この道の先に待ってるのは果たして本当に書籍化なのか？　それとも誹謗中傷の嵐なのか？　はたまた大勢のヤリマンか？

恐らく一択しかないですが、殺されるよりはマシなので来月も僕はペンを握ろうと思います。

［コラム］煙だけでいい……あとはオレが火を起こす！②

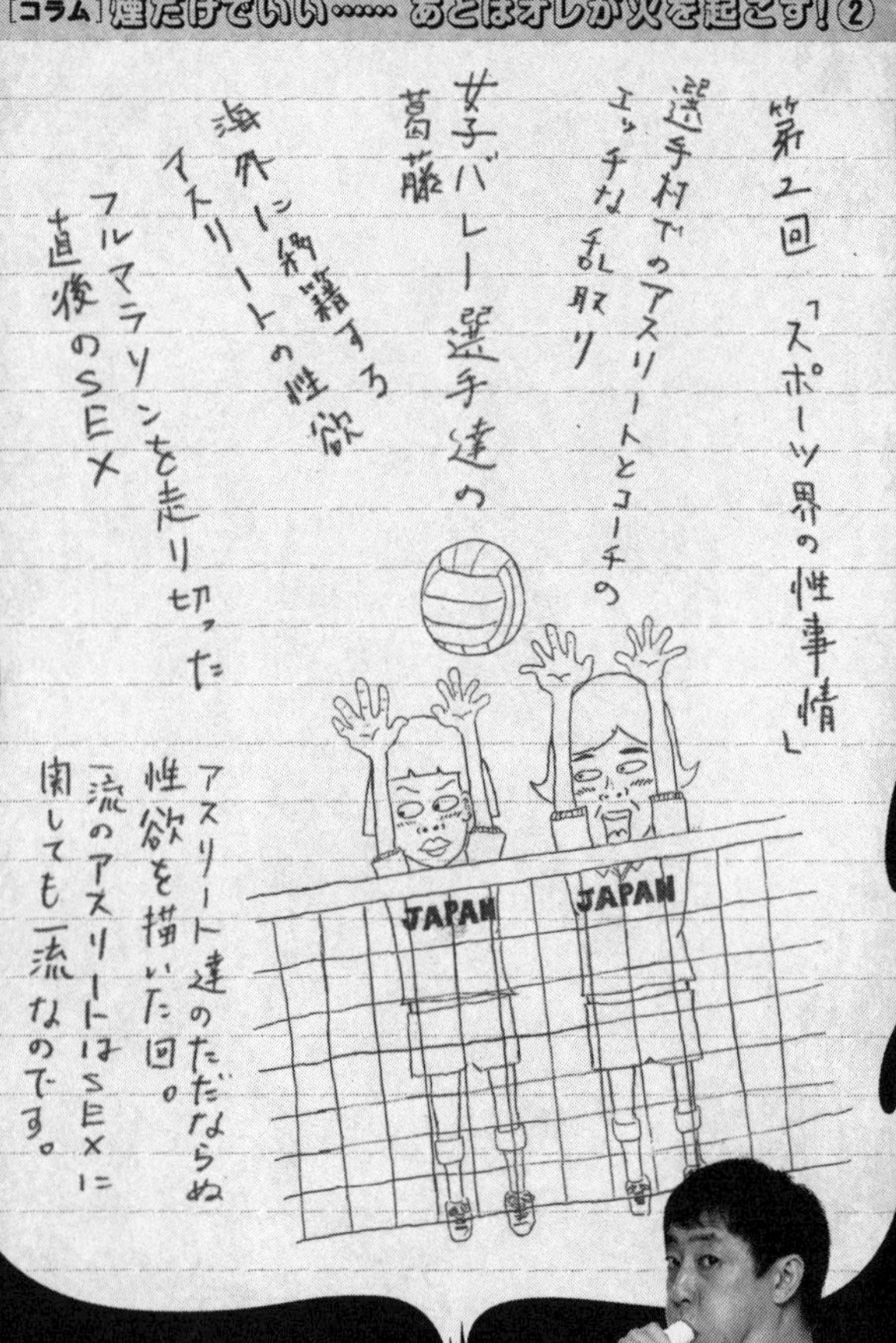

煙

（p.076につづく）

局員と飲みたがる女

森
'18.07.15
田

やあみんな！　元気かい？　KinKi Kids みたいな書き出しでごめんよ！　なんでこんな感じかというと、オレは前回のコラムでヤリマンへの異常なまでの執着心を世間に晒け出したことで吹っ切れて変なテンションになってるんだぜ！　前回のコラムの影響で、ただでさえ少なかったライブの出待ちがとうとう0になったぜ！　そして贔屓にしてたヤリマンからLINEが来て、

「コラム読んだ。そういえばわたしが家行った時パン焼いてくれたけど、あのヤリマンってわたしの事？　言っとくけどわたしヤリマンではないから！」

と言われ、それっきり連絡が途絶えたぜ！　確かに本当のヤリマンはそんな小せえことで怒らねえもんな！　もし今度会うことがあったらおちんちんを形どった石盤を踏ませてしっかりヤリマンかどうか確認してやるぜ！　げへへへへ！

すいません……。さすがにこのコラムの寛容な読者の方々もこのテンションの文章を読み続けるのは苦痛ですよね……。ここからは普段通りのスタンスで書いていきますので、何卒今月も宜しくお願い致します。とはいえ吹っ切れてることに変わりはありませんので今月も己のゴシップをゴリゴリに晒け出す所存でございます。

さて、皆さんは〝局員〟と聞いて何をイメージしますか？　芸能の世界に身を置いてる人間が〝局員〟と聞いてまず思い浮かべるのは、やはり〝テレビ局員〟です。〝テレビ局員とは、

テレビ制作という楽しい事をしながらも、同世代のサラリーマンよりも遥かに稼ぎ、尚且つ公務員並みに安定している職種です。

無敵です。スーファミの頃のパワプロ（『実況パワフルプロ野球』）のイチローです。

打撃（給料）Ａ
走塁（タクシー移動）Ａ
守備（学歴）Ａ
肩（できる感）Ａ
ミートカーソル（会社の安定度）Ａ

　まさに無敵です。東京には、そんなイチロー並みのステータスを持つ局員とやたらと飲みたがる女達がちらほら存在します。イチローと飲むために全精力を注ぎ、イチローと飲む事だけを考えながら月〜金までデスクワークをし、そしてイチローと飲めた暁には確実に連絡先を交換し関係を育む。もはやオリックス時代の仰木監督よりもイチローが好きな女達です。

　そんな女達との出会いは突然でした。知り合いの放送作家から、「今日何してます？　割と可愛いＯＬ２人と飲むんですがどうですか？」という電話がありました。もしかしたらヤリマンかも?と思った僕はすぐにその作家と合流しました。そんな浮かれ気分の僕に、作家から思わず顔をしかめてしまいそうな言葉が発せられました。

「僕前にこの2人と僕が入ってる番組のスタッフ数人で飲んだんですけど、その時にこの2人の局員への食いつきが半端なかったんですよ。恐らく局員とどうにかなりたい2人だと思うんですけど、森田さんもキングオブコント常連やし大丈夫だと思います!」

ほんまか? ほんまに大丈夫なんか? おれイチローちゃうぞ? 1軍と2軍行ったり来たりしてるような選手やぞ? のちに『プロ野球戦力外通告 クビを宣告された男達』みたいなドキュメンタリー番組で密着されるタイプの選手やぞ? そんな奴大丈夫なわけなくない?

と、僕が言い知れぬ不安に駆られていると、そのOLから作家にLINEが来ました。

「このイタリアンのお店の数量限定のピザが食べたいから予約して!」

という言葉の後に店のURLが貼り付けられていました。それを開くと、代々木上原にある、いかにも洗練されたイタリアンのお店。僕は妙な違和感を感じました。

渋谷ちゃうの? 新宿ちゃうの? わざわざ代々木上原まで行って飯食いたい? そのくせわからない人に説明すると、代々木上原とは、東京のどの駅からも行きにくく、そのくせ特に駅前が栄えてるわけでもない、駅から少し行くと芸能人などの富裕層達が住む閑静な住宅街があり、お洒落であることこそが正義と言わんばかりの飲食店しかない、僕らのような底辺の芸人には縁もゆかりもない土地です。

そんな代々木上原のピザが食いたいから予約せえ？　しかし作家はすぐにその店に予約の電話を入れます。なんせ割と可愛い2人組が食べたいと言ってるから。

作家「7時から4人で予約したいんですが空いてますか？」

店「すいません、その時間だと2階しか空いてないんですが……」

作家「2階？　はい、空いてるなら何階でもいいですが？」

店「2階だと窯が見えないですけど、それでも大丈夫ですか？」

え？　え？　何？　窯が見えない？　窯？　窯ってあの窯やんな？　窯そんな見たい？

そんな言い方してくるってことは、この店に来る人はだいたい窯見に来てんの？

僕と作家は得体の知れない疑問で頭がいっぱいになりながらもとりあえず2階の席の予約を取り、店へ向かいました。店に到着し2階に通される途中、窯を見ました。窯でした。寸分の狂いもなく、窯でした。1階では、いかにもお洒落な店でしか飯食いませんよ、の顔をした男女が窯を見ながら食事を楽しんでいました。そんな男女を白い目で見つつ2階へ上がる僕達。程なくしてOL2人も到着。確かに割と可愛い2人組。一人はどことなく年齢詐称カミングアウト前の夏川純に似ていました。もう一人は鈴木奈々から親しみやすさを抜いた感じの落ち着いた雰囲気。

「予約してくれてありがとう」

の言葉もなく2対2の飲み会はスタートしました。飲み物を注文した後、僕は恐る恐る売れない芸人だという自己紹介をしました。すると女2人は「へえー」という言葉と共に虚無感しかない表情を浮かべるのみ。すぐさま作家から援護射撃が飛びます。

「この人見たことない？　キングオブコントっていう大会出てんねんけど知らん？　え？　キングオブコント自体知らんの？　あーそうなんや……」

まさか後ろからの援護射撃の弾が自分の背中に当たるとは……。そこからは苦痛でしかない時間。夏川純と鈴木奈々が数量限定のピザを頼むが、まさかの売り切れ。本来ゆがく筈の枝豆をあえて枝ごと窯で焼いたやつをこれ見よがしに出してくる店員。作家が連れてきたもう一人が局員じゃないとわかると、大した会話もしようとせずやたらとスマホを触る2人。明らかに他に飲む相手が見つかったであろう変なタイミングで「そろそろ出よっか？」と言ってくる2人。全然腹が満たされてないにもかかわらず2万を優に超えるお会計を作家と僕で払いました。奴らは財布すら出しません。まさに地獄の時間。これがいつか死ぬ時に走馬灯に出てくると思うとゾッとします。店から出ると2人はご馳走様も言わずに、そそくさと帰っていきました。

僕ら2人は、怒りと絶望感と空腹感に襲われ、駅までの帰り道を二足歩行するのがやっとでした。すると鈴木奈々から作家にLINEが入りました。「局員連れてきてほしかった(-_-)」僕は膝から崩れ落ちました。コツコツと食らっていたボディブローにより、とうとう僕の内臓が悲鳴をあげたのです。そして同時に込み上げてくる強烈な怒り。

「いやまずご馳走様でしたやろがい!!!」

閑静な代々木上原の街に響き渡る推定500デシベルの大阪弁。こんなにムカついたのは、いよいよ童貞捨てられるって瞬間に、「あんたらピラフ食べるかー?」と言っておかんが部屋に入ってきた18歳の夏以来です。なんでこんな目に遭わなあかんねん! ほんでちらっと見えた作家の、「ごめん! 次は必ず!」の文字。こいつもこいつやけどな! ていうかもう言うてまうけど、そもそもよく見たらお前そんな可愛くないやないか! 夏川純はまだええわ! ほんまに割と可愛いから! けどよう考えたら鈴木奈々から親しみやすさ抜いたら魅力大幅ダウンやないか! あの人は顔やスタイルよりも親しみやすさと愛嬌でここまで来とんねん! 親しみやすさも愛嬌もないお前が堂々と鈴木奈々面してんちゃうぞ! ほんで局員達がお前に連絡してくんのもお前目当てちゃうからな! お前が夏川純の窓口になってるからだけやからな! そこ絶対勘違いすんなよボケ!!!

すいません……あの時の怒りが蘇ってだいぶ熱くなってしまいました。聞けばこの女の特技は、飲み会に来たテレビスタッフが局員なのか制作会社の人間なのかを巧みな話術で聞き出すことらしいです。まさに仰木マジック。一般の人はいまいちわからないと思いますが、制作会社のスタッフは総合的に見てさすがにイチローほどではありません。同じ振り子打法の当時阪神タイガースにいた坪井選手ぐらいの感じ、と言えばわかりやすいのではないでしょうか。それでも普通のサラリーマンよりも公務員よりも遥かに稼いでるんだから僕らからすれば十分凄いです。にもかかわらずなんとしてでもドラフト1位でイチローを獲得しようとする執念は本当に気持ちが悪いです。パンチョ伊東さんも天国でさぞ引いていることでしょう。

このままこいつらをのさばらせていていいのか？　『デスノート』の夜神月の如く、僕の中のリュークが囁いてきます。そう、復讐を果たせと。気がついたら僕は作家に鈴木奈々のLINEを教えてもらい、「この前はありがとう！　今度日テレのスタッフさんと飲むねんけど来る？」と送信していました。そう、もちろんそんな事実はどこにもありません。架空の日テレスタッフを勝手に作り上げただけなのです。すぐさま鈴木奈々から、「行く！　今週の土曜とかは？」の返信。しかも曜日まで指定してくる始末。存在しない日テレスタッフに前のめりでがっついてくる姿勢は、若手芸人としては見習わないといけない部分もあります。そんなこんなで、紙ねんどで作った偽物のミミズで簡単に偽物の鈴木奈々が釣れました。

土曜日の夜、僕は仲の良い先輩芸人に頼んで〝久保さん〟という架空の日テレの局員を演じてもらうことにしました。飲み代は僕が全部払うと約束し、この復讐劇に協力してもらいました。

主な久保さんの設定
・恵比寿在住の32歳独身
・『ヒルナンデス！』を立ち上げ、その功績が認められ、異例の若さで編成局長に昇進
・『世界の果てまでイッテＱ！』の立ち上げにも関わっており、ウッチャンナンチャンが各局のスタッフの中で一番信頼を寄せるスタッフ
・金は腐るほどあり、休日はベンツのゲレンデとボルボを交互に乗り回している
・どこか『美味しんぼ』の山岡士郎を彷彿とさせる、仕事は嫌いだがここぞという時の能力だけはピカイチのタイプ
引くなら引いてください。復讐心という名のアクセルべた踏みの僕を誰も止めることはできません。日テレさんとウンナンさん、本当にすいません。

そして、一番の問題は飲むお店です。金持ちの局員が飲みそうな、それなりの店にしないといけません。しかしいくら復讐とはいえ、これ以上無駄なお金を鈴木奈々に使うのも嫌で

す。そこで僕らはあえて、金のない若手芸人がお世話になりまくりの居酒屋〝鳥貴族〟に行くことにしました。

〝普段は恵比寿や西麻布などにある、それなりの値段のするお洒落な店しか行かない久保さんが、ADからめちゃくちゃ美味しくてしかも全品298円の店があると聞いて、本当かどうか確かめたいから一度そこに行ってみたい、という流れになった〟

という設定を作ることで店問題を見事にクリアしました。そしていよいよ鈴木奈々と合流。こっちは男2人だと当然わかっているにもかかわらず、当たり前のように友達を誘わず一人で登場する鈴木奈々。つくづくこの女は、と感心させられます。そりゃそうです。こんな千載一遇のチャンスの場に夏川純を連れてくる理由はどこにもないのです。予定通り鳥貴族に入る僕達。少し怪訝そうな顔はしたものの、理由を説明するとすぐに納得してくれました。そこから久保さんの情報を随所にちりばめていくと、目をキラキラと輝かせ、代々木上原では決して見せなかった感情のこもった相槌の数々を披露します。久保さんも役をものにしたのか、「森田、来週土日空いてない？　韓国でも行かねえ？」という謎のアドリブをかましてきました。それに対して鈴木奈々からの、「えー、私も行きたーい！」なんの生産性もない、もはや滑稽でしかない会話。そして1時間が過ぎた頃、鈴木奈々がトイレに行ったタイミングで僕は久保さんを帰らせました。というのも、久保さん役の先輩は元々この後用事があるという事だったので、それならば鈴木奈々がトイレに行ったタイミングで急に帰ってもらい、鈴木奈々にLINE交換をさせないことが一番ダメージを与えられると踏んだからです。底辺の悪魔がする発想だとは重々承知しています。トイレから戻ってきた鈴木奈々に久保さんは急に仕事が入ったからここのお代だけ置いて帰ったと告げると、当然残念そうにしていました。そして5分ほど会話した後、女の口から飛び出した、「私たちもそろそろ帰る?」の言葉。直訳すると「局員がいなくなったんだからこれ以上ここにいる意味ないっしょ」です。

凄い。この女は本当に凄い。まだ店に入って1時間しか経っていないのに? まだお前のジョッキの中には大量のハイボールが残っているのに? まだ土曜夜の8時過ぎなのに?

僕は、敵ながらあっぱれという感情すら抱きつつ、レジで会計を済ませました。そして、代々木上原の時を彷彿とさせるように、鈴木奈々はそそくさと帰っていきました。

別れを告げた2分後、鈴木奈々からLINEが来ました。「久保さんにお礼言いたいから久保さんのLINE教えて!」僕はそのLINEを4ヶ月既読スルーしています。「オレはお前にまだ代々木上原のお礼言ってもらってないけどな!!!」という返信をグッとこらえ、4ヶ月の既読スルー。数日経って〝??〟的なスタンプが何個か来ましたが全て既読スルー。

これにて僕の復讐劇がようやく完了しました。

この本当に不毛な復讐劇を最後まで読んでいただいた方々、本当にありがとうございました。『シンドラーのリスト』ばりの長尺のお話でしたね。前回はヤリマンへの執着心を晒け出し、今回は局員と飲みたがる女への陰湿な復讐心を晒け出す。

僕は一体どこに向かっているんでしょうか？

担当のK氏からは「とりあえずライブで石を投げられるまではこの感じで行け！」と言われています。なので誰かライブに石を投げに来てください。

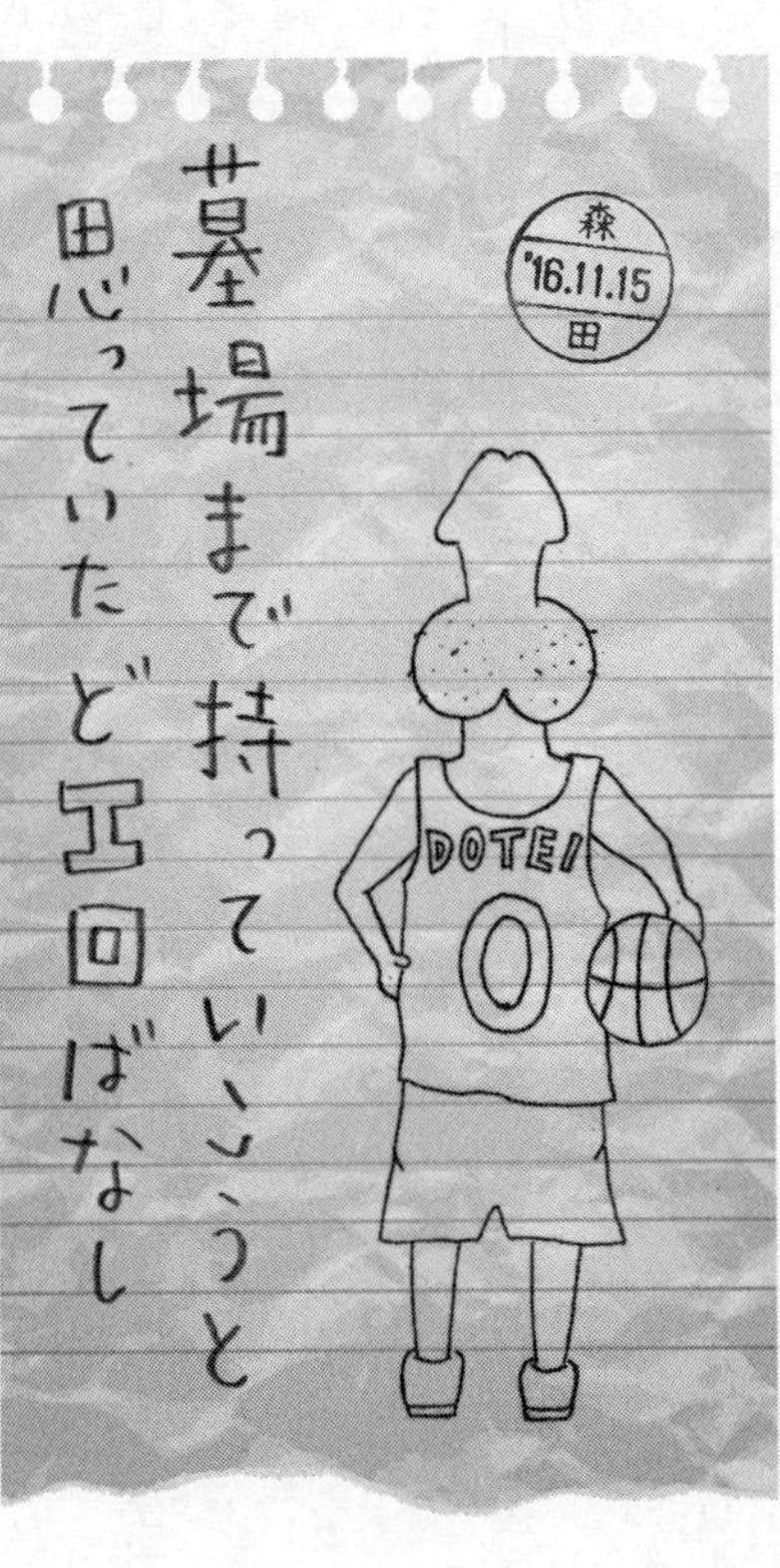
墓場まで持っていこうと
思っていたどエロばなし
森
'16.11.15
田
DOTEI
0

さて、自らのゴシップを晒すようになってからというもの、出待ちの女性ファンからは白い目で見られ、僕のTwitterをフォローしてくるのはエッチなお店のアカウントばかり。担当のK氏からは、「確かに私が打ち合わせしてこういう方向で行きましょうってなったけど、こいつのプライベートほんとなにやってんの？」の目を向けられる始末。

しかし、底辺の芸人達だけは違います。彼らだけは、いついかなる時もこのコラムを賞賛してくれます。「オレにはこいつらがいる」。そう胸を撫で下ろすと同時に、感じた事のない種類の違和感が僕の心を蝕んでいる事に気づきました。彼らと飲む度に感じる、

〝もっとくれ感〟

〝もっともっとゲスいお話をよだれを垂らしながら読ませてくれ感〟

〝嘘か本当かもわかんねえ芸能ゴシップなんてもうどうでもいいから、お前の身に起こったヘドロのような下衆話じゃねえとわしらもう酔えねえんだわ感〟

そう、いつしか僕は彼らから与えられるプレッシャーに押し潰されそうになっていたのです。「もっとゲスい話はないか？　もっとヤバイ風俗はないのか？」見えない重圧に押し潰されそうになりながら、僕の頭の中は毎日その事でいっぱいでした。そんな僕の思考はどんどんと良からぬ方向へと進んでいきます。

「そもそも俺はこんな自らのゴシップを書くためにこの世界に入ったんじゃない。もっとド

ロドロした、ほぼほぼ嘘に近いような芸能ゴシップを書くためにこの世界に入ったんだ！俺が本当に書きたいのは女子アスリートのただならぬ性欲とか、ほとんどの仕事を枕営業で取ってるアイドルの事とかなんだよ!!」

頭を掻きむしりながら出口の見えない葛藤を繰り返し、苦悩する僕。夏目漱石、太宰治、森鷗外……。過去の文豪達も産みの苦しみで何度も頭がおかしくなりそうになったと聞きます。「これが俺の宿命か……だったらお前ら読者もろとも地獄の底まで引きずりこんでやるよ」。僕は覚悟を決めました。墓場まで持っていこうと思っていたあの夜の事を書くしかありません。

あれは、まだ僕が大阪で活動していた、ゴシップなんて言葉も知らない汚れなき純真無垢な青年だった6年ほど前のことです。僕はネタ番組の収録のために石川県は金沢市に行きました。沢山の芸人がオンエアをかけて戦う番組の、2本撮りの1本目の収録に臨んだ僕らは、石川のお客さんに見事に受け入れられ、なんと1位でオンエアを獲得しました。収録が終わり上機嫌で大阪に帰ろうとしたところに、2本目の収録に臨む芸人さん達が会場入りしてきました。するとその中に、コンビ〝プリンセス金魚〟で活動する大前さんという、軽快な話術と洗練されたルックスで多くの女性ファンを持つ、当時僕が一番仲の良かった先輩がいました。そして『R－1ぐらんぷり』というピン芸人の頂点を決める大会で、オリジナリティ溢れるフリップ芸により何度も決勝進出を果たしている、僕が大尊敬している先輩、ヒューマン中村さんも、2本目の収録とのことで会場入りしていました。

聞けばヒューマンさんは石川県出身とのこと。僕は軽く2人と談笑しました。「帰りは何時の新幹線ですか？　僕、時間変更するんで一緒に帰りましょうよ！」と僕が言うと、「ごめん、2本目の収録の出演者は終電間に合わんから泊まりやねん」とのこと。そして大前さんが僕に言いました。

「森田明日仕事休みやろ？　オレの部屋ツインらしいからお前もオレの部屋泊まって朝の新幹線で一緒に帰ろうや。晩飯こっちの海の幸とか食って楽しくやろや。もしかしたら何かエロい事もあるかもしれんで」

エロい事？　エロい事⁇　エロい事？？？

「わかりました‼　そうします‼」

気がつくと僕は、急に訪れた大前さんの根拠のない誘惑の前にひれ伏していました。モテない人生を過ごしてきた童貞のような精神の芸人にとって、「エロい事もあるかもしれんで」の言葉は『SLAM DUNK』の安西先生の言葉よりもガツンと胸に響きます。この言葉に加え、さっきの収録で石川県民に受け入れられたという自信が僕を石川に留まらせたのです。「昼の石川県民を笑わせられたんやったら、夜の石川県民もバンバン笑わせられる筈や！

そのバンバン笑わせた先に待ってるのが兄さんがおっしゃるエロい事っすよね？　ね？　兄さん？」の眼差しを大前さんに向ける僕。そこにもう一人のガチ童貞芸人、メガネ君ことヒューマン中村さんが冷静な顔で言ってきました。

「お前ら相変わらずアホな会話してるな。地方の仕事やからって、そんな都合良くエロい事なんてあるわけないやろ。変な幻想抱いてんと森田は予定通りの電車でさっさと帰れって」

さすがは湘北高校一の冷静沈着男、メガネ君。超現実的に物事を見られる男。では、なぜ彼はそんなにも冷静でいられるのか？　それは彼が童貞だからです。

そう、ヒューマン中村さんはガチの童貞なのです。僕がメンタル童貞ならこの人は物理的童貞。生まれてから二十数年間全く女性に触れてこなかった正真正銘のガチ童貞。そのガチ童貞の達観したかのような説法。瀬戸内寂聴のような笑顔は一切なく、ただただメガネを光らせながら淡々と、なぜ無理かを説いてきます。なんならフリップ使って説いてくるんちゃうかぐらいの勢いです。この人はヒューマンではない、釈迦だ。

悟りきったヒューマンさんに圧倒された僕は、「とりあえず喫茶店でネタ書きながら帰るか帰らんか悩みますわ。終わったら一応連絡ください。帰ってるかもしれませんが」としか言えず、喫茶店に向かいました。

喫茶店でヒューマンさんの、童貞に裏打ちされた数々の理に適った意見を反芻しながらも、僕はやはり石川の夜を諦めきれずにいました。そしてそうなった僕の頭には当然のように安西先生のあの言葉が。

「あきらめたらそこで試合終了ですよ…？」

人生において諦めそうになった時、誰もが一度はこの言葉を思い浮かべたことがあるのではないでしょうか？　そして健全な男子なら誰もが頭の中で1回は言ったことがあるであろう、

「安西先生、セックスがしたいです」

僕は釈迦の教えに背き、2次元の言葉を選ぶ事に決めました。そして数時間ほど喫茶店で過ごした僕のところに大前さんから電話がありました。

大前「今終わった！　どうする？」

僕「行きます!!　行くに決まってます!!」

大前「了解！　ヒューマンさんも行くって！」

僕「え!?　え!?　え!?　なんで!?」

大前「ヒューマンさん、さっきの収録1位やってん！　収録終わったら急にオレも行くって言い出してん！　じゃあ駅前集合で！」

釈迦ちゃうやん。しっかりヒューマンやん。生まれ育った故郷でめちゃめちゃ童貞捨てようとしてるやん。

そして数時間ぶりに会ったヒューマンさんのメガネには一点の曇りもなく、「ごめんな、森田」の目で僕に語りかけ、ネタで使ったフリップには「安西先生、僕もセックスがしたいです！」とデカデカと書かれていたように見えました。僕はそんな童貞先輩を許さないわけにもいかず、3人で夜の石川の街に繰り出しました。

石川県まで来たにもかかわらず、どの都道府県にもだいたい店舗を出している居酒屋チェーンに入る3人。北陸の海の幸とかよりも、とにかく女の子が飲んでそうな店を選ぶ3人。こんな奴らに女神が微笑むわけがないと思われた矢先、僕らの後ろの席に年頃の女性3人組が座りました。マジか⁉　ちょうど3人やんけ！　しかも3人とも結構可愛いやんけ！　色めき立つハンサム野郎と童貞2人。こんな千載一遇のチャンス滅多にないぞ！「おい森田！お前一番後輩やねんから声かけてこい！」ハンサム上官からの容赦なき命令。「いや、待ってくださいよ！　僕そんな勇気ないっすよ！　大前さん男前やねんから男前が声かける方が絶対いいでしょ！」許しを乞う森田二等兵。「いいから行けって！　こんなチャンスもうないかもしれんぞ！　あわよくばエロい事できるかもしれんねんぞ！」血も涙もないハンサム上官の命令から逃れるべく、童貞仲間に助けを求めようとチラッと見ると、まさかの「行けよ」の目をしている中村七等兵。

クソがっ‼

僕は勇気を振り絞り、女子3人に声をかけました。「あのー、もし良かったらでいいんですけど、僕らと飲みませんか？」こんな面白みも何もないあからさまなナンパに女子3人が怪訝な表情を浮かべたその刹那、奇跡が起きました。女の子の一人が、

「あっ！ ヒューマン中村じゃん！ この前R－1ぐらんぷり出てたよね！ めっちゃ面白かったよ！」

奇跡！！！ こんな奇跡あんのか⁉

ふと僕らの席に目をやると、ヒューマンさんと大前さんが、山王工業戦の最後の桜木と流川ばりのハイタッチをかましていました。

ナイス！ ナイス！ ナイス！ ほんまナイスや！ ありがとう！ 中村七等兵！ いや、中村四等兵！

僕と大前さんは心の中でそう叫びました。そしてほぼ涙目で喜ぶヒューマンさん。R－1の決勝に行った時よりも喜んでいたように見えました。そんなヒューマンさんの奇跡の大活躍により、女子達はすんなり僕らの席に移動し、6人で飲むことになりました。移動してくるなり他の女の子2人にヒューマンさんがR－1でいかに面白かったかを説明するヒューマ

ン番記者女子。終始ほくほくのヒューマンさん。このまま行けば、湘北童貞高校卒業も夢じゃありません。良い感じに飲み会も盛り上がり、しかもなんとなくカップルもできつつありました。

ハンサム男大前さんになんとなく抱かれたそうにしてる一番エロそうな女子A。

僕の言うことで一番笑ってくれる女子B。

そしてなんといってもヒューマンさんの才能を終始褒めちぎる女子C。

男性陣達の間に、〝もう一押しすればなんとかなるんちゃう？〟という空気が流れました。

そして試合は、第2クォーターのカラオケへ突入しました。そう、ノリの良い石川美人3人はカラオケも一緒に行ってくれることになったのです。胸躍らずにはいられない男3人。そしてカラオケに到着し、僕らは大勝負に出ました。

〝男女それぞれペアを組んで点数対決をして、一番点数が低かったペアはキス〟

という提案を女子達に持ちかけたのです。するとノリの良い女子達は、一応ブーブー言いながらも結果了承してくれるという最高のプロレスを披露。よっしゃ来た！　この流れほんまにひょっとしたらひょっとするぞ！

第1戦目、大前ペアの負け。すると女子Aが、したかったたんちゃうんかってぐらいすんなり大前さんとキスをしました。すごーーー!!　石川の女エローーー!!

続く第2戦、森田ペアの負け。来たー!! 絶対にバレてるやろうけどあからさまに音程外した甲斐あったー!!

僕がドキドキしながら女子Bにキスを迫ると、女子Bは照れながらもこれまた割とすんなりキスをしてくれました。おっしゃーー!! 恐らくキスの本場石川ーー!!

そしてついに迎えた第3戦、ヒューマンペアの負け。しっかり順々に負けていくというヤラセかのようなシナリオ。とうとうヒューマンさんがキスできる時が来たのです。恐らく初キスです。二十数年間童貞の男のキスは、もうギリセックスとみなしてもいいと思います。そしてヒューマンさんが、童貞のお手本のような唇を尖らせたキスをしようとした時、事件は起きました。

「ムリムリムリムリムリ」

え? は? え? 僕らは一瞬何が起きたかわかりませんでした。一つわかっているのは、ヒューマンさんの隣で女子Cが顔をしかめて座っているという事だけ。何かの間違いだろうと思い、もう一度キスをしようとするヒューマンさん。

「ムリムリムリ、ムリだって」

なんでや!? なんでなんや!? この会は全てお前から始まったんちゃうんか!? お前あんなに嬉しそうにヒューマンさんの面白さを語ってたやんけ! そのお前がなんでヒューマン

さんとのキスは無理やねん！　そらなんとなくヒューマンさんの童貞卒業はこっちサイドも無理やと思ってたけど、それでも他の女の子2人はちゃんとノリ良くキスしてるんやからお前もキスぐらいしたらええんちゃうんか!?　おおんっ!!

という怒りに満ちた目を女子Cに向ける僕。それ以上に嫌悪感を露わにしてくる女子C。『あしたのジョー』のラストシーンかのように真っ白になり、ソファにへたり込むヒューマンさん。何も成し遂げてない版の矢吹丈。「燃えてないぜ」という彼の最後の言葉が今にも聞こえてきそうです。

部屋のボルテージは一気に下がり、朝までのフリータイムにしていたものの、なんとなくこの会もお開きにするかという空気が流れました。すると、女子Cが帰ると言い出し、それに付き添う感じで一緒に帰ると言い出す、僕が狙っていた筈の女子B。そして友達2人が帰ると言ってるにもかかわらず、なぜか大前さんの隣から一歩も動こうとしないどエロ女子A。とりあえず変な空気のまま全員で店を出ることになりました。店を出るなり女子Bと女子Cは「じゃあまたね！」と言い、そそくさと帰っていきました。「絶対に〝また〟はないやろ！」という無粋な言葉を投げつけ2人を見送った後、ふとヒューマンさんを見ると前半とは全く違う種類の涙目になっていました。そして、遠ざかっていく女子Cの背中にヒューマンさんが大声で叫びます。

「夢見させるようなことを言うな!!」

まさにメガネ君が三井寿に言い放ったあの台詞。ヒューマンさんが本当に言ったかどうかは定かではないですが、演出上言ったことにしといてください。そしてそんなしょうもない演出よりも、俄然気になるのは全く帰ろうとしない女子A。完全に大前さんをロックオンしている超どエロ女。

え？　これってこの後どうなんの？

勝手にドキドキしている童貞2人。そんな童貞をよそに完全に2人の世界に入っている大前どエロ女ペア。すると大前ペアが急に何も言わずに歩き出しました。え??　え??　どこ行くん??　なあ??　どこに歩き出したん??　あたふたする童貞ペア。ずんずんと歩いていく大前ペア。その後ろを30mぐらいの距離を保ちながら歩く童貞ペア。「お前らついてくんなよ」の空気を背中からビンビン出してくる大前ペア。「いや、なんでついていってんのか自分らでもよくわかってないんすよ。今まさにお持ち帰りを成功させようとしてる男を目の当たりにしてパニクってるんすよ」の空気しか出ていない童貞ペア。

確実にホテルに向かって進んでいる大前ペアの背中を見ながら、僕に一抹の不安がよぎります。あれ？　オレのこと泊めてくれるって言ってなかったっけ？　大前さん？　あんたその女とツインの部屋帰ったらオレどこ泊まるんすか？　ねえ？　ねえって？

吸い込まれるようにホテルに入っていく大前ペア。仕方なく僕は大前さんの部屋に泊まることを諦め、ヒューマンさんの部屋に朝まで居させてもらうことにしました。留置場にぶち込まれたかのような負け組2人。「やっぱ僕らって全然ダメっすね」。床に寝転びながら今日の出来事を反省する童貞。「そやなぁ……」。なんとなく話を合わせるが、そんな事よりオナニーしたい感がダダ漏れの童貞。「やっぱり顔が良いってだけでモテるんは違うと思うんすよねぇ」。愚痴る童貞。「ほんまそうやなぁ……」。そんなんどうでもいいからとにかくオナニーしたいからどっか行ってほしい童貞。「今日どんなネタしたんすか?」もう女の話でどんよりするの嫌やからお笑いの話にシフトしようとする童貞。「なあ、森田。大前ってやっぱ今セックスしてんのかな?」質問に答えるどころか、それ聞いて何になんねん?の質問を逆に投げかけてくる童貞。「そらやってるでしょー」。なぜか知ってるかのようにちょっとだけイキりながら返す童貞。「そっかあ……やってんのかあ……」。なんやねんこいつ!の童貞。

2人の間に沈黙が流れる。

「セックスの声聞きに行かへん?」

いよいよヤバイことを言い出す童貞。「行きましょ!」食い気味で返す童貞。2人は立ち上がり、大前さんの部屋まで全速力で走りました。

『キッズ・リターン』

ロッカールームを飛び出して、第3クォーターのコートである大前さんの部屋の前に到着するなり、なんのためらいもなくドアに耳をあてる童貞2人。向かいあって耳を澄ましていると、中から女性の喘ぎ声が聞こえてきました。自然と目を合わせる童貞2人。「これ、ヤッてるんやんなぁ？」聞くまでもない質問をぶつけてくる童貞。「当たり前でしょ！」興奮を抑えきれず、だいぶデカイ声でつっこんでしまう童貞。「すげえ！　すげえ！」後輩のセックスにもかかわらず、街頭テレビで力道山の試合を観てる子どもぐらい興奮してる童貞。誰もいない廊下でただただ聴覚のみを研ぎ澄ます童貞2人。お互い向かい合ってしゃがみながらドアに耳をあて、チンコをギンギンにしているその姿は、もはや剣道の試合が始まる前の感じとほぼ一緒です。「森田、これってもう入ってんのかな？」なんちゅう質問してくんねん!!な童貞。「たぶんまだやと思います。パンパン言ってないんで」。よくわからない理由を言いながらも、あくまでオレはあんたよりワンランク上の童貞なんだぞというスタンスを貫こうとする童貞。

すると急に隣の部屋のドアがガチャっと開きました。童貞2人は瞬時にドアから体を離し、隣の部屋の方を見ました。すると、大前さんの相方の部屋で飲んでいた共演者の芸人たちがぞろぞろと出てきました。

ヤバイ!!　大前さんのセックスを2人して聞いてたなんてことがバレたら、この先どんだけイジられるかわかったもんじゃない！「ん？　お前らこんなとこで何してんの？」芸人たちが聞いてきます。「いや、あのー、ちょっと自販機探してまして……」。苦しすぎる言い訳。しかし、「自販機？　この階にあったっけなぁ？　あるとしたら1階のロビーのとこちゃう？」「あっ、そうっすよね！　じゃあ1階行ってみますわ！」「うん、おやすみー」「おやすみなさいー……」。

この酔っ払いどもが！

明らかに不自然な状況にもかかわらず、芸人たちが酔っ払ってたおかげでなんとかバレずに済んだ僕らは再びドアに耳をあてます。ヒューマンさんはドアに耳をあてる度にメガネの縁がドアに当たってコツンッと鳴り、僕はその度にイラつきながらも、とうとう2人で最後まで大前さんとどエロ女のセックスを聞き終えました。全てを聞き終えた直後のヒューマンさんは、なぜか自分が童貞を捨てたかのような顔をしていました。それを見た僕もなぜか嬉しくなり、2人でガッチリ握手を交わしました。

完全なる敗北者同士の意味不明の握手。

『キッズ・リターン』のラストシーンかのように、自転車を二人乗りし、部屋に戻ろうとする童貞。「俺たちもう終わっちゃったのかな？」「バカヤロー、まだ始まっちゃいねえよ」。エンドロール。の筈でした。

しかし、僕の頭の中を再びあの言葉がよぎります。「あきらめたらそこで試合終了ですよ…？」北野映画vs井上雄彦。僕は自転車を降りる覚悟を決めました。そして、部屋に戻ろうとするヒューマンさんをエレベーターの前で見送る僕。「じゃあ僕はここで。お世話になりました」。急に別れの挨拶をする童貞。「え？　お前戻らんの？」さっきまで苦楽を共にしてきた戦友がなんか変なこと言い出したよ？の顔をする童貞。「僕には第4クォーターが残ってるんで」。凛々しい表情でまっすぐ戦友を見つめる童貞。こいつ何言うてんの？　まあでも森田帰ってけえへんねやったら思う存分オナニーできるしどうでもええか！　ラッキー！と言わんばかりに颯爽と部屋に戻っていく童貞ヒューマン。

だからあんたは童貞なんだよ。

僕はくるっと踵を返し、意を決してさっきまで耳をあてていた大前さんの部屋のドアをノックしました。部屋のドアが開き、修羅の如き顔で立っている僕に大前さんはびっくりしながらも部屋の中に入れてくれました。

初めて入る他人のセックスの直後の部屋。独特の湿度と香りに、立ってるのがやっとの状態でした。そして数時間ぶりに対面する、すっかり艶っぽくなった、どエロ女第2形態。その女に対して一世一代の大勝負に出る童貞。

童貞「僕もヤらせてください！！！！」

第2形態女「絶対嫌！！！」

童貞「諦めたらそこで試合終了なんです！ お願いします！ ヤらせてください！」

第2形態女「はぁ!? 何わけわかんない事言ってんの!? だから嫌だって!!」

大前さんとのピロートークを邪魔され、尚且つぽっと出の童貞にセックスを懇願され、イラつく第2形態女。そんな第2形態女に最後のカードを切る童貞。

童貞「わかりました！ じゃあせめて僕のオナニー見てください！」

僕は、この手の女はギンギンのおちんちんを見せればなんとかなるんじゃないかという勝手な思い込みを抱いていました。最後の望みを託した3ポイントシュート。

「いや、本当に何言ってんの？ まあでも見るだけだったら別にいいけど？ 勝手にやれば？」

掛かったな！！！ 「ありがとうございます！！！」僕とどエロ女の目まぐるしい攻防の隣で、ひたすら爆笑してるハンサム男大前。ヘラヘラしてるのも今のうちやで大前はん。わしがこの大勝負に勝った時、あんたはわしの前に屈服するんや。よう見ときなはれ、あんたが艶っぽくした女に、わしが渾身のスラムダンクをぶち込んだりますさかいに!! 僕はそう確信しながら作業に入りました。しかし、ここで予期せぬアクシデントが起きます。

あれ？ あれ?? あれ？？？ 勃たへん！！！ なんでや！！？？ ほら！ 早く!! ほ

ら！！！　全然勃ちまへん！！！！！！

ひよりました……セックス直後の男女を目の前にして、完全にひよりました……。そこから15分ほど頑張りましたが、僕のイチモツはうんともすんとも言いませんでした。

「え？　この人本当なんなの？　結局何がしたかったの？　私もう帰るね」

「セックスがしたかっただけなんです‼」

「だからヤらねえって‼」

その言葉を最後に、どエロ第2形態女は元の状態に戻り帰っていきました。残ったのはおちんちんを放り出した童貞と終始爆笑してるクソハンサム野郎大前。

翌朝、帰りの新幹線のホームで、すっきりした顔のヒューマンさんに会い、「お前昨日あれからどうしてたん？」と聞かれ、「はっはっは。愚問を」と言った後にくるっと振り返り、

「童貞ですから」

エンドロールばーん‼　T-BOLANのええ感じの曲どーん‼

これが僕の墓場まで持っていく筈だった話です。果たしてこれで底辺の仲間達はよだれを垂らして喜んでくれるのでしょうか？　ていうか彼らのためだけに書いてるなら、こんなもんLINEグループで送ればええやんってことに今更気づいた次第でございます。

捨てろ!
石垣童貞!
森
'18.08.15
田
アワビ

記録的な猛暑を更新し続けている２０１８年、夏。太陽は女性達に、今年も新作水着を買う大義名分をプレゼントし、花火大会はあと一歩という男女に、付き合うきっかけをプレゼントしてくれます。

海とオンナは好きですか？

そう問いかけたくなる、そんな夏が僕にもありました。あれは、僕が初めて石垣島に行った2年前の34歳の夏の話です。なぜ石垣島に行ったかというと、中学時代に仲の良かった同級生の、まなぶという男が石垣島で働いていたからです。まなぶは、生まれ育った大阪のボロ団地を飛び出し、遠く離れたこの地であらゆる事業を手がける社長になっていました。決して頭が良かったわけではない、むしろまあまあバカだった男が、数年前からこの地に移り住み、石垣島を楽しむための色々な事業に手を出しては、なぜか全てで成功を収めていました。そんなまなぶから、

「石垣島遊びに来るか？　飛行機のチケット送ったるし。泊まるとこも心配せんでええし、なんやったら財布持ってこんでも楽しめるようにしとくで」

と連絡が来たのです。まさか同級生に神様になっている奴がいたなんて知りませんでした。持つべきものは金持ちの同級生なんだと、この時初めて気づきました。当時から面倒見が良く、周りからの人望も厚かった男が、金まで手に入れたとなれば、もう全身全霊で媚びるし

かありません。

というわけで、僕は一人で2泊3日の石垣島旅行へ行くことになりました。目的は同級生との久々の再会ですが、サブタイトルはもちろんセックスです。南国の地で何かを期待しないわけがありません。僕は

〝開放感が半端じゃない南国の地では、女性も開放的になり、すぐに体を許す〟

という古くからの言い伝えを、身をもって体験したかったのです。

ちなみに、僕と南国の地には、一つの因縁があります。実は僕は高校2年の時に留年し、トータル4年間かけて高校を卒業しました。そして、いわゆる2回目の修学旅行が沖縄だったのですが、同じ部屋の奴がタバコを持っていたのが先生にバレ、連帯責任で僕も停学になってしまったのです。旅行中の停学ほどきついものはありませんでした。どの観光スポットに行っても、僕らだけバスの中で待機させられるという苦痛を味わいました。修学旅行で停学になるダブリは目も当てられません。あの時の忌々しい出来事を清算できる方法は、沖縄でのセックス以外にありません。僕は、青春時代の苦い記憶を払拭するべく、並々ならぬ決意で沖縄県石垣島へと向かったのです。

仕事の都合で夜に到着した僕を、まなぶが早速地元で有名な高級焼肉店に連れていってくれました。同級生の優しさに感謝し、美味しい焼肉に舌鼓を打つ僕。久しぶりの再会を果た

し、中学時代の思い出話で盛り上がる僕達。しかし、悠長に時間を使っている暇は僕にはありません。僕に許された夜は今日を含め2夜しかないのです。その後、まなぶが自身の経営するキャバクラに連れていってくれました。石垣島のキャバクラは、都会のキャバクラと違って、そんなに敷居が高いものではなく、メンタル童貞の僕でもそこまで緊張せずに楽しめる空間でした。その理由はというと、そこで働くほとんどの女性がリゾートバイトで来ているからです。「昨日石垣島に着いて今日から働いてます」という子がいたり、「今回は2週間だけ働く予定です」という子もいたり、「ダイビングが趣味なんで、夜はここで働いて昼はダイビングしてます」など、キャバ嬢というよりは、旅行がてらお小遣いを稼いで短期の間、石垣島の海や景色を楽しみたいという女性がほとんどなのです。

という事は、間違いなく開放的な気分になっているに違いない。そう確信した僕が、キャバ嬢達を烏龍茶で口説いていると、途中から隣に座った女の子が僕に言いました。「あれ？芸人さんですよね？　私テレビで観たことありますよ！」千載一遇のチャンスが到来しました。

南国の開放感＋テレビで観たことある芸人＝セックス

最強方程式が完成しました。

キャバ嬢「お金の額が増えていくネタ知ってますよ！　あれめっちゃ面白いですよね！」

南国の開放感＋テレビで観たことある芸人＋お金の額が増えていくネタ＝セックス新たな最強方程式完成。東京で出会っていたら間違いなく相手にされないようなキャバ嬢でも、この島でならひょっとするのではないか？　そんな期待が膨らみます。

キャバ嬢「旅行で来てるんですか？」僕「いえ、セックスしに来ました」。虚を突かれたのか、思わず吹き出すキャバ嬢。キャバ嬢「やだー！　笑っちゃった！」東京での合コンなら一瞬で引かれるような台詞でも、この島での短期決戦の場合、これぐらいストレートな方が効果的だと判断しました。僕「石垣島に来てどれぐらいなん？」キャバ嬢「まだ1週間ぐらいです」僕「石垣島で何すんの？」キャバ嬢「何しよっかなー、って感じです。そういえばまだ石垣バージンも捨ててないし」

ん？　石垣バージン？　聞き慣れない言葉に一瞬戸惑いましたが、すぐに言葉の意味を理解しました。

〝石垣バージン〟

誰が考えたのか知りませんが、なんて素晴らしい言葉なんでしょうか？　せっかく石垣島に来たのだから、バージンで帰るのはもったいない。むしろ、本当のバージン喪失の時より良い思い出になる可能性も秘めている、そう女子達に思わせるような、不思議な力を持った言葉です。

「旅のバージンはかき捨て」

おじいがよく言うことわざです。〝石垣バージン〟が持つ言葉の強さが強烈な追い風になりました。

南国の開放感＋テレビで観たことある芸人＋お金の額が増えていくネタ＋石垣バージン＝セックス

最強方程式が、どんどん厚みを増していきます。僕「石垣バージンってやっぱ捨てたいもんなん？」キャバ嬢「まあいい人がいたらって感じですかね」僕「まあオレも石垣童貞やしな」キャバ嬢「ほんとだ！　じゃあ私と一緒ですね！」絶妙な空気感が漂う店内。キャバ嬢「明日は何するんですか？」僕「明日はとりあえず昼は海行こうかなと思ってんねん」キャバ嬢「え、いいなぁ」僕「一緒に海行く？」キャバ嬢「え、行きたーい！」

僕の釣り竿に綺麗な熱帯魚がヒットしました。すると、その会話を聞いていたまなぶから最高のパスが飛んできました。

まなぶ「明日オレの会社がやってるシュノーケリングツアーの枠まだ空いてるから、あれやったら2人で行ってくるか？」キャバ嬢「え!?　いいんですか!?　めっちゃ行きたいです！」

彼こそが〝島人の宝〟だと、この時僕は確信しました。

南国の開放感＋テレビで観たことある芸人＋お金が増えていくネタ＋石垣バージン＋石垣童貞＋シュノーケリングツアー＝セックスの二乗

最強方程式、ようやく完成。

僕「じゃあ朝イチでビーチでちょっと遊んでから、昼からシュノーケリング行こか？」キャバ嬢「そうしよ！」ま「夜は旨い沖縄料理ご馳走したるわ」キャ僕「やったー！」

どこまでも神様のまなぶ。僕達は明日の集合時間を決め、キャバクラを後にしました。最高のスタートダッシュを切った初日の夜。明日のことを考えると胸が高鳴ります。更に、今回の旅行でまなぶが用意してくれた寝床がとんでもなかったのです。なんと、まなぶが経営しているキャバクラのキャバ嬢達が寝泊まりしている寮の部屋が空いているという事で、そこに僕が泊めてもらう事になったのです。

どこまでも童貞をムラムラさせる島、石垣島。ま「一応女子寮やからデリヘル呼んだりとかいらんことだけはすんなよ」僕「わかりました」。なぜか同級生に敬語を使い、部屋に入る僕。さすが女子寮だけあって、清潔感もあり、広々とした快適な部屋。旅の疲れを落とすべく、今日はもう寝ようと思っていると、廊下から仕事を終えたであろうキャバ嬢達の声が聞こえてきました。もしかしたらさっきの子もこの中におるんかな？　これ下手したら明日のデートの前にフライングでいけたりするパターンもあんのか？　否が応でもムラムラしてくる僕。次から次へと沢山のキャバ嬢達が帰宅してくる音が廊下から聞こえてきます。まなぶの言いつけを忘れ、無意識に石垣島のデリヘルを検索している僕。石垣島に1軒だけあった風俗店。

〝海とオンナは好きですか？〟

という南国ならではの店名。同時にさらりと冒頭の伏線回収。しかし、まなぶの言いつけを思い出してグッと我慢し、電気を消してベッドに入りました。しかし、キャバ嬢達の声は聞こえなくなったものの、そこから30分経っても、1時間経ってもなかなか寝つけません。大丈夫や、明日のこの時間には既にセックスしてるんやから今日は落ち着いて寝よう。そう自分に言い聞かせる夜中の3時。すると、向かいの部屋のドアがバタンッと鳴る音が聞こえました。僕はその音にすぐさま反応し、気がつくとベッドから飛び起きて、自分の部屋のドアを開けていました。しかし、そこには誰もいませんでした。

オレは何をやってるんだ？

という気持ちに苛まれ、ベッドに戻り目を閉じる僕。すると、また向かいの部屋のドアがバタンッと鳴りました。またもや反射的にベッドから飛び起き、部屋のドアを開ける僕。しかし、また誰もいません。コンビニでも行ったのではないかと、なんとなく寮の外まで出てみる僕。なんとなく、とか書いてますが、冷静に考えて、やってることはだいぶヤバイです。そしてたとえキャバ嬢と鉢合わせしたところで、特に何があるわけでもありません。再びベッドに入る僕。程なくして鳴る向かいのドア。最後のチャンスとばかりにドアを開ける僕。しかし何回開けようと、そこには人っ子一人いません。ほらやっぱコンビニ行って今戻ってきたんちゃうん？　だからなんやねん。見えない敵との暗闇での攻防。ハブ対マングースを遥かに凌ぐ不毛な攻防。

結局、向かいの部屋のキャバ嬢のドア術に翻弄され、ムラムラを増幅させられた僕は、居ても立ってもいられなくなり、気がつくと当たり前のように自慰行為に興じていました。デリヘルはあかんけどこれはセーフやんな？　と自分の中で勝手にルールを設立した時にはもう終わっていました。出すものを出してスッキリした僕は、さっきまでの寝つきの悪さが嘘のように、そのまま眠りにつきました。そして翌日、ビーチで石垣バージンキャバ嬢と待ち合わせをする僕。程なくして、向こうの方から笑顔で手を振りながらこちらに歩いてくるキャバ嬢。その姿に心躍る僕。キャバ嬢「おはよう。昨日はちゃんと寝られた？」一夜明けて自然とタメ口になっている感じに嬉しくなる僕。僕「疲れてたからすぐ寝てもうたわ」。

青い空、白い砂浜、キモい嘘。

キャバ嬢「じゃあとりあえず水着に着替えてくるね」。そう言って更衣室の方に消えていくキャバ嬢。水着というワードに敏感に反応する石垣童貞。今日一日彼女を独り占めできる喜びと、石垣童貞を捨てることへの若干の寂しさを感じながら待っていると、とうとう水着に着替えた彼女が戻ってきました。

水着に着替え、少し照れくさそうに小走りでこっちに向かってくる彼女。その仕草に胸がときめく僕。ひと夏の思い出が始まろうとしていたその時でした。彼女の水着姿を見て、僕は驚愕しました。

彼女の背中に、どでかい昇り龍のタトゥーがあったのです。

僕は一瞬目を疑いました。しかし、何度見ても彼女の背中には、ゴリゴリの昇り龍のタトゥーがあしらわれていました。南国によく合うオレンジ色のビキニ、それをしっかりと着こなす抜群のプロポーション、しかしそんな事よりも、背中に昇り龍のタトゥー。

青い空、白い砂浜、昇り龍のタトゥー。

ワンポイントのハートのタトゥーや、安室ちゃんが入れていたようなトライバルのタトゥーならまだしも、背中の昇り龍は流石に童貞でも手を出すことを躊躇います。

え？　絶対そっち系やん？　確かに見ようによっちゃ、なんか修羅場をくぐってきた雰囲気もあるよな？　もしかして石垣島におるのも、どっかの組から逃げてきたみたいな事なんか？

色々な猜疑心が頭の中を駆け巡ります。コンプライアンスがどんどん厳しくなる芸能界において、昇り龍のタトゥーが入った女性に手を出すのは、あまりにもリスキーです。朝イチでつきつけられるゲームオーバー。しかし、ここからは一日中彼女と一緒です。ビーチを嬉しそうに走る昇り龍。海に入り気持ち良さそうにする昇り龍。一休みしてかき氷を食べる昇り龍。

何をしてても昇り龍が目に入ってきます。そして昼から参加したシュノーケリングツアー。なぜこんな白い体のクソチビ出っ歯が、昇り龍の女を連れてるんだ？という他のツアー参加者達の不思議そうな目。綺麗な熱帯魚を見るシュノーケリングツアーの筈が、熱帯魚よりも遥かに色鮮やかな昇り龍に目が行きます。途中から合流したまなぶも、昇り龍を見てびっくりすると同時に、僕へ哀れみの目を向けていました。そんなこんなで、ようやく地獄の昇り龍ツアーが終了しました。ここからなんとか他の女の子に乗り換えられないものか？と足掻こうとした下衆でしたが、この後も夜ご飯を食べる約束をしていたことを思い出しました。

石垣島最後の夜、詰み。

落ち込んでいる僕に、追い打ちをかけるような出来事が降りかかってきました。夜ご飯を食べるべく向かった沖縄料理屋で、まなぶの友達2人も合流してご飯を食べることになりました。若い女子と男前でガッチリした体型の男性でした。どこからどう見てもカップルに見える2人でしたが、聞けば東京の新宿2丁目のゲイバーで知り合った飲み友達とのこと。そう、男性の方は、男性にしか興味のないタイプだったのです。あまりそういう方と喋る機会もないので、みんな興味津々で質問したりと、思いのほか会話は弾みました。これはこれでなんだかんだ楽しいなと思っていた矢先のことでした。

僕「どこに泊まってるんですか？」男「あっ、僕まなぶさんのキャバクラの女子寮に泊めてもらってます」。嫌な予感がしました。もうそこでやめておけばいいものを、全くブレーキは利きませんでした。僕「ちなみに昨日って何時ぐらいに部屋に帰ってきました？」男「昨日ですか？　昨日は3時ぐらいです」僕「あのー、もしかして何回か出たり入ったりしてました？」男「昨日は帰ってきてから1回コンビニに行きましたけど？」心臓の鼓動が速くなるのがわかりました。僕「もしかしてなんですが、泊まってるのって、廊下の一番手前の部屋ですか？」男「そうですよ」

僕の向かいの部屋でした。つまり僕は、この男のドアの開け閉めにムラムラさせられた挙句、自慰行為に及んだのです。その事実を知った瞬間、シーサーのような険しい顔で彼を睨みつけていました。

オレは一体この島に何をしに来たんだ？　そんな思いに苛まれながらも、もう何もかもがどうでもよくなり、昨日の一部始終を全員の前でカミングアウトしました。まなぶは怒るところか更に哀れみの目を僕に向け、向かいの部屋に泊まっている男は「えー、なんか嬉しいですー」と言っていました。もはやこの目の前の男で石垣童貞を捨ててもいいかもなとすら思いました。

ご飯が終わり、店を出る間際に、まなぶが僕に2万円を手渡してきました。

ま「これでデリヘル呼びや」

同級生からのガチの2万円のサプライズ。昨日まで「いらんことするなよ」と言っていたにもかかわらず、呼んでいいという許しをくれ、しかも現金まで手渡そうとしてきています。この島に来てから、同級生に何から何まで面倒を見てもらい、至れり尽くせりのもてなしを受け、最後の最後に同情までされている。こんな情けない34歳が他にいるでしょうか？　強烈な自己嫌悪に襲われた僕は、一つの答えを出しました。

「あざーす！！！！！！」

どこまで行ってもクズはクズ。政治家よりも腐りきったゲス献金を甘んじて受け入れるクズ中のクズ。

僕は同級生から貰った2万円を握りしめ、スキップで女子寮まで帰り、〝海とオンナは好きですか？〟にそっこうで電話しました。そんなこんなで、結局僕の石垣デビューは、

1オナニー、1手コキ、0セックス

というほろ苦い成績で幕を閉じました。海とオンナは好きですか？　その質問に対する僕の本当の答えは、今のところまだ出ていません。一つ言えるとすれば、龍と男よりは好きです。

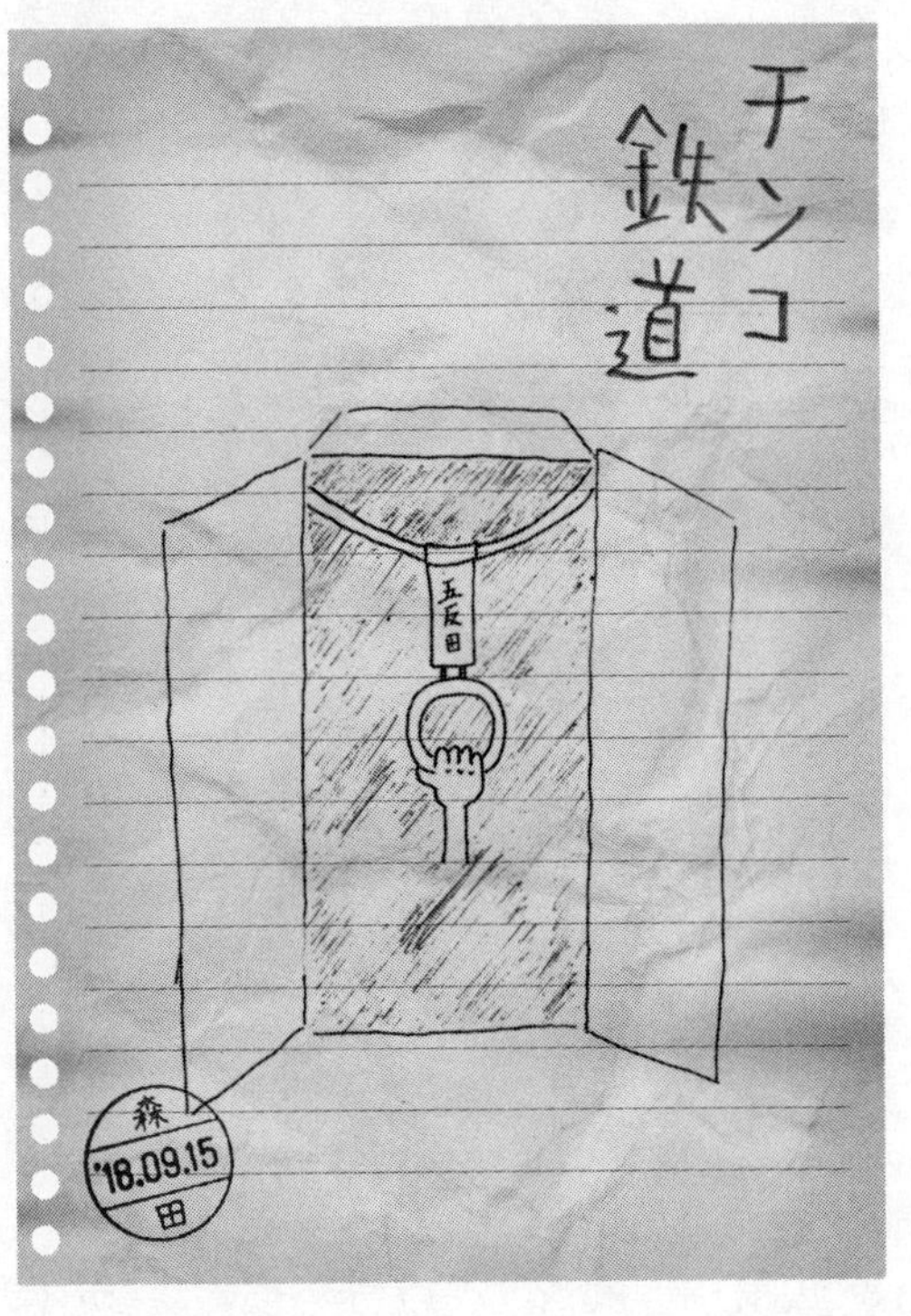

チンコ鉄道
五反田
森
'18.09.15
田

金足農業の大躍進に沸いた第100回全国高等学校野球選手権大会。強豪校を次々となぎ倒して勝ち進んでいく公立高校の姿には勇気を貰いました。金足農業だけではなく、優勝した大阪桐蔭をはじめ、沢山の球児たちが連日の猛暑の中、白球を必死で追いかけるその姿を見て、

あー、この子たちもいつか風俗行ったりすんのかなー？

などと、少し寂しいような嬉しいような感情で胸一杯になった今年の夏。という事で、今回は風俗レポ回です。特に良い枕も思いつかなかったので、強引に今年盛り上がった高校野球から風俗につなげるという、下衆にしかできない離れ業を冒頭からやってのけました。高野連からの連絡が来ないことを祈るばかりです。

さて、今回は風俗レポ回と謳ってしまったので、過去に僕が行って強烈なインパクトを受けた、とあるお店をご紹介しようと思います。僕は〝痴漢電車専門店〟なる風俗店に行った事があります。痴漢をしたい男たちが夜な夜な集まる、いわゆる店舗型の風俗店です。そのお店の凄いところは、普通の雑居ビルの一室に、しっかりとした電車のセットを作っているという事です。上からは吊り革が何本もぶら下がっていて、その吊り革を数人の女の子達が摑んでスタンバイしてるところから始まります。スタンバイが完了すると、次々と客の男性が電車内になだれ込み、好みの女の子に痴漢をするという画期的なお店でした。

電車内の椅子もベロア素材のちゃんとした椅子で、全体的に割としっかりとセットを作りこんでいるため、本当に電車の中で痴漢をしているような気分になります。日常では決してやってはいけないことをやっているという背徳感と、実際にそれをやっているという優越感が混じりあった、なんとも言えない感覚が味わえる凄いお店です。

最後は自分が痴漢した女の子と別室に移動し、手なり口なりで抜いてもらって終了というシステム。しかし、出すものを出してスッキリとした筈の僕でしたが、どこか物足りなさを感じていました。

それはなぜかというと、元来の性癖がMだからです。

そもそも痴漢という行為にあまり興味がない上に、こと風俗においては攻めるよりも受け身の方が好きだという性癖のせいでした。この電車というコンセプトのままで、自分の性癖を満たしてくれるお店はないものか？　そんな事を考えながら五反田の街を歩いていると、ようやく見つけました。

〝逆痴漢電車専門店〟

Mの人間なら一度は憧れる逆痴漢。都内のどの路線に乗れば逆痴漢に遭うのか？　そればかりを考える日々に、ようやく終止符が打たれる時が来たのです。僕はすぐにそのお店のホームページに書いてある住所に向かいました。お店には到着しましたが、そこには受付しかありません。聞けば店舗型ではなく、ホテルでのサービスになるということでした。

電車内で逆痴漢されるコンセプトやのにホテル？という当たり前の疑問を抱きながら、お店のルールや注意事項を聞き、とりあえずホテルに向かいました。

ホテルで少し待っていると、部屋のドアをノックする音が聞こえてきました。僕がドアの方に行くと、少しだけドアが開いていました。すると、その少し開いたドアから、小さな袋を持った女性の右手だけが出現しました。よく見ると、女性が持っている透明の小袋の中には、ボディソープとアイマスクが入っていました。僕がいまいち状況を飲み込めずそわそわしていると、少しだけ開いたドアの外から嬢が喋りかけてきました。

嬢「この袋を持ってシャワーに行ってください。お客様がシャワーを浴びている間にわたしは部屋で準備します。シャワーが終わったらお風呂場から声をかけてください。そうしましたら、わたしはトイレに隠れますので、その間にお客様はベッドの方に行っていただき、アイマスクを装着し、中にある吊り革を持ってお待ちください」

部屋の中に右手だけを入れた女性が、ドアの前で長々と説明してくれました。僕は一瞬、鶴の恩返し的な感じか？と思いましたが、要するに、プレイが始まるまで一切顔を合わせないというコンセプトのお店です。恐らく顔を合わせないためにはどうすればいいのかを、考えに考えて導き出した一番合理的な行程がこれだったのでしょうが、『金田一少年の事件簿』の犯人ぐらいややこしいことをしています。

とりあえず僕は嬢の言う通りに、小袋を持ってシャワーに向かいました。体を洗っている間、色々な妄想をしつつも引っかかる点が1つだけありました。

〝シャワーが終わったら、中にある吊り革を持ってお待ちください〟

中にある吊り革？　確かに一応〝逆痴漢電車専門店〟と謳っている店。前に行った店は店舗型のため、しっかりと電車のセットがあり、吊り革が何本もぶら下がっていました。しかしホテルで吊り革ってどういう事？　そんな疑問を抱きながらシャワーを終えた僕は、言いつけ通りお風呂場から、「シャワー終わりました」と声をかけました。しかし、お風呂場から部屋までは少し長めの廊下があるため、聞こえてなかったみたいなので、「シャワー終わりましたー!!」と、なかなかの大声で言いました。すると、さささっとこちらに歩いてくる足音がし、お風呂場の目の前にあるトイレに嬢が入る気配がした後、「では部屋に向かって、吊り革を持ってアイマスクをしてお待ちくださーい!!」とトイレから嬢がなかなかの大声で叫ぶ声が聞こえてきました。ほんまにここまでせなあかんことなんか?と思いながら僕は素っ裸で部屋の方へと向かいました。少し薄暗くなった部屋に入ると、驚愕の光景が僕の目に飛び込んできました。部屋の中にあるクローゼットが全開になっており、ハンガーをかける棒に、吊り革が1つだけぶら下がっていました。

え? これ? これ握って待っとけってこと?

そして、ふとテーブルを見ると、小型のスピーカーが置いてあり、そこから電車の〝ガタンゴトン〟という音が流れています。

どういう世界観? 僕は気を抜いたら笑ってしまいそうな光景にびっくりしながらも、とりあえず言われた通りアイマスクをして、吊り革を握りながら待つことにしました。

どえらい店来てもうたなぁ、と思っていた僕の耳に、スピーカーから新しい音が飛び込んできました。

「次は〜、日暮里〜、日暮里〜」

日暮里!? ここ日暮里なん!? 五反田ちゃうの!? もしくはせめて五反田の前後の駅ちゃうの!? 日暮里!? なんで日暮里なん!? しかも音のリアリティ的に絶対ガチで録音してる

やつやん!? 日暮里まで録音しに行ったんや!? とりあえずここは山手線の車内っていう設定でええんかな? 東京に住んだことのない方は全くわからないと思いますが、日暮里は五反田から山手線で10駅は離れている駅です。自分の住んでる地域の駅に勝手に置き換えていただけると有り難いです。僕がまさかの日暮里に気をとられていると、コツ、コツ、と恐らくハイヒールで歩く音がこちらに近づいてくるのがわかりました。

視覚を遮られ、聴覚だけによる情報収集。今のところ得ている情報は日暮里とハイヒールだけです。

そして、嬢がいよいよ歩みを止め、僕の真後ろに立ったのがわかりました。僕は、視覚を遮られるという状況に、やたらと興奮している自分に気づきました。

今オレの真後ろには痴女がいる。

そう思うとめちゃくちゃ興奮してきました。そして、痴女は僕の肩に後ろから手を回し、背中に柔らかな胸を押し当てたかと思うと、耳元で吐息を漏らしながら、めちゃくちゃセクシーな声で囁きました。

「出発進行〜」

マジか⁉　そんな始まり方なん⁉　いらんいらん！　そんな無理に電車に寄せんでええて。ほんで「出発進行」って言うって事はあなたは車掌の設定なんすか⁉　痴女の車掌って何⁉　明らかに集中力が削がれる僕。車窓から見える景色は、見渡す限りのクエスチョンマークです。しかし、スタートこそ気になったものの、そこからの痴女の逆痴漢っぷりは流石でした。

「何されに来たの？」

「こんなとこ触られて、みんなにバレちゃうかもね？」

などの巧みな言葉攻めを駆使し、なんとかエロい車内に引き戻してくれました。

視覚を遮られるというのはこれほどまでに興奮するのか？

僕はそう思いながら、この嬢の声に合う一番綺麗な女性を想像し、その人に痴漢をされているんだとしっかりと思い込むことで、どんどんとこの逆痴漢電車という世界観にのめり込んでいきました。

僕が想像したその人は、ほぼ真矢ミキさんでした。僕が日本の女性の中で最も好きな真矢ミキさんに、今自分は痴漢されているんだと思い込むことで、更に深くまでのめり込んでいきます。今となってみれば最初の「出発進行～」も真矢ミキさんが言ったと思うと物凄く可愛く感じられます。しかし、僕がやっと世界観に浸りだしたその時でした。スピーカーから突如として邪魔が入ります。

「次は～、蒲田～、蒲田～」

蒲田!? え!? 日暮里から蒲田!? 何線!? 東京在住じゃない方に説明すると、日暮里の次は決して蒲田ではなく、これまたまあ遠い上に、乗り換えしないと絶対に行けない駅です。引き続き自分の住んでる地域の駅に置き換えてお楽しみください。日暮里から蒲田? 蒲田もこれはJRの蒲田か? それとも京急線の蒲田か? だとしたら品川乗り換えか?

またも集中力が削がれる僕。嬢からどんなにエロい言葉攻めを受けようが、頭の中は東京の路線図でいっぱいです。ナビタイムのCMのヘルメットをかぶった外国人まで頭の中に出てくる始末。しかし、車内に真矢ミキさんがいることを思い出し、なんとか再びエロ車内に戻る僕。真矢さんの凄腕テクニックと巧みな言葉攻めを全身で受けながら電車の中で悶える僕。どんなに揺れる電車に乗っている時よりも吊り革を強く握りしめる僕。ちょっと真矢さん！　いくら満員電車でもそれは大胆すぎますよ！　力一杯吊り革を握りしめる僕に、急に真矢さんから、予想だにしない檄が飛んできました。

「吊り革握るのはいいんだけど、あんまり下方向に力入れるのやめて！　クローゼット壊れちゃうから！」

え？　クローゼットって言うたやん？　冷める冷める。せっかくこっちは世界観に入り込んで電車内やと思いこんでたのに、そっちからクローゼットとか言うのやめてくれへん？

真矢さんの言葉により、突如としてホテルに引き戻される僕。またも散漫になる僕の集中力。果たしてこんな状態でフィニッシュまでいけるのか？　強烈な不安に駆られる僕の頭の中に、本物の真矢さんからの

「諦めないで」

のエールがこだまします。いや、これが出てきてる時点で集中できてへんから！　しかし、僕のてんやわんやな心とは裏腹に、俄然勢いが増す真矢さんのテクニック。そのテクニックによりまたも強引に車内に戻れた僕。そしてとうとう、その瞬間が訪れようとしていました。

ヤバイっす真矢さん！　僕もうダメっすよ真矢さん！　あっ……あぁっ……あぁぁぁー

ーーー……

「次は～、三鷹～、三鷹～」

もうええって!! マジでもうええって!! 蒲田から三鷹はもはやワープやん!? 東京以外に在住の方々、言わずもがなでお願いします。そしてそのまま変なタイミングでのフィニッシュ。総武線の最果ての地、三鷹駅で下車してしまいました。

吊り革を呆然と握りしめたままの僕に、「アイマスク外していいよ」という真矢さんの声。僕は言われるがままにアイマスクを外しました。目の前にはゴリゴリのクローゼットが広がっていました。そして初めてお目見えする真矢さんの顔。当然の如く、そこに真矢さんはいませんでした。どちらかというと、カイヤ寄りの女性がそこにはいました。とはいえ、カイヤ寄りの時点で、熟女好きの僕からしたらハズレでもなんでもない、普通にアタリの女性です。しかし、真矢ミキという自分の中の最上級の女性を思い描いていたため、その落差は凄かったです。

カイヤは丁寧に僕のイチモツをティッシュで拭いてくれた後、ベッドに座り、水をこれでもかというほどゴクゴクと飲んでいました。そして、一息ついた後、

「まだ時間余ってるけど、次はベッドでする？」

と僕に聞いてきました。そう、このお店は時間内であれば何回でも発車できる、いわゆる

青春18きっぷ型風俗店だったのです。田舎のローカル線のような1時間に1本などではなく、1時間に2本、3本、いける人なら4本でも5本でもいっていい、1日乗り放題パスが使えるお店なのです。しかも次はベッドでのプレイという事で、僕は貧乏根性丸出しで2本目をお願いすることにしました。

時間的に微妙だったので、すぐさまベッドに仰向けにさせられる僕。そして着ている服を全て脱ぎ、素っ裸で僕の体に覆い被さってくるカイヤ。流石に痴女というだけあって、僕の全身をくまなく舐め回してくるカイヤ。そんなカイヤの舌使いに、2本目といえどもギンギンになる僕のイチモツ。ベッドでのプレイという事もあり、逆痴漢電車というコンセプトはどこかへ吹き飛び、ただただ普通にヘルスのサービスを受ける僕。プレイに没頭してきたカイヤは、僕が思う人類史上最高の発明品であるローションを、これでもかというぐらい僕の体に塗りたくります。そして僕の股間に跨(またが)って腰を懸命に振り、素股をしてくれました。極上の技術と、痴女ならではの本気っぷりに、恍惚の表情を浮かべる僕。

色々と集中できなかったり紆余曲折あったけど、2本目もできたしなんだかんだでいい店やったなぁ。そう思いながら本日2度目のフィニッシュを迎えようとしていた僕にカイヤから最後の言葉攻めが。

「ほらー、電車の中でこんなことされてるよー?」

電車の設定やったんや!?　え!?　これまだ電車設定やったん!?　電車のどこ!?　電車のどこで素股されてんの!?

「みーんな見てるよー？」

みんな見てんの!?

「変態さんだねー？」

お前もな!!　なんやったらお前の方がヤバイで!!

1本目はホテルという現実をつきつけられたことで集中できず、今回は電車内での素股という無理矢理すぎる設定を押し付けられ集中できません。しかし、たとえ集中できなくても、人類史上最高の発明品であるローションと、カイヤのテクニックが合わさり、あっさりとフィニッシュしてしまいました。ベッドに大の字になり、精根尽き果て一歩も動けない僕に、カイヤのトドメの一言が。

「お客さん、終点ですよー」

もうええわ!!　どこまでも設定を守る痴女、カイヤ。しかし、カイヤの人柄が良かったのもありますが、終わってみればなんだかんだ楽しかったこのお店。

『タモリ倶楽部』の鉄道特集の回で紹介される日も近いかもしれませんよ。

［コラム］煙だけでいい…… あとはオレが火を起こす！③

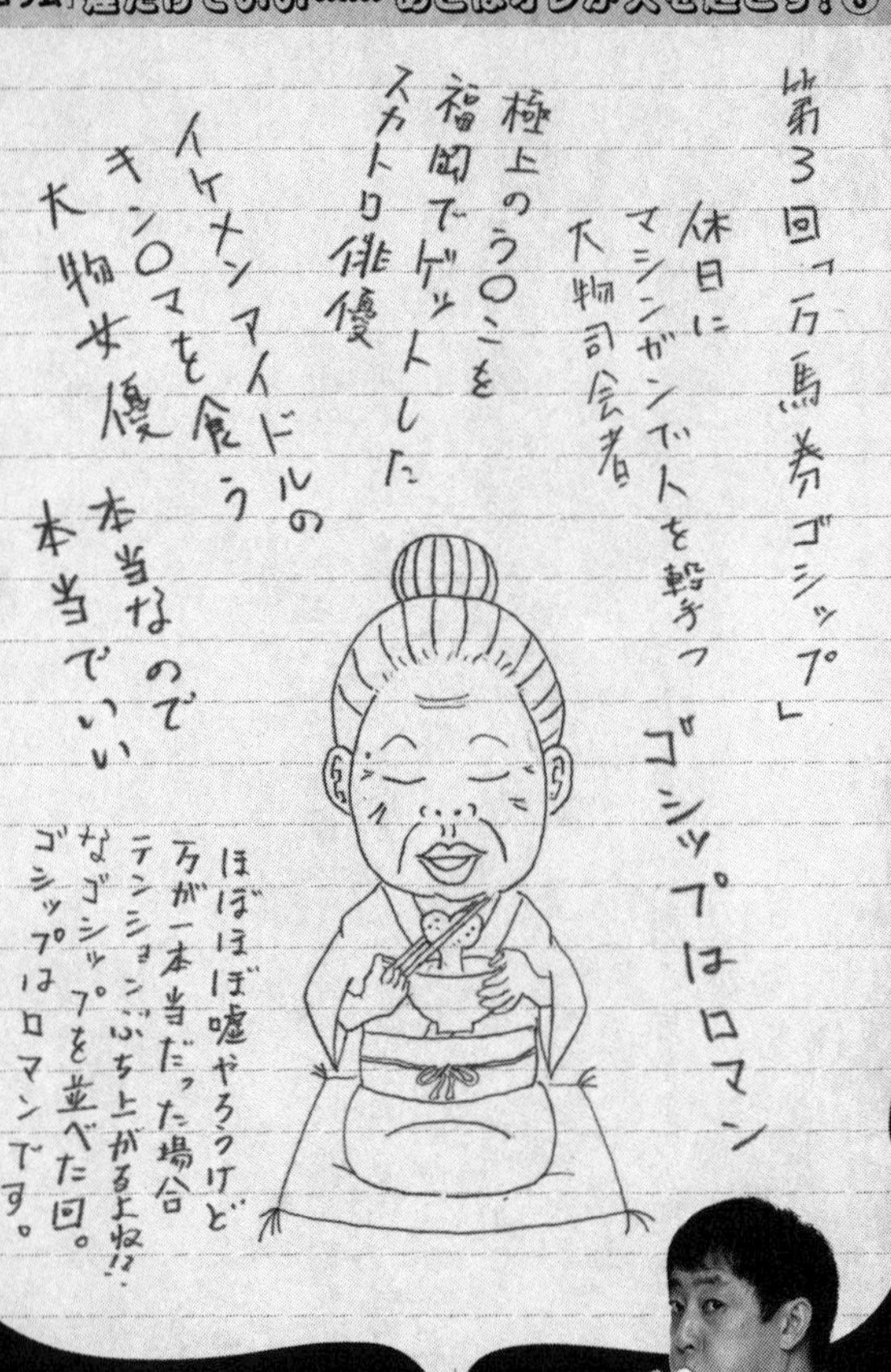

（p.078につづく）

メンタル童貞

悲しき仲間編

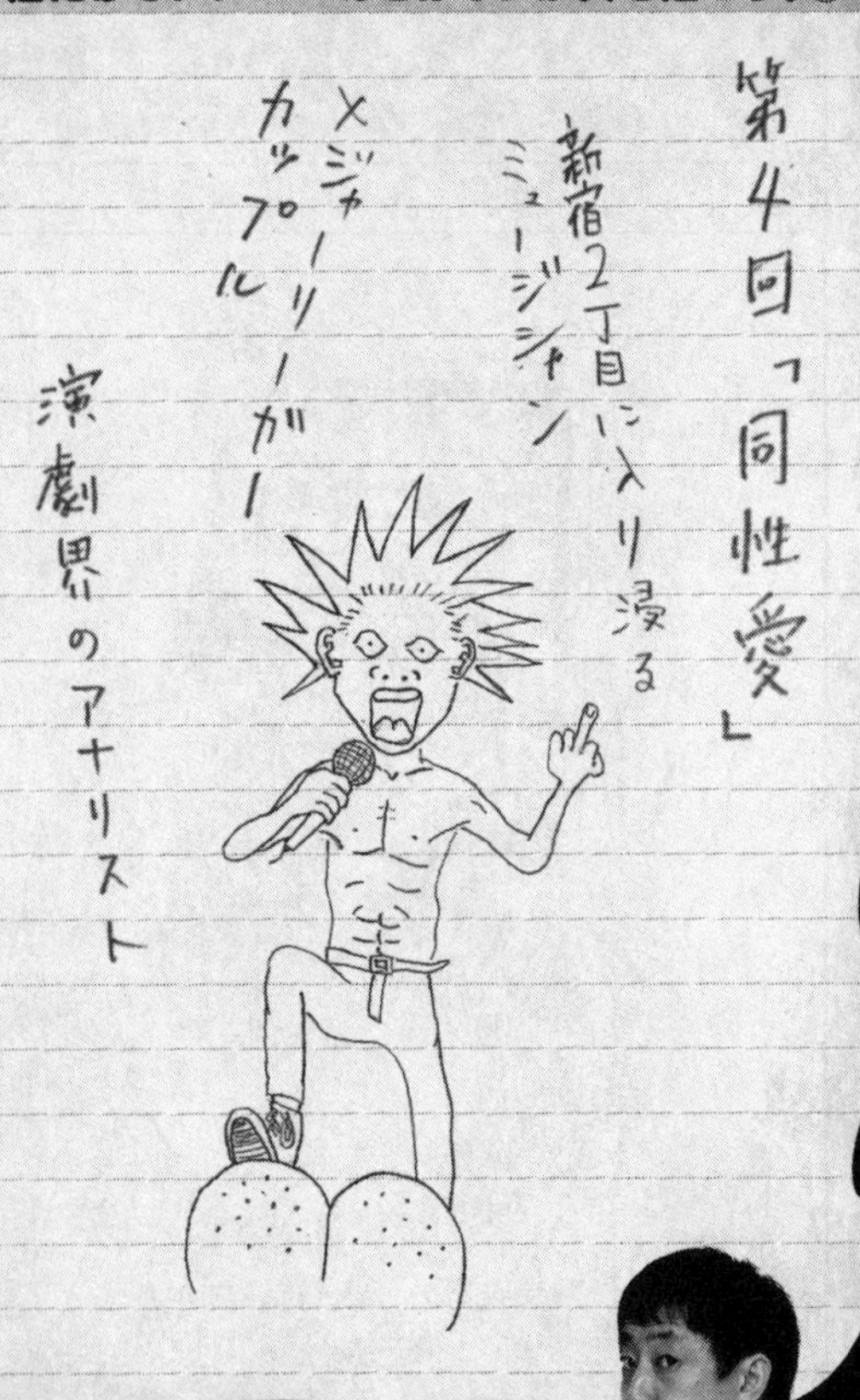

煙

(p.086につづく)

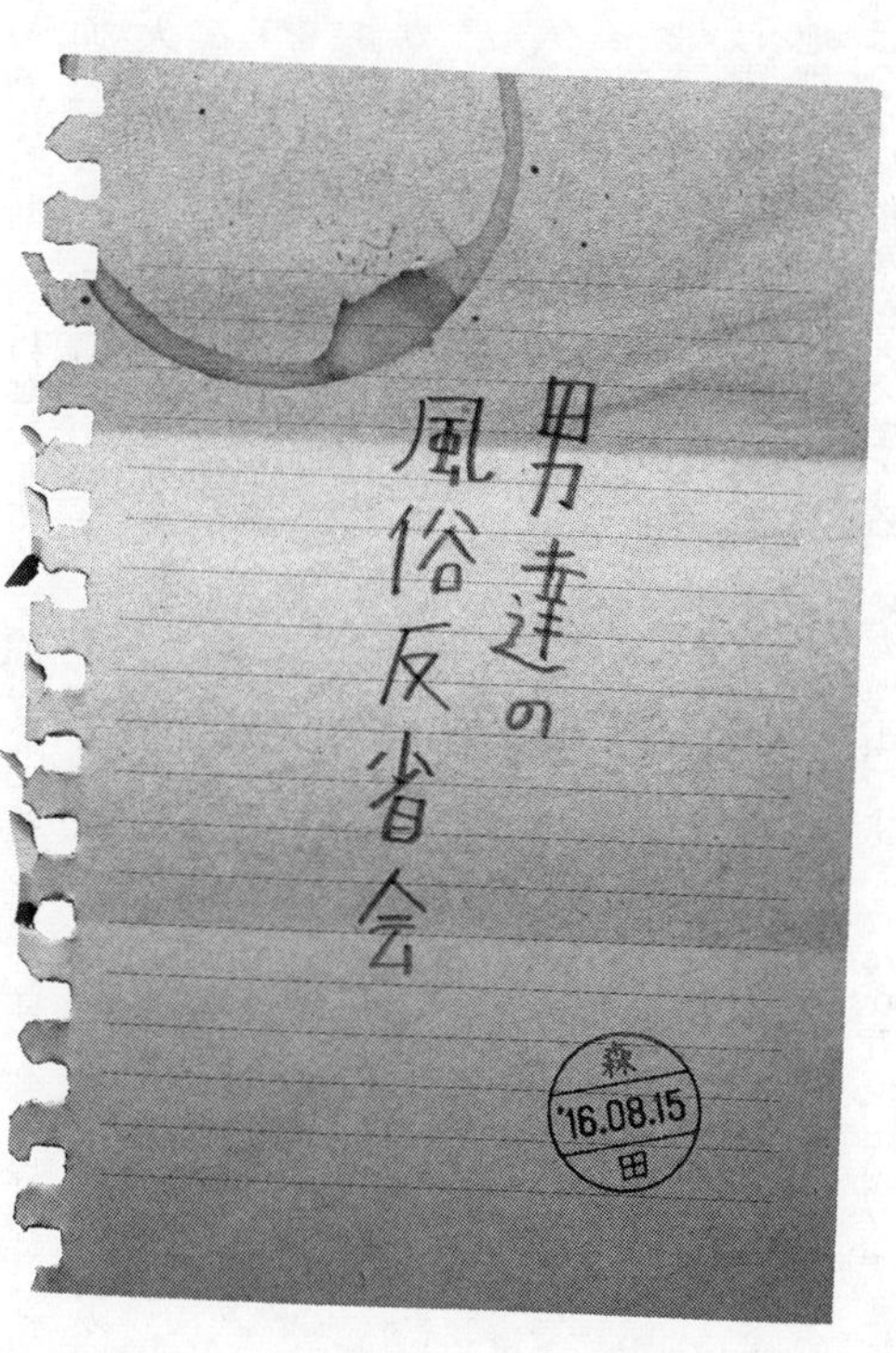
男達の風俗反省会
森
'16.08.15
田

夏の開放感が日本列島を駆け巡り、普段週刊誌から逃げ回っている芸能人達も、この時期ばかりは開放的になり、羽目を外してるに違いないそんな季節。芸能界のゴシップの収穫量がピークを迎えるそんな季節に、僕はといえば自らのゴシップを晒け出す日々。「本当にこの方向性で大丈夫なんか？」という葛藤とは裏腹に、最近「コラム読んでます！」とちらほら声をかけられるようになりました。いつもガラガラだったトークライブのチケットもなぜか完売。「なんかわからんけどまあこんな感じでええんかなー？ ただ相変わらず出待ちは全くないけどなー」。そんな事をぼーっと考えながら深夜に自宅近くのファミレスで、単独ライブのためのネタ作りに励んでいました。

若手芸人という人種は、だいたいがネタを書くために家の近くのファミレスに深夜から朝方にかけて入り浸ります。単独ライブなんかが近づいてくると、毎日のように入り浸り、恐らく店のバイト達からあだ名をつけられながらもドリンクバーのみで良いネタができるまで朝まで粘ります。

僕の自宅は東京の五反田という場所にあります。知っている人も多いと思いますが、五反田という土地は東京でも屈指の歓楽街です。あらゆるジャンルの風俗店が至る所に立ち並び、街行く女性は全て風俗嬢に見えてくる、そんな街です。そんな五反田のファミレスで毎日のように繰り広げられる光景があります。

〝男達の風俗反省会〟

女性の方はなんの事かさっぱりわからないと思うので、順を追って説明します。

まず男性5人ぐらいで居酒屋で飲んでいる↓自然とエロい話になる↓全員がどこかムラムラしてくる↓酒も進み会話が少しずつグロくなってくる↓自然体を装いながらも完全に全員がムラムラしている↓可愛い店員さんがいようものならムラムラは更に加速する↓終電が近づいてくる↓しかし全員がまだムラムラしている↓一番勇敢な男が急に立ち上がる↓全員がその男の一挙手一投足に注目する↓「せっかく五反田まで来たし風俗でも行ってみる？」と切り出す↓一瞬なんとも言えない独特の間が生まれる↓「お前は本当にスケベだな〜」と全員で揶揄する声が響く↓揶揄しながらも全員ギンギンに勃起している↓「しょうがねえからこいつのわがままに付き合ってやるか？　なあみんな？」と一番溜まってる奴が鼓舞してくる↓「そうしますか！　すいませーん！　お会計！」↓2番目に溜まってる奴が勝手に店を出る準備を始める↓「オレあんま飲んでねえし、千円でいい？」「殺すぞ！」「がははははは！」などのやり取りの間も全員しっかり勃っている↓店を出るなり、吸い込まれるように風俗案内所へ入っていく↓どういうシステムなのか、何系の女の子が多く在籍しているのかなどの店ごとの詳細なデータを集めるべく、案内所のお兄さんに異常なまでの質問責め↓本当に失敗したくないので案内所のお兄さんとできる限りフランクに接し、お兄さんしか知り得ない情報や本音を聞き出そうとする↓お兄さんから「この店はこの前、俳優の○○さんが来ましたよ」みたいなプチゴシップをいただく↓吟味に吟味を重ね、店を決める↓店に向かう道中のコンビニでブレスケアなどを購入↓キャッチの男が近寄ってくる。「お兄さん達、キャバクラどうすか？」「すいません！　僕ら風俗なんすよ！　がはははは！」もはやなんでも面白い↓風俗店に着くと受付で写真を見せてもらい、ここでもより詳細な情報を求め質問責め↓日本一どうでもいいドラフト会議↓多少の小競り合いはありつつも全員が無事女の子を決める↓「終わったら駅前のファミレス集合で！」と言い、別れ際に全員で謎の敬礼↓それぞれが五反田の夜を楽しむ↓小一時間ほどして駅前のファミレスにスッキリとした顔の男達が、一人、また一人と入ってくる↓「あれ？　あいつ遅くね？　絶対延長してんじゃん！」「がはははは！」などの会話がありつつ、ようやく全員が揃う↓〝男達の風俗反省会〟開始

といった流れです。あまり長くなってもと思い割愛した、〝念のため別の案内所にも行っ

てみる〟や〝女の子が来るまでの間に「やっぱりあっちの子にしといた方が良かったかなー」と1回は思う〟などの行程もありますが、だいたいの流れはこんな感じです。

そして始発が出るまでの数時間、〝男達の風俗反省会〟が繰り広げられるのです。少し重々しく聞こえるかもしれませんが、要は各々の感想をただただ喋るだけの会です。

どんな女の子が来たか、写真との差はどれぐらいあったか、プレイ内容はどうだったのか、ぶっちゃけ何点だったか、などを1人ずつ順番にプレゼンしていき、それぞれの話に大の大人達が一喜一憂するただただ下品な会。

風俗嬢の方達からしたら最低の会です。

ある者はさっきまでのプレイを反芻するかのように恍惚の表情で嬉々として喋り、またある者は増税が決定した時より怒ってんちゃうかと思うぐらい怒りを露わにしながら喋る。喋り方や構成、身振り手振りや緩急を織り交ぜながら各々が全力で風俗体験記を語る。そして突如としてファミレスの店内に大音量で響きわたる
「マジで!!!!?」

の声。そう、どの反省会にも風俗嬢から電話番号を教えてもらった猛者が必ず1人はいるのです。その猛者が、「今度プライベートで遊ぶ約束もした」などと言おうものなら、その他の全員が、「嘘の番号であれ!!」と心の底から願います。

全員が嫉妬心でいっぱいになりながらも反省会の盛り上がりはピークを迎え、あとは消化試合かぐらいに思ってるところに、先ほどの5倍ぐらいの

「マジでーーーー!!!!?」

が聞こえてくる時がごく稀にあります。

「本番できた」

逆転満塁ホームラン。

風俗店はソープランドと言われるところだとしても、基本的に本番行為は禁止されています。だから彼の言っていることが嘘か本当かはわかりません。しかし、もしこれが本当だとしたら、彼こそが真の猛者です。

ニューヒーロー誕生の瞬間です。

さっきまでスター気取りだった元猛者はマウンドで呆然と立ちすくみ、風俗嬢の番号が入ったスマホを地面に叩きつけ悔しがります。その他の雑魚たちは、羨望の眼差しでヒーローインタビューを聞きます。そしてそうなったら雑魚たちがやることは1つです。スマホを出し、密かにテーブルの下でその店のホームページに飛び、本番ができた風俗嬢の名前とプロフィールを確認し、頭に叩き込みます。なぜなら後日単独で訪れ、絶対にその子を指名したいから。彼らは反省しながらも、しっかりと未来を見ているのです。

そんなこんなでようやく始発の時間になり、それぞれが様々な想いを胸に家路についていくのです。そして、その反省会に一番聞き耳を立てていた一人の芸人が、雑魚たちと同じく頭に叩き込んだ名前とプロフィールを頼りに、五反田の街にスキップで消えていきましたとさ。めでたしめでたし。

いかがだったでしょうか？　ストーリーテラー気取りで五反田ファミレス物語を書かせていただきました。五反田のファミレスには色んな客が訪れます。店舗を持たないタイプの風俗店の風俗嬢の待機場所になってたりもします。ゆえに生まれた物語もあったりしますので、また機会があればいつか書かせていただきます。

このコラムが五反田風俗業界の発展に一役買うような存在になればなと、心の底からそう思います。いつか

「森田のコラム見た！」で指名料無料！

なんて日が来れば最高ですね。

第5回「秀逸なシステム」

芸能界デリヘル

下は50万
上は一千万!?

一流の社長達だけに
配られるリスト

WINNER
¥1000000

優勝賞金の使い道

まことしやかに噂される
芸能界デリヘルの存在。
本当かどうか確かめ
たかったら、起業して
会社を大きくして下さい。

煙

(p.144につづく)

身の毛もよだつ
ヤリマン2万7千円事件

森
'16.09.15
田

日本の大躍進に沸いたリオオリンピック。卓球男子の歴史的なメダル獲得、絶対王者である筈の吉田沙保里選手のまさかの敗戦、バドミントン、テニス、陸上の4×100mリレー。数々の感動的なシーンが生まれた中、我々ゴシッパー達を一番沸かせた猫ひろしパイセンのTwitterでの「選手村にコンドームが置いてある」発言。非常に良い夏になりました。

とはいえ、まだまだ残暑が厳しい日本列島。寝苦しい夜を過ごしてる方もおられるのではないでしょうか？　という事で皆様に涼んでいただくために怪談ゴシップをご用意致しました。しかも、僕自身の身に実際に起こった身の毛もよだつ〝本当にあった怖いヤリマンゴシップ〟です。僕自身こんな恐怖体験は二度としたくありません。それぐらい怖かったです。

それは梅雨の気配がしてきた5月の下旬頃のことです。僕、他事務所の後輩であるニューヨークというコンビの屋敷、フリーディレクターの財津、の悪友3人で、屋敷が仕込んでくれたコンパに行きました。待ち合わせ時間よりも少し早めに着き、どういう戦略でいくかをなんとなく話し合っていると、女の子3人も居酒屋に到着。容姿を見ると、底辺の男達のコンパの相手にしては綺麗すぎる3人。ノリも良さそう。胸高鳴る僕達。3人で目を合わせながら心の中でハイタッチをします。心躍らせる僕達に更に朗報が入りました。〝都内の大学に通う女子大生３人組〟。世の男達が一番好きな四字熟語〝女子大生〟

僕達はまた目を合わせながら心の中で拳を天高く突き上げます。全くと言っていいほど酒が飲めない僕も今日ばかりはと〝梅酒水割り水多め〟を頼みます。「ほぼ水やないか！」という屋敷のツッコミ。一同爆笑。楽しい、楽しすぎる。

１時間ぐらいが経ち、いよいよ今日のこの後の行方を大きく左右するであろう下ネタトークのブロックに入ろうとしたその時、女の子の一人が言った言葉に僕達は耳を疑いました。

「ねえねえ、一番最近いつセックスした？」

え？　え？　え？　嘘？　マジで？　そんな筈ないよな？　オレらの聞き間違いやんな？と思ってるところに別の女の子が全盛期の田中マルクス闘莉王ばりに２列目から飛び込んできました。

「あたし１ヶ月ぐらい前！」

持ってるグラスを落としそうになるのを必死にこらえる僕達。追い打ちをかけるように３人目の女の子がルーズボールに飛び込んできます。

「え？　じゃああんた今月処女じゃん！　あたし４日前！」

ゴーーーーーーーーール！！！！！！！

僕達は唖然としました。右サイドの女から上がったセンタリングをセンターの女がヘディングシュート、そのこぼれ球を左サイドを駆け上がっていた女がゴールに叩き込み鮮やかにゴールネットを揺らしたのです。

ヤリマン確定。

こんなことが起こり得るのか？　僕達は目の前で起こった状況をまだいまいち理解できないでいました。なぜなら近代コンパにおいて、こういう会話は決まって男からするのが定説だからです。会話の中に下ネタを少しずつ織り交ぜながらエロい女かどうかを見極めていく、それが定説です。しかしその定説をいとも簡単に覆す女子チームが現れるとは。しかも全員がまだ大学生。末恐ろしいにも程があります。

FCヤリマンの華麗なるパス回しに見事に翻弄された僕達は、少しずつ現実を受け入れると同時に経験したことのないぐらいの嬉しさが込み上げてきました。男全員の頭の中のビッグビジョンにでかでかと映る〝ヤリマン確定〟の文字。気がつくと僕達は再び目を合わせ、全員で心の中でカズダンスを踊っていました。

そう、僕達がコンパで最も知りたい情報は、その子達がヤリマンかどうかなのです。ヤリマンが確定した白木屋の個室のボルテージは最高潮に達し、僕達はすぐにボールをセンターサークルにセットし、再びキックオフ。

「自分らFCヤルセロナやなぁ！」と上機嫌で言う僕。「いや別にうまないわ！」とつっこむ屋敷。一同爆笑。楽しい!! 楽しすぎる!! このままいけば3人とも絶対ええ思いできるやん!! 勝ち点3をほぼ手中に収めた僕達は、2次会に行こうと誘い、6人で財津の家で飲み直すことになりました。日本男子全員の憧れ

〝宅飲み〟

中学生男子ならその単語を聞いただけでギンギンに勃起するであろう超卑猥な言葉〝宅飲み〟

僕らはその宅飲みに、いとも簡単に持ち込めました。そりゃそうです、だって相手はヤリマンなんだもの。

しかし、事態は意外にも急展開を迎えます。全員ほろ酔いで、エロいトークも更に加速しながら楽しく飲んでいると、女の子の一人が「次の日朝イチから授業だから」と、急に帰ると言いだしたのです。

なんでや!? もう少しでいけるんちゃうんか!? そもそもヤリマンが何もせず帰るのはルール違反やろ!?

もはやよくわからない思考回路になりながらも必死に食い下がる僕達。しかし僕達の願いも虚しく、その子は帰っていきました。最後にLINEグループは作ったものの、場の空気

は一気に冷め、その子狙いだった財津も急に目標を見失い、「オレも寝るからみんなも帰ってくれ」と言ってくる始末。渋々財津の家を後にし、僕もタクシーで帰ろうとすると、そこに不屈の漢、屋敷が立ち上がります。

「じゃあとりあえず森田さん家みんなで行きます？」

さすがは吉本興業という大きな事務所に所属し、ヨシモト∞ホールという猛者揃いの劇場で揉まれてる芸人はちょっとやそっとのアクシデントでは動じません。そして何があろうと決して諦めません。そんな屋敷の男気にやられたのか、女の子2人は意外にもオッケー。そうか！　こいつらがFCヤルセロナのツートップか！　ありさとみゆき、こいつらがメッシとネイマールやったんか！　さっき帰ったあの子はただの人数あわせ。本当のファンタジスタはこの2人なんや！

敗戦濃厚と思われた試合。しかしロスタイムはまさかの120分。まさにそんな気分。そして4人でタクシーに乗り込み五反田の僕の家へと向かいました。再び光が見えだし、車中の会話も弾みます。

「運転手さん、僕この後この子達とセックスするんすよー！　ギャハハハハ！」

世界一おもんない絡み。けど楽しい。楽しすぎる。ホームにFCヤルセロナを迎えての最終節。奇跡が起きる予感しかありません。

コンビニで酒を買い込み、3次会スタート。スタート直後から飲めや歌えやの大騒ぎ。僕も普段絶対に飲まない氷結やストロングゼロを無理矢理胃に流し込みます。なぜならこの後確実にセックスが待っているからです。セックスが確定してるのならば、ウォッカだろうがテキーラだろうがなんでもござれの精神。しかし調子に乗って飲んでいるさなか、最も恐れていたものが押し寄せてきました。

眠い。眠すぎる。

ただでさえ飲めない酒をいつもの何倍も飲み、かつてないほどの大ヤリマンを相手にしたせいか、知らず知らずのうちに疲れはピークに達していました。それに加え頭も痛くなり、徐々に意識が遠のいていきます。

目が覚めた時にはすでに昼になっていました。ふと見るといびきをかいて寝ている屋敷の姿しかなく、女の子2人の姿はどこにもありませんでした。すぐに屋敷を起こして聞いてみましたが、「僕も途中で寝ちゃいました」と力なく答えるだけ。

不甲斐ない敗戦。

しかし、勝てた試合を落とした悔しさはあるものの、楽しかった昨晩のあれこれを振り返ると、どこか清々しいと思う自分もいました。恐らくその余裕は、昨日作ったＬＩＮＥグループがしっかりと残っているという事実からきているのでしょう。連絡先は知っている。また飲めばいい。限りなく勝ちに等しい敗戦。

ニヤけながらふとリビングのテーブルを見ると、ありさが着けていた時計が置かれていました。床には下着の上から着るキャミソール的な薄手の生地の服が落ちています。ヤリマンといえど彼女たちも中身は普通の大学生。そりゃ当然忘れ物ぐらいするだろう。そう思いながら僕はその時計を腕にはめ、キャミソール的な服を着て、屋敷に写真を撮らせ、その写真を昨夜作ったLINEグループにすぐに送りました。

「忘れてるよー！（＞ε＜）」

そう、次の試合はすでに始まっているのです。この人達楽しい！と思わせることで次回飲んだ時の女の子のガードをぐいっとゆるめる作業を怠ってはならないのです。負けはしましたが、これが次につながる負け方なのです。「ギャハハハ！　これ絶対女の子引くわー！」と言いながらパシャパシャ写真を撮る屋敷。「ん？　こんなに忘れ物していくってことは、もしかしてまたこの家に来たいっていうメッセージなんかな？」と屋敷に聞く僕。「ヤリマンがそんな回りくどいことするわけないやろ！　ヤリマンやぞ！」とつっこむ屋敷。一同爆笑。楽しい。まだ楽しい。

そんなやり取りをしてるうちにお腹が減ってきた僕達は昼ご飯を食べに行くことにしました。しかもどうせならと、一般の人にも開放してる近所の大学の学食に行くことにしました。

大学内を歩く女子大生達を眺めながら、昨日の女の子達のエロかったポイントをお互い言い合い、過去最高に楽しかったコンパを反芻する僕達。昼間から楽しー！　一生こんな毎日がええなー！と、心の底から思う僕達。

そして、学食の券売機の前で事件は起こりました。僕が食券を買おうと思い財布を開けると、お金が1円も入ってないのです。僕は一瞬頭が真っ白になり、目の前の状況を呑み込むことができませんでした。

なんで??　え??　なんで??　いや、昨日までお金入ってたやん？　昨日タクシー降りる時金払ったやん？　その時点でまだ2万7千円ぐらい財布の中に入ってたやん？　なんで？なんでそれが全部なくなってんの？

放心状態の僕の隣で、心配してる感じを出しながらも基本的にはずっと爆笑してる屋敷。一旦冷静になるために僕と屋敷は学食の外にある喫煙所でタバコを吸うことにしました。恐らくこの大学の中で一番苦学生のような顔をしてるであろう僕。色々な可能性を頭の中で模索します。何度も何度も模索しますが、何度考えても同じ結論に至りました。

あいつらしかおらんやんけ！！！　絶対そうやん!!　どう考えてもあのヤリマンが盗んだ以外考えられへん!!

マグマのように込み上げてくる怒り。何が一番腹立つかというと、前にもこのコラムで書きましたが、僕が常々唱えている〝ヤリマンいい奴説〟を崩壊させた事に何よりも憤りを感じるのです。こんな裏切られ方は初めてでした。

ごく一部のこういうヤリマンの行いが全国各地で頑張っているヤリマン達のイメージを下げていることにあいつらは気づいていないのです。僕がやり場のない怒りを爆発させていると、一人の冴えない男子大学生が僕達に声をかけてきました。

「さらば青春の光の森田さんとニューヨークの屋敷さんですよね？ 僕お笑いめちゃくちゃ好きで、森田さんの大ファンなんです！ 握手してください！ ていうかこんな所で何してるんですか!?」

僕と屋敷はその大学生に握手をしてあげました。聞けば彼はこの大学の学生で、岸という名前でした。岸はパッと見た感じ、少しオタクのような雰囲気を醸し出していましたが、僕らに会ったことを凄く喜んでくれていました。僕はこのやり場のない怒りをなんとかしたくて、まだ出会って1分も経ってない岸に、「おい、岸くん聞いてくれ。実は昨日ヤリマンと飲んでてんけど……」と、昨日からここまでの経緯を全て話しました。

岸は驚愕しながらも、「ちょっと待ってください！ そもそもそんな簡単にヤリマンっているんですか!?」と凄く素朴な疑問をぶつけてきました。

はっきり言って今そんな事はどうでもいいですが、確かに普通に勉学に励んでいる大学生ならそう聞いてくるのも無理はありません。しかし、そこじゃないよ岸。僕は今お金を盗まれたことに腹を立ててるんだよ。なんとしてでも犯人をとっ捕まえて懲らしめたいんだよ、という旨を伝えると、岸の口から驚愕の事実が飛び出しました。

「僕今大学で犯罪心理学を専攻してるんです」

マジか!? こんな偶然ある!? ヤリマンにお金盗まれて途方に暮れてるところにたまたま出会った大学生が犯罪心理学を専攻してる!?

気がつけば僕は「岸ーーー!!!」と言いながら岸に抱きついていました。思わぬヒーローの出現により急遽捜査本部が立ち上がりました。岸にこの後の予定を聞いたら、夜の居酒屋のバイトまでは空いているとのこと。すぐさま岸をパーティに入れ、僕、屋敷、岸の3人によるヤリマンを倒すための大冒険、ヤリマンクエストがスタートしました。

スタートはしたものの、お腹が減っている僕達はとりあえず学食に戻り、当然のごとく屋敷に昼ご飯を奢らせ作戦会議をしました。とりあえずまだ事件が発覚する前のLINEグループのやり取りはこんな感じです。

森田「時計忘れてるよー!」↓時計をはめた写真↓屋敷「早よせな売るって言ってるぞー」↓ありさ「やめてー(≧∇≦)」↓森田「服も忘れてるよー!」↓服を着た写真↓屋敷「早よせな使うって言ってるぞー」↓みゆき「もう使ってるじゃん!笑(、ロ、)」

今となっては悲しさすらあるものの、すごく平和なやり取り。みゆきのツッコミも的確。そんな平和なやり取りのさなか、突如として僕が切り込みます。

森田「財布の金が全部なくなってる!!」

そして、まだあまり犯人を刺激しないぐらいの、尚且つお前らが盗んだことは薄々わかってるんだよぐらいの文章を屋敷が打ちます。

屋敷「誰かに盗まれてる!!笑」

これで一旦相手の出方を窺います。どう出てこようが2万7千円が返ってくるまでは地獄の果てまで追いかける所存です。すると、さっきまでテンポ良く会話に入ってきていたみゆきとありさが急に入ってこなくなりました。既読はついているのになんのリアクションもしてきません。この時点でだいぶ怪しいです。そして1時間ぐらいしてようやくLINEグループに新着メッセージが。

財津「オレの家の電気のリモコンもなくなってる!」

どうでもいい全く別の事件発生。どうでもいい……。リモコンがなくなったとか本当にどうでもいい……。ほんでたぶん探せば絶対にどこかにあるし。財津のしょうもない事件にげんなりしていると、一番最初に帰った女、ゆずから新着メッセージが。

ゆず「すいません、リモコンわたしが食べました笑」↓財津「ゆずちゃんかい！　食べたんかい！笑」↓ゆず「許して大好き！」↓財津「しゃあないなぁ、可愛いから許す！」↓ゆず アザラシみたいな動物が投げキッスしてるみたいなスタンプ。

本当にしんどいやり取り。こいつらはこっちの事の重大さを全く理解していません。しかし、そこにありさとみゆきが急に入ってきました。

ありさ「そのスタンプ可愛い（＾ε＾）」

みゆき「ほしー♪（、▽、）」

お金が盗まれたことには全く触れず、スタンプの可愛さの感想を言ってくる2人。すぐさま屋敷と僕が引き戻します。

森田「ていうかよう考えたら起きた時財布が変なとこにあった」

屋敷「森田さんがへこみまくってる！」

屋敷がご飯の後に奢ってくれたソフトクリームをへこみながら食べる僕と岸の写真を送信。このくだりになると、またも急に入ってこなくなる2人。もうこの時点でほぼ確定ではありますが、バックれられても怖いので、あまり深追いせず、こっちも何か動きがあるまではじっと待つ事にしました。

ここからは持久戦です。ここは我慢して待ちの姿勢を貫くことで必ず勝機が見えてくるに違いありません。喫茶店でコーヒーでも飲みながら待つことにしようと思ったその時、犯罪心理学専攻の岸がおもむろに口を開きました。「とりあえず事件現場見たいんで森田さんの家行きませんか？」存在感を示したくなったのか、急に犯罪心理学者風を吹かし、それっぽいことを言ってくる岸。僕らは答えます。「まあとりあえず家戻ってもあれやし喫茶店でゆっくりしようや」。しかし岸は言います。「事件現場見ないことには犯罪者の心理って見えてこないんでとりあえず森田さん家行きましょう！」「まあ飯食ったばっかやし、ちょっとゆっくりコーヒーでも飲もうや」「ゆっくりするのは森田さん家でもできるじゃないですか。森田さん家を拠点にする方が絶対合理的ですって」

え？　全然譲らんやん？　あれ？　こいつもしかしておれん家来たいだけちゃうん？　薄々感じてたけど、こいつお笑い好きのミーハー大学生ゆえに、別に大して売れてないオレらを完全に芸能人やと思ってるやん？　むしろ最初会った時、スターに会ったぐらいの感覚で接してきてたもん。こいつ芸能人の家見たいだけやん？

そう思いながらも、岸の熱意に負けた僕達は喫茶店を諦め、僕の家へと向かいました。家に向かう道中もガンガン犯罪心理学者風を吹かしてくる岸。「今までの話を聞いた結果、犯罪心理学の観点から見ると、この犯人……かなり大胆ですね」。そんな事はとっくにわかっている。むしろそれは事件の概要聞いた時のただの感想やから。なぜそんな当たり前のことをちょっと溜めて言ってくるのか？「恐らくこの犯人、7、8回目の犯行ですね」。なんで？

それはどこから出てきた数字なん？「屋敷さんが犯人っていう可能性もゼロではないですよ。もっと言えば財津さんの可能性もなくはないです」。あっ、こいつポンコツやった。さっき学食でソフトクリームを奢ってくれた屋敷のこと疑ってるやん？　しかもどう考えてもあり得へん財津のことまで。「岸畑任三郎の推理によれば……」。もう完全にオレらに慣れたやん？　芸人相手に余裕でボケてくるやん？　平凡な日常に急に訪れた非日常を全力で楽しんでるやん？　ほんで聞いたらこいつすでに物流系の会社に就職決まってるらしいやん？　犯罪心理学全く関係ないやん？「もう今日バイト休もっかなー」。帰ってほしい。今からでもバイトに向かってほしい。

僕の家に到着し、芸能人の部屋を舐め回すように見る岸。ベランダの窓を開け、「身体能力の高い人間なら隣の建物からこのベランダに飛び移れますよね？」湯水の如く溢れ出す岸畑のポンコツ推理。「お前ほんまええ加減にせえよ！　ちょっと黙っとけ！」怒る屋敷。「あれ？　なんで屋敷さんそんなに怒ってるんですか？　怪しいな」。「殺すぞ!!」岸畑の独壇場。三谷幸喜が見たら間違いなく怒るであろうゴミのようなやり取り。

さすがの僕も、可愛い後輩がただのポンコツ大学生に手玉に取られてる様を見てられなくなり、岸を切り離す決断をしました。「岸、お前もう帰ってええで。あとはオレらでなんとかするわ。ありがとうな」。現実に引き戻されそうになるのを必死にもがく岸畑。「ちょっと待ってください！ 僕も一緒にヤリマン退治させてください！ 僕同世代としてそいつら許せないんですよ！ 同世代にこんな奴らがいると思うと本当に腹が立ちます！ だからお願いします！ もうちょっとだけここに居させてください！」

1ミリたりとも共感できない正義感をふりかざしてくる岸。一瞬で岸畑キャラを捨て、もはやただの岸で懇願してきます。あまりの懇願具合に、またも一つの疑問が浮かびました。

あれ？ こいつ女の顔見たいだけちゃうん？ だって女のLINEのアイコン見せたあたりからこいつのテンションのギア2段階ぐらい上がったもん。絶対そうやん。

誰よりもこの状況を楽しんでる男、岸。

それもそのはず、よくよく考えたら自分は金も盗られていない、むしろご飯もご馳走してもらえる、その上好きな芸人と一緒にいられる、ぶっちゃけ金が返ってこようがこまいがどっちでもいい。

唯一ノンリスクの男、岸。

知らないうちに、お笑い好きの同級生に僕らと一緒に居ることをLINEで自慢してる男、岸。

家に置いてある単独ライブのDVDをやたらと欲しがる男、岸。

ゆとり世代が生んだモンスター、岸。

まあこのまま無理矢理帰したら後で何言われるかわからんし、とりあえずほっとくか。ここにいることを許された岸は、安堵の表情を浮かべると共に、また変なスイッチが入りました。「僕そいつらに会ったらめちゃくちゃ説教してやりますわ。同世代として。僕お二人より怒鳴り散らしちゃうかもしれませんが、その時は止めてくださいね。僕小学校3年から6年までボクシングやってたんで」

無視。ただただ無視。

そうこうしていると、ありさからLINEが入ってきました。

ありさ「あの時計大事な奴なんで返してほしいんですが、森田さん今日渋谷に持ってこれたりしますか？」

は？　何言うてんのこいつ？　お金盗まれたことには一切触れてこないくせに、自分の時計は返してほしいやと？　まずオレの金返せやボケ!!　いよいよ怒りが大爆発しそうになった僕は、とうとう本格的にこいつらを追い込むことにしました。

森田「ごめん、今警察来て事情聴取されてるから五反田来られへん？」

屋敷「オレも警察で指紋採られた！」

森田「2人も五反田来られへん？　申し訳ないねんけど警察で指紋採ってほしいねん。そのタイミングで時計は渡せるし」

屋敷「今から森田さんの家で現場検証するかもやわ！　大事なってきてめっちゃややこしいわ！」

リアリティを出すために少し時間を空けながらもどんどんスマッシュを打ち込んでいきます。オリンピックで金メダルを取れるぐらい息の合ったコンビ〝もりやしペア〟。その間、2人からはなんの返信もありません。そして、とうとう屋敷がラインぎりぎりいっぱいのところにとどめのスマッシュを打ちこみました。

屋敷「今から現場検証するねんけど、現場検証ってなったら事件扱いになってまうらしいねん。ほんまに盗ってない？　盗ってたら今のうちに正直に言ってほしい」

これでダメならもう打つ手はありません。固唾を呑んで返信を待つもりやしペアとポンコツコーチ岸。なかなか返信が来ません。釣り堀で釣り糸をたらし、魚が針にかかるまでじっと待つじじいのような3人。すると、

ありさ「すいません……わたしかもしれません……」

かもしれません？　静かな水面に浮かぶ浮きが少しだけ沈みました。

ありさ「今バッグの中を整理してたら、明らかに自分が持ってるはずのない額のお金が出てきました」

おっ!?　という事は!?

ありさ「わたし酔っ払ってててほとんど記憶がなくて……本当にすいません。今から森田さんの家まで持っていきます」

浮きがぐいっと沈みました！！　泥棒確定！！！！　よっしゃーーーー！！！という雄叫びと共に、僕達3人は数時間ぶりに、本日2度目の握手を交わしました。「わたしかもしれません」や「酔っ払ってて記憶がない」などの嘘丸出しの言いわけこそムカつきますが、これでようやくお金が返ってきます。ほっと胸を撫で下ろした僕達でしたが、それでもまだ油断は禁物。逃げられないためにもなるべく優しく返信します。

森田「返しに来てくれたらそれでいいから18時とかにオレの家来られる？」

ありさ「わかりました」

聞けば全てありさの単独犯だったらしく、みゆきはありさの犯行を全く知らなかったとのことでした。そして、18時にありさがみゆきに付き添われ、2人で一緒にお金を返しに来ることになりました。ようやく一安心。

あとは最後の閉会式をどう盛り上げるか。お金を盗まれたとはいえ、一般の女子大生相手に面と向かってぶち切れるのもかわいそう。ならば最後は芸人として一応面白い感じで終わる方がいいのではないか。そう思い、僕は超新塾というお笑いユニットに所属しているゴリの黒人、アイクぬわらを呼びました。ヤリマン2人が家にお金を持ってきた時に、ゴリゴリの黒人が無言でベッドに座っていたら面白いだろうと考えて、アイクに家に来てもらうことにしたのです。すると、またあの男に変なスイッチが入りました。

「じゃあ最後の最後、ありさの時計を返す時、僕の胸ポケットから時計を出すというオチにしません？ あとはお二人に、なんでお前が持ってんねん的なツッコミ入れてもらえればいいんで」

あかん、また帰ってほしくなってきた。まずこいつをアイクにしばいてもらおかな？ しかし僕ら2人も特に良い案が浮かばず、仕方なく岸の案を採用することに。

そしていよいよ18時になり、ありさとみゆきが到着。各々が定位置につき、僕が玄関のドアを開けます。そこには一応反省した顔をするありさと、それに付き添う暗い表情のみゆきがいました。12時間前のテンションとは雲泥の差です。案の定、部屋に入るなり困惑の表情を浮かべる2人。なぜなら、無言でベッドに座る黒人と、ＬＩＮＥグループに送られてきた写真でソフトクリームを食べてた冴えない謎の学生がいるからです。

黒人ＡＶ男優と学生汁男優。

2人にはそう見えていたのかもしれません。ヤリマン2人の緊張感は更に加速し、みるみる表情が強ばっていきます。しかし、緊張していたのはヤリマンだけではありませんでした。屋敷もヤリマンが来た途端、急に勢いがなくなり口数も少なくなったのです。というのも、昨日までめちゃくちゃ楽しく飲んでた女がガチの泥棒、ガチの犯罪者だったという事実に急に怖くなったらしいのです。そして、あんなに鼻息の荒かった岸も電池が切れたかのように一言も喋りません。

おい！　岸！　どうした⁉　喋れ！　動け！　女来る前にアホみたいにシュッシュ言いながらやってたシャドーボクシングとかやれ！

全く使えないポンコツコンビと、急に先輩に呼ばれ何もわからずベッドに座らされる黒人。そしてただの被害者のオッサン。今考えるとレベル１のクソパーティ。こんな奴らが閉会式を盛り上げられるはずもなく、僕も一応それなりに頑張ってボケてはみるものの全て空振り。そもそもガチの犯罪者がいる空間で何をやろうが面白いわけがありません。

ずっと変な空気のまま、ようやく２万７千円を返してもらい、最後に岸が胸ポケットから時計を出し、僕と屋敷がつっこみましたが、当然のようにすべり、最悪の形で閉会式が終わりました。

この上ない消化不良感が漂う中、帰り際にヤリマン２人が言い放った、「本当にすいませんでした！　また良かったら一緒に飲んでください！」という台詞に、

「飲むわけないやろ！」

と返し、ヤリマン２人を見送りました。敗北感にまみれながらも、ヤリマン２人に対して

全く喋らなかった岸を詰める僕。すると岸の口から驚愕の一言が飛び出しました。

「違うんです。あのー…言いにくいんですが……みゆきちゃんめちゃくちゃ可愛いですね」

え？　は？

「森田さんはお金盗まれたかもしれませんが、僕ハート盗まれちゃいました！」

なんじゃこいつ!!　こいつ最後の最後まで岸やんけ!!

「みゆきちゃん達との合コンセッティングしてください！　お願いします!!」

岸は僕達と別れる寸前までこの言葉を連呼していました。そう考えると、これはヤリマンクエストではなく、岸クエストだったような気もしてきます。

そしてこのコラムの内容も、〝本当にあった怖いヤリマンゴシップ〟などではなく、〝本当にいた恐るべき男、岸〟だったような気がします。

ちなみに後日みゆきから、ありさは窃盗の常習犯で、調子の良い時は酔っ払ってる男とキスしながらポケットから財布を抜いたりすると聞き、本当に恐怖で震えました。同時に岸の「この犯人は7、8回目の犯行」という推理があながち間違ってなかったことにイラっとしました。

あと財津の家の電気のリモコンは、なぜか屋敷のカバンから出てきたらしいです。これで全ての事件が解決しました。

2016年。
最後の性戦

TENGA

2016.12.31

森
'17.01.15
田

新年、明けましておめでとうございます。始まった当初は1年も続けば十分だと思っていたこのコラムも、気がつけば3年目に突入しようとしています。それもこれもひとえにこのコラムを支えてくれる皆様のおかげです。しかも昨年は大好きだった芸能ゴシップから自身のゴシップへのシフトもあり、皆様に数々の醜態を晒した一年だったと思います。僕は2016年の最後の仕事を終えた12月30日に誓いました。

「よし！　来年は絶対にもっと上品なコラムにしよう！　体に良いサプリとか肌ツルツルになる化粧水とか紹介して女性に大人気のコラムにするんや！」

そう誓った直後、どこか晴れ晴れしい気分で家路につこうとしていた僕のスマホに以前飲んだジュンコという女子からLINEが入りました。

「森田さーん！　今友達と渋谷のカラオケにいるんですけど来ませんかー？（゜∀゜）」

M－1グランプリ以降、この手の誘いが増えました。流石はM－1グランプリ。35歳という脳の衰えによりどんな子だったかいまいち思い出せませんでしたが、なんとなくエロかったような気がする女子。しかし、もうこういう誘いにほいほいついていくのもやめにしないといけません。期待して行ったはいいが、どうせ何も起こらず、朝方惨めな思いをして帰るのが関の山。ごく稀に財布からお金を盗まれることだってあります。こんな誘いに乗っても百害あって一利なし。そう思った僕は女の子に返信しました。

「イクイクー!!／(^o^)／」

無意識にそう返している自分がいました。一利なしは言いすぎたな。一利ぐらいはあるもんな？　なんやったら常にトレンドをチェックしてる女子に来年のコラムのために体に良いサプリとか肌ツルツルになる化粧水を教えてもらうだけでも別にいいもんな？　そう強く自分に言い聞かせ、すぐさま悪友であるニューヨークの屋敷を呼び出し渋谷のカラオケボックスへ向かいました。

部屋に着くとすでに割と出来上がっている女子2人。35歳の衰えた脳みそに、とある記憶が蘇ってきます。

思い出した！　なんかハンサムな男にバーで口説かれてエッチしたけど、実はその男は偶然自分の仲のいい友達がホストクラブでずっと指名してたホストでめっちゃ気まずかったみたいな話してた子や！　クリスマスイブの日もその男から誘われてたけど、そいつを指名してた友達も含めみんなで女子会してたから流石に行かれへんかったみたいな、心底どうでもいい愚痴言ってた子や！　延々その男とののろけ話聞かされて結局朝方なんもできず惨めな思いして帰ったの思い出した！　最悪や！　やってもうた！　すまん屋敷！

終電があるうちになんとか理由をつけて帰る計画を頭の中で考えてる僕に、もう一人のヒロコと名乗る女子が喋りかけてきました。

「あっ！　この前M－1出てた人だー！　能やん！の人ですよねー？」

ぷくっとした唇に、ざっくりと開いた胸元からEカップは余裕であろうかというパイオツを覗かせる女子。とりあえず1曲ぐらいは歌って帰るか。一旦冷静になり時刻表検索のアプリを閉じる僕。

「能やん、めっちゃ笑いましたよー！」

まあ2、3曲は歌う時間あるか。一番得意なエレファントカシマシをデンモクで検索する僕。

「私の中では一番面白かったですよー！」

「屋敷！　梅酒水割り水多め頼んで!!」

「ほぼ水やないか!!」

どっ！！！　鉄板のくだり炸裂。

あれ？　何これ？　めっちゃ楽しい？　体に良いサプリ聞きに来ただけやのにめっちゃ楽しいやん？　もしかしてこれが一番体に良いサプリなんかも？　急速に衰えゆく35歳の脳みそ。なんか前にもこれぐらい楽しい飲み会の後に悲劇が起きたような気がするけど、もうそんなんどうでもええから一応聞いとこ！

「ヒロコちゃんは一番最近いつエッチしたん？」

固唾を呑んで答えを待つ僕と屋敷。

「えー？　言ってもいいけど引いたりしない？」

え？　何その感じ？　あれ？　もしかして……

「引かへん引かへん！　オレら何言われても引かへん体やねん！」

全く意味がわからない返し。しかしもう頭の中ではカウントダウンが始まっている。5・4・3・2・1……

「おととい」

ハッピーニューイヤーーーー！！！！！　きたきたきたきた！！！　やっぱりヤリマンやないか！！！　会った瞬間なんとなくヤリマンの気配はしてたけどやっぱりそうやったんかい！　確かにあんなにざっくりと開いた胸元見せつけてくる奴ヤリマン以外の何者でもないわな！（完全なる偏見）

僕らはすぐにタクシーに乗り込み、2016年、数々の死闘を演じてきたエロの殿堂、森田邸へ向かいました。さっきまであんなに気にしてた終電。その終電がまだあるにもかかわらずタクシー。上機嫌の証。

「運転手さん！　僕らこの後セックスするんすよ！　ギャハハハハー！」

デジャブのような光景。酒を買い込みどんちゃん騒ぎ。今日は絶対に潰されるわけにはいきません。慎重に酒を薄めながら飲む僕達。

「ヒロコちゃんほんまおっぱいでかいなー。何カップあんの？」

「Gカップ！」

ジジジジ、ジ、Gカップ!?　そんなもんぶら下げてんの雑誌の中におる女だけや思てた！　なんかわからんけどアルファベットに感謝！

「今日のブラもちょっと合ってないんですよねー」

と言いながらはみ出しそうになったおっぱいを自らの手でブラジャーの中に入れ込んだ瞬間でした。

にゅにゅにゅにゅにゅ、にゅ、乳輪見えたよー！！！　今確実に乳輪見えたよー！！！　ジーのにゅー！！！　あの伝説のジーのにゅーがお目見えしたよー！！！

やっと来た！　やっと来たぞおい！　神様ありがとう！　12月初旬のM－1決勝からこの日まで一度もセックスできてない現状にイライラし、「じゃあM－1っていう大会は一体なんのために存在してるんだ？」という疑念に駆られる日々を過ごし、「これ年内中にセックスできんかったら来年M－1出んのやめよかな？」とすら考えていた僕に、やっと神様のお許しが出ました！

「わたし実はセックスの時の音を録音するのが趣味なんです」

前代未聞の大ヤリマン発見。こっちが何も聞いてないのに急にヤバめの趣味を自ら発表しだす、ヘラクレス大ヤリマン。すでに絶滅したとも言われていたヘラクレス大ヤリマンが、八畳一間のジャングルのど真ん中で求愛行動としか言いようのない鳴き声を発しています。ヘラクレス大ヤリマンの求愛行動は、ジーのにゅーを見え隠れさせ、異常な趣味をひけらかすことだと、昔何かの図鑑（『ホットドッグ・プレス』）で読んだことがあります。完全に僕の縄張りの中でヘラクレスが盛っていました。

しかし油断は禁物。ここですぐにがっつくとジャングルの奥深くへ逃げられる可能性もあります。何気ないトークを織り交ぜながら交尾に持っていかなくては。交尾まで行ければこの際録音されようがもうどうでもいい。

「あっ、そういえばジュンちゃん前に飲んだ時にクリスマスイブの女子会の事愚痴ってたやん？　あの時言ってたジュンちゃんがエッチした男の事好きな友達とはうまいことやってんの？」

前回飲んだ時に喋った内容を持ち出してくるという、非常に無難なトーク運び。これが数々のトークライブで培ってきたプロの技術。ジュンちゃんの返答を待ちながら次のトークの展開を頭の中で準備する僕。しかしこちらのトークのテンポを崩すかのように何も答えないジュンコ。

ん？　どした？　ジャングルに漂う不穏な空気。え？　何？　言い知れぬ不安に駆られ、ヒロコの方に目をやると、鬼の形相でジュンコを見つめるヒロコの姿が。え？　嘘やん？まさか……？

「それってあたしの事じゃん？」

えっ⁉　マジか⁉　え？　嘘？　どうしよ？　ごめん！

「え？　ジュンコこの人達にそんな事言ったの？」

ヘラクレス大ヤリマンの怒りがこめられた鳴き声によりジャングルの空気が一変しました。

このままではまずい。

「いや、あのー、違うねん。ジュンちゃんは別にヒロコちゃんの事愚痴ってたんじゃなくて、その女子会の事を愚痴ってたっていうか……」

「いやその女子会あたしもいたし」

あっ！　そうやった！　しまった！　最悪や！　どうしよ⁉　とりあえずこのままやったらほんまにやばい！

「いや、あのー、ヒロコちゃんの事は何も悪く言ってないねんで？　なんかもう一人その女子会におったんやろ？　どっちかというとその子の事を愚痴ってた感じやねん！」

「え？　ミチコの事悪く言ってたの？　私達3人本当に仲良いじゃん？　なんで仲良い友達

の事悪く言うの？」

もがけばもがくほど沈んでいく底なし沼。そしてもうお気づきの方もおられるかもしれません。ここに登場した女子3人の名前。もちろん全て仮名です。ジュンコ、ヒロコ、ミチコ。そう、あのファッション界を代表するコシノ3姉妹の名前になっているのです。これが約2年間執筆活動を続けてきた男の技術。しかも驚くべきは、これをコシノ3姉妹の名前にすることになんの意図もないという事。後々効いてくる伏線やロジックなど一切なく、ただ単になんとなくそうしたかっただけ。コシノ全盛期を生きてきた男の、コシノ3姉妹へのリスペクトも込めた、ただのエゴです。むしろ本編を邪魔しているようにも見える、文藝界一不毛な作業。そんな事はさておき、状況はどんどんと最悪な方向に進んでいっています。

冷や汗が止まらない僕。ジュンコを睨みつけるヒロコ。その後ろでよく見たらガンガン先輩を睨みつけてくる屋敷。ヒロコがおもむろにスマホを取り出し、ミチコに電話で事の顚末を説明しだしました。僕の場所からでもわかるぐらい電話の向こうでブチ切れているミチコ。なんでなん？　さっきまで間違いなくセックスできる流れやったやん？　今日こそはほんまにセックスできる流れやったやん？　それがなんでこんなことになってんの？　どんな展開やねん！

「ちょっと3人で喋らせてもらっていいですか？」

ヒロコが言ってきました。

「これスピーカーホンにして3人で喋るんで、森田さんと屋敷さんはトイレの方行っといてください」

え？　そうなん？　オレらが向こう行くの？　しかし間違いなくノーと言える空気ではありません。渋々トイレの方へ行く僕と屋敷。トイレに到着するなり僕に肩パンを浴びせてくる屋敷。ごめん！　ほんまごめん屋敷！　ほどなくしてリビングから聞こえてくるコシノ3姉妹の怒号。

ジ「あたし本当に2人の事悪く言ってないから！」

ヒ「じゃあ何で森田さんはあんな事言ったのよ？」

ジ「知らないわよ！　いや、あたしの言い分よりも今日会ったばっかりの人の言う事信じんの？」

ヒ「別に悪口言ってたとかそういう事怒ってるんじゃなくて、この3人の事をベラベラ芸人に喋ってる事がムカつくのよ！」

ジ「別にベラベラ喋ったつもりないし！」

ミ「ジュンコもうちょっと電話に近づいて喋れよ！　聞こえねーから！」

地獄。大自然に見えたジャングルが今はベトナム戦争の戦場にしか見えません。僕は罪悪感からか、いてもたってもいられずトイレを飛び出しリビングに行きました。

「いや、あの、ほんまにジュンちゃんは悪口は言ってないで？」

「ちょっと森田さんは今黙っといてください」

「はい……」

ブーメランのようにトイレへ戻る僕。そこからコシノ3姉妹による嵐のような大喧嘩は2時間以上続きました。流石に途中からリビングへの移動を許された僕と屋敷は、堂々巡りの言い争いをただただ黙って聞いてるしかありませんでした。ふとスマホのロック画面を見ると、〝12月31日（土）〟の表示。どんな大晦日やねん？　ほんでこれいつ終わんねん？

僕が途方にくれていると、事態は急展開を迎えます。大喧嘩してる3人の目をかいくぐった屋敷から僕の元にLINEが届きました。

屋「なんか知り合いの女の子が1人、今からこっち来たいって言ってます！」

え？　朝5時やで？　何言うてんの？

森「マジ？」

屋「マジです！　どうしましょ？」

森「いやでもこの子らどうすんねん？」

屋「帰らせましょ！」

森「いやそれはきつない？　この喧嘩が丸く収まった先にはセックスが待ってるかもしれんねんで？」

屋「もう無理に決まってるでしょ！　いつまで夢見てんねん！　あんたのせいで全部台無しやねん！」

森「う……」

屋「呼びますよ？」

森「ていうかその子おれセックスできんの？」

屋「こいつらよりは100倍可能性あります！」

森「よし！　帰らせよう！」

屋「森田さん言ってください！」

戦火をくぐり抜け、水面下で下衆にまみれた作戦会議を繰り広げる僕と屋敷。しかし屋敷という男のバイタリティにはただただ脱帽せざるを得ません。こんな地獄のような状況でも決して折れない強い心。そして一歩でも前に進もうとする揺るぎない信念。まさにジャングルの王者ヤーちゃん。キャン玉の皮を伸ばし、八畳一間の大空を縦横無尽に羽ばたく男。それに比べ、僕みたいなもんはオナニーばっかりしてたイメージしかないチンパンジーのエテ吉（ちなみにチンパンジーでありながらターちゃんの育ての親。初期は父さんと呼ばれていた）。帰らせるタイミングを窺うエテ吉。何か発言しようもんならさっきみたいに「黙っとけ」のカウンターが返ってきます。そもそも三つ巴の銃撃戦にどう飛び込めばいいのかもわかりません。大縄跳びで入るタイミングがわからず、ずっと首を上下に動かしてるだけの奴、エテ吉。そうこうしてるうちにヤーちゃんから再びＬＩＮＥが入ります。

「5時半には五反田着くみたいです！」

時計の針は既に5時20分を指している。テンパったエテ吉が意を決して戦火に飛び込みました。

「あのー、もうオレと屋敷がおるとこでなんぼ喋っても一緒やと思うねん。だからオレらがおらんとこでちゃんと3人で喋った方がええと思うねん」

テンパった挙句、全く説得力のないことをほざくエテ吉。

「は？　別にお前らがおろうがおるまいがずっと3人で喋ってたけど？　じゃあもう一回トイレ行ってくれよ」の目を向けてくるジュンコとヒロコ。

しかし負けじとエテ吉は続けます。

「さっきから聞いてたらずっと平行線やからさ、一回外出て頭冷やした方が良いと思うねん」

もはや帰れと言ってるようなもの。「は？　誰のせいでこんな事になってると思ってんの?」の視線を浴びせてくるジュンコとヒロコ。ごもっとも。しかしもうここまで来たら引き下がるわけにはいきません。エテ吉が一気に畳み掛けます。

「もう今日は一旦帰ってまた後日の方がええんちゃう？」

もう帰ってって言うたやん。

「とりあえず良いお年をってことで」

なんやそれ？　しかしこちらの熱意が伝わったのか、3姉妹は電話を切り、意外にもすんなり帰ってくれました。帰り際の僕の「また飲もなー！」は無視されたものの、とりあえずこれで一安心。一度捕獲したかに思われたヘラクレス大ヤリマンは再び野生の森へと帰っていきました。

森「これで良かったんかもな？」

屋「ですね」

エテ吉とヤーちゃんから、普通の森田と屋敷に戻った2人。地獄の2時間を経験した直後にもかかわらず、どこか清々しい表情のバカ2人。あとは次なるヤリマンが来るのを待つのみです。するとそこへインターホンが鳴ります。危ないところでした。なぜならヘラクレスコンビを帰すのがあと5分遅かったら間違いなく鉢合わせしていたからです。そうなった時のダメージは考えただけでもゾッとします。とりあえずルンルンでドアを開けに行く僕。ドアを開けた瞬間、僕は無意識に叫んでいました。

「綾子かい！！！」

なぜ僕がそう叫んだかというと、綾子とは、だいぶ前にこの家で飲んだ事があり、いくら頼み込んでも全く何もさせてくれなかった女性だからです。そしてなぜここで綾子という名前にしたのか？　そう、実はコシノ3姉妹の母親の名前が綾子なんです。張ってなかったと思われた伏線。その伏線の回収を見事にやってのける『ダ・ヴィンチ』きっての文才。もういつ文豪と呼ばれてもおかしくないレベル。

いやそんな事はどうでもいいんです。屋敷のバカが酒好きのただただガードが固い女を呼びやがったのです。そして部屋に入って1分もしないうちに冷蔵庫から缶ビールを取り出す酒豪女。

屋「いや、大喧嘩してる女の子よりはいけると思って」

ジャングルの王者の面影は1ミリもない、ただの屋敷。

「なんかさっきすっごい言い争いしてる派手な女の子達とすれ違ったよ。なんか人間的にあり得ないみたいなこと言ってた」

コシノ親子のニアミス。そんな事は本当にどうでもいいのです。2016年大晦日。ひょっとしたら大どんでん返しがあるかもしれません。もしかしたら前に会った時と人生観が変わってヤリマンになってる可能性もあります。僕は先手必勝とばかりに早めの勝負に出ました。

「綾ちゃんオレとセックスする？」

「するわけないじゃん！　バカじゃないの？」

カウントダウンすらさせてくれないガードガチガチ女。

「けど2016年も今日で最後やで？」

「だからしないって‼」

新宿西口大ガード女。

「ほなもうええわ‼　2016年最後の射精は自分でやったらあ‼」

隣近所が飛び起きるほどの僕の雄叫びが部屋中に響き渡りました。このコラムを愛読してくれている読者の方々ならもうおわかりですよね？　そう、僕はここ一番という場面で、人前でオナニーをするんです。僕は差し入れで貰ったTENGAを持ち出して、すぐさま素っ裸になり、激動の2016年を振り返りながら右手でTENGAを動かしました。「マジでただのエテ吉やないか‼　あいつ漫画の中でオナニーばっかりしてたもん‼」という頭の中で聞こえてくる雑音を振り払い必死にTENGAを動かす僕。

「ちょっとマジやめてよ！　なんか前来た時も同じことしてたじゃん！　あたしこの家来た

時絶対森田さんのオナニー見てんだけど?」

そうなんや? 全然覚えてないけどほんまやとこいつの人生も終わってんな!

「知るか！　もうこんなもんコラムのためだけにやっとんねん！　あいつらが大喧嘩した時点でコラム行きは確定しとったんや！　沢山の読者がオレのコラムを楽しみにしてんねん！」

そう吠えながらも相変わらず〝人が見てたらヒヨって勃たない〟でお馴染みのふにゃふにゃのイチモツ。しかし、今日は大晦日。この一年の集大成を今年最後のこの一回にぶつけるんや！　先輩のふにゃちんを見ながら爆笑する屋敷。ヌプッヌプッと本当にジャングルの沼地のような音を立てるTENGA。ヒューマン中村さん、バース、岸、五反田のM性感店の皆さん、そして今年このコラムに登場した全ての方達、僕に少しだけパワーをください！

どんどんTENGAのスピードを上げる僕。俄然爆笑する屋敷。よし!!　勃ってきた!!　もうちょっとや!!　頑張れエテ吉!!　ここの読者全員がお前の射精を待ってんねや!!

「ねえ？　本当やめてよー！」

「うるさい!!　おい！　その缶ビール乳首にあててくれ!!」

「えー、絶対やだ！」

今年最後の最低の命令。

「ええからあてろ！！！」

僕の鬼気迫る迫力に圧倒されたのか、渋々缶ビールを僕の乳首にあてる新宿西口大ガード女。そして、アルミのひんやりとした清涼感が全身を駆け巡った直後、とうとうその時が来たのです。

5・4・3・2・1……ハッピーニューイヤーーーーー！！！！

八畳一間のジャングルに降り注ぐ恵みの雨。心の底から引いている綾子と、先輩の昇天した姿を見て、涙を流しながらのたうち回る屋敷。そう言いながらもどこか感動的な雰囲気に包まれたようにも見える八畳一間のジャングル。そのジャングルにようやく虹が架かりました。僕はゆっくりとＴＥＮＧＡの蓋を閉め、ＴＥＮＧＡの上にサインペンで

〝２０１６・12・31〟

と記しました。今どこの神社に持っていこうか悩んでいるところです。これを奉納させてくれる神社があれば、ご一報いただけると有り難いです。僕は本当にどこへ向かってるんでしょうか？　そしてこの文章を担当はＯＫするんでしょうか？　兎にも角にも、２０１７年もこのコラムを皆様どうか宜しくお願い致します。

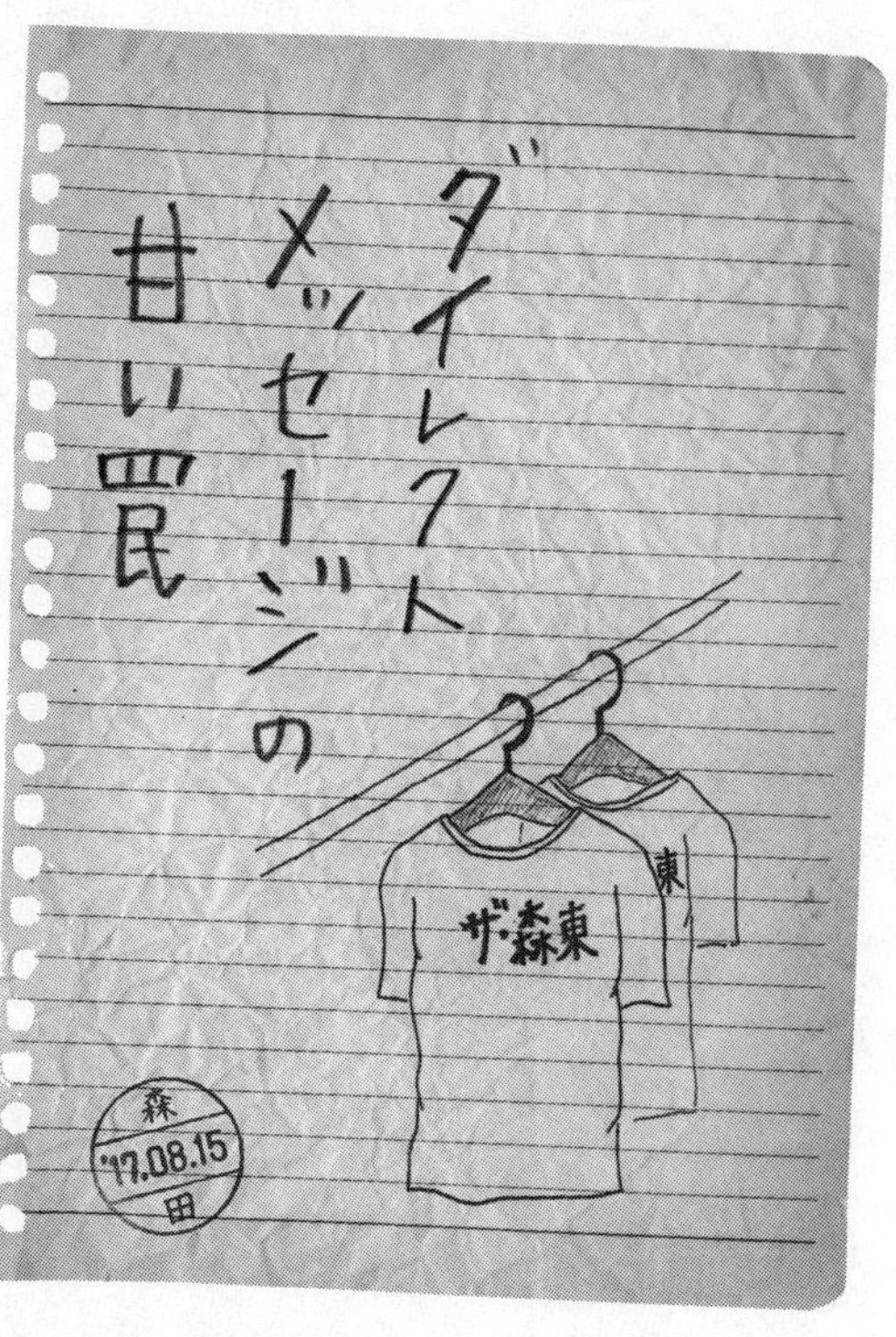
ダイレクトメッセージの甘い罠
ザ・森東
東
森
'17.08.15
田

夏、下衆の季節到来。海水浴、バーベキュー、花火大会、下衆。スイカ割り、昆虫採集、肝試し、下衆。キンキンに冷えたビールと、下衆。風鈴の涼しげな音色と、下衆。と、夏と下衆を安直に絡めた枕から始まった今回の下衆コラム。

今回はキングオブコント2016でまさかの2回戦で敗退した後のお話です。

早々に2回戦で負けた僕は、気持ちも新たに、年末に行われるM－1グランプリのネタ作りに取り掛かっていました。

コントの借りは漫才で返す。

そう意気込んでいた矢先、僕のSNSに飛び込んできた1件のダイレクトメッセージ。

「森田さんの下衆コラム毎月読んでます！　私も森田さん達と合コンしたいです！」

来た。また来た。おれはもうこんな言葉に騙されへんぞ。なぜ僕がそう思ったかというと、今回この本には載りませんでしたが、第24回の「鮮烈なる小説家デビュー」という回の事を思い出したからです。SNSのダイレクトメッセージで僕に連絡してきた千春という女性が、蓋を開けたら、テトラポッツというコンビの寺島というチャラついた後輩と僕の家でエッチな事をしていたという最悪の回。そして今回、あの時と全く同じようなダイレクトメッセージが飛んできたのです。僕の頭の中にあの時の忌々しい記憶が蘇ってきました。

もうええって。最初はこんな事言ってるけど、こういう奴は合コンしたら、結局最終的に違う奴に抱かれんねん。と卑屈になる僕の元に、その子からまたダイレクトメッセージが来ました。

「森田さんの事大好きです！　ちなみに私は都内のアパレル勤務です！　もし良かったら服のコーディネートもしますよ！」

え？　大好きなの？　アパレル勤務のお洒落ガールが？　しかもコーディネートまでしてくれんの？　いやむしろ僕素っ裸になりたいんすけど？

「森田さんのゲスいところも含めて大好きです！」

え？　ゲスいところも含めて？　大好きなの？　てことはもうそういう子やんな？

「ちなみに来週の土曜日って空いてたりします？　僕休みなんで何人か探して飲みませんか？」

案の定、気がつけばそう返信してる僕。人間とはつくづく弱い生き物だという事を実感させられます。

結局3対3で飲む事になった僕はまず、テトラポッツの寺島を誘いました。先輩の家で堂々とエロい事をしようとするクソ後輩ですが、なんだかんだ女の扱いが上手い寺島を置いておくことで合コンをスムーズに進められると思ったがゆえの苦肉の策です。そしてもう一人は、番組の打ち上げで、めちゃくちゃ仲が良くなった、某アイドルのマネージャーでありながら僕と同じメンタル童貞の柴山さんという男を誘いました。柴山さんは、その打ち上げの席で、「アイドル好きが高じてマネージャーになったのに、その好きなアイドルに指一本触れられないことによるストレスで頭がおかしくなりそうだ」というなかなかヤバイ悩みを、僕だけにそっと打ち明けてくれた人でした。

寺島を呼ぶリスクと、柴山には勝てるという保険。

五反田の駅に集合した僕達は、アパレル女子3人が待つ居酒屋へ向かいました。スムーズに宅飲みに持っていくための五反田開催は、まさにお家芸と言われても仕方ありません。居酒屋へ向かう途中、寺島が会話を回します。

寺島「前回森田さんには迷惑かけたんで今日はしっかりとお膳立てさせてもらいますんで」

森田「絶対頼むぞ!」

信憑性は限りなく0に近い言葉を信じきる僕。

柴山「寺島くん、オレ今日は絶対セックスするって決めてるんだけど、オレも大丈夫かな?」

いつ決めたのか全くわかりませんが、とにかく欲望だけは人一倍凄い柴山。

寺島「とにかく2人とも、セックスしたい感は絶対に出さないでください。それが漏れちやうとできるもんもできないんで」

童貞2人に冷静に指示を出すセックスインストラクター寺島。

柴山「けどオレク◯ニさえさせてもらえれば、絶対セックスまでいけると思うんだ?」

そらそこまでいったらいけるやろ?の言葉が出るかと思いきや、
森田「それはオレもそうですよ! オレ24時間ク◯ニできますからね!」

わけのわからない嘘で対抗意識を燃やす童貞。

寺島「合コン始まったらそんな事絶対言うなよ!」

どことなく漂う修学旅行感。そんなこんなで居酒屋に到着し、とうとうアパレル女子とご対面。

「初めまして。幸子です」

良い! 良いよ! どことなく妖艶な雰囲気を醸し出す幸子。むちゃくちゃ美人ではないが、少し垂れた目と、ぷるんとした唇がなんとも言えないエロさを演出していました。良い! 良い! 良いよ! 期待に胸を膨らませながら、他の2人を見る僕。良い! 他の2人も良いよ! 豊満な胸を持つ綺麗系のミホと、上品な京都弁を喋る可愛い系のマリ。

エロ系・綺麗系・可愛い系
巨人・大鵬・卵焼き

なぜか昭和の子供たちが大好きだった3つの単語を思い出す僕。とにかく絶妙に楽しくなりそうな3人組。3人とも20代後半ではあるものの、恐らく酸いも甘いも経験してきたであろう余裕が漂っていました。20代後半にしか出せないエロさを前に、早くも半勃ち気味の男3人。自然と会話も弾み、過去に付き合っていた男性遍歴を聞きながら、ちょいちょい下ネタを挟みこんでは女性達の様子を窺う僕達。

〝多少の下ネタはいいが、やりたい感は絶対に出してはいけない〟

寺島によって童貞2人に付けられた首輪とリード。その寺島のリードの長さのギリギリの範囲内で無邪気に遊ぶ僕と柴山。しかし、飲み始めて2時間が過ぎた頃、そろそろ次の展開に行きたくなったのか、柴山が突如として首輪を嚙みちぎりました。

「オレク○ニさせてくれたら絶対セックスしたい気持ちにさせられる自信あるよ」

盛りのついた豆柴が急に狂犬と化しました。寺島の言いつけをいとも簡単に破った柴山に対し、

「そんな事言ったらオレなんか24時間ク○ニできるよ！」

伝染する狂犬病。突如として訪れた絶望的状況に、頭を抱えるトップブリーダー寺島。しかし、そんなトップブリーダーの怒りとは裏腹に、女性陣が放った言葉に目を見開きました。

ミホ「何それー！　面白ーい！　されてみよっかなー？」

マリ「本当かどうか確かめたくなるよね？」

幸子「なんか急にみんなエロスイッチ入ってない？」

あんなに危険だと思われていた狂犬病が、まさかの雌にも伝染するという奇跡が起こったのです。いける!! これはいけるぞ!! これでもかというぐらいに尻尾を振って喜ぶ豆柴と雑種。

〝このドッグレースを制するのはオレ達だ！〟

と言わんばかりに優越感に浸りながら飼い主を見る2匹。そんな奇跡のおかげもあり、それはそれはスムーズに僕の家での宅飲みに持ち込めました。プラン通りの展開。すると、家に着くなり幸子が言いました。

「森田さん、なんかTシャツ貸してくれませんか？」

確定ランプ点灯。着飾った服を脱ぎ捨て、その家のTシャツを着るという行為は、〝パチンコCR森田家〟の唯一の確定演出。僕は単独ライブで作った物販のTシャツが大量に余っていたので、それを貸してあげることにしました。自分の経営する個人事務所、（株）ザ・森東のロゴが入ったTシャツを着せるという下衆ならではのマーキング。

朝まで打てる最高の台、CR森田家。

すると寺島も、「僕もTシャツ借りますね？」と、勝手に同じTシャツを着はじめました。

おいおい、寺島。この台オレが打ってんねんけど？　それ着るのはええけど、お前は帰れよ？　今日は流石に空気読んでくれよ？

そして始まった第2ラウンド。どんどんとお酒が進み、女の子達のノリも俄然良くなってきました。

「え？　これ何？　ライブのDVD？」

棚にあった単独ライブのDVDを見つけるミホ。

「ミホちゃん、そのDVDおっぱいに挟んでみてよ」

クソみたいな要求をする柴山。

「えー、挟みにくくない？」

形状の問題なんや？

「あっ、挟めた！」

ほんで挟めんねや？　それを見てテンションの上がりきった柴山が、再び風穴を開けに行きます。

「すげー！　ミホちゃん本当におっぱいでかいよねー！　あっ、ごめん！　触っちゃった！」

狂犬病再発。しかし、急な暴挙にもかかわらず、

「ちょっとー！」

怒りながらもどこか嬉しそうにすら見えるミホ。見事に風穴を開け、女の子が怒らないギリギリのラインを巧みに攻める柴山。

「もうちょっと怒った方がええで！」

と、悔しさを滲ませ注意する僕。するとミホは、

「まあ別に減るもんじゃないしね」

え？　減るもんじゃない？　数多のおっさん達が言ってきた台詞を、まさか女性から聞くとは夢にも思いませんでした。てことはオレも触っていいって事？　オレが触っても減らんよな？　しかし、幸子の目を気にしてここはグッと我慢する僕。危うく積んでいたドル箱をひっくり返すところでした。そんな僕の忍耐力には目もくれず、ガンガンおっぱいを触る柴山。挙句の果てに、

「これ先輩から貰った時計なんだけど、もうミホちゃんにあげるよ！」

と言って先輩から貰った大切な時計をミホの腕にはめる柴山。柴山流マーキング。

「やったー！」

喜ぶミホ。自分のしつけが間違っていた事に焦ったのか、寺島もギアを上げにいきます。

「よーし、じゃあオレも触らせてもらお！」

と、寺島がミホのおっぱいを触りに行こうとしたその時でした。幸子の口から、僕が最も

恐れていた言葉が飛び出しました。

「えー、寺島さんも触るんだ？」

あれ？　なんで？　なんで寺島にそんな事言うの？　何かを察して触るのをやめる寺島。あれ？　あれれれ？　寺島には触ってほしくないって事？　なんで？　僕の脳裏に過去のあの忌々しい記憶が蘇ってきました。またか⁉　またこれか⁉　オレ我慢したやん！　お前の目を気にして触るの我慢したやん！　悔しさに打ちひしがれる僕。じゃあ誰？　オレは今日誰とヤれんの？　自然とマリの方を見る僕。無の表情を向けてくるマリ。エサを求め、街をずぶ濡れになりながら彷徨う野良犬。

そんな野良犬が1時間ほど街を彷徨った時、一人の男の異変に気づきました。酒がかなり回ったのか、柴山の目がほとんど開いていませんでした。

柴山さん！　あんた今日セックスするって決めてるんじゃなかったんすか⁉　セックスしないままこのまま寝落ちしていいんすか⁉　柴山さん！　柴山さん！　僕の遠吠えも虚しく、そのままベッドになだれ込む柴山。

柴山、脱落。

追い討ちをかけるようにミホが、「明日仕事だから私そろそろ帰るね」と言い出しました。

ポツポツと消えていく街のネオン。さっきまで楽しかった空気が一気に冷め、祭りの後のような寂しさが、部屋全体を包みこみました。

「もう寝ますか？」

寺島が、ソファのリクライニングを倒し、ベッドの状態にしながら、そう切り出しました。こいつまたオレらが寝静まった頃にゴソゴソする気やん。そう、寺島の夜はこれからなのです。それを瞬時に察知した僕は、

「もうちょっと飲もか？」

と、延長を申し出ました。

「もう寝ようよ」

まさかの幸子からの〝寝る〟への一票。何一つ清くない一票。不純極まりない濁りきった一票。渋々電気を消し、寝てる柴山をベッドの奥に動かし、マリをその隣で寝かせてあげ、僕はその隣に寝ることにしました。爆睡する柴山と、悔しさでいっぱいの僕とでマリを挟む地獄の童貞サンドイッチ。向こうの離れ小島のソファベッドには、当たり前のように寺島と幸子が寝る形になりました。すると、電気を消した直後でした。

「ん……あっ……」

なんと、電気を消して3分と経たないうちに、離れ小島から卑猥な声が聞こえてきました。え？　早ない？　まだ寝静まってないで？　寺島？　幸子？　なんぼなんでも早すぎるて！

百歩譲って寺島はええとして、問題は幸子よ？　マリまだ絶対起きてるで？　ええの？　同僚の女子がまだ起きてるにもかかわらず、淀みなく聞こえてくる卑猥な声。え？　どういう事？　そういうの大丈夫な職場なん？　ちなみにうちらはそういうの大丈夫な職場ちゃうよ？　寺島の傍若無人っぷりは目に余るものがあるよ！

しかし、そう思う一方で、僕の頭の中に一つの仮説が立てられました。ん？　もしかしてマリもいけんのか？　あっちはあっち、こっちはこっち、みたいなことか？　ほんでちょっと途中で交代してみよか的なあれか？

だとしたらまさしくAVやんけ！

剣道の大会とかで、一つの会場であちこちで同時に何試合もするあの感じやな？　そういう事やな？　ごめんごめん、空気読めてなかったのはオレの方やったな？と思いながらマリの肌に触れようとした僕の右手に激痛が走りました。

ペチンッ！

あれ？　もう一度マリの体に手を伸ばす僕。

ペチンッ!!

再び激痛が走る右手。暗闇の中でもわかるマリの鬼の形相。マリからの小手により、あえなく敗退。そんな僕をよそに、向こうの方からは相変わらず卑猥な声が聞こえてきます。ここでまた僕は一つの仮説を立てました。

あっ、2対1的な事？　電気消してすぐにおっぱじめる大ヤリマンに対して、1対1では流石に分が悪いと？　ハンデとして2対1でかかってこいと？　そういう事やな？

どんどんと都合のいい仮説を立てる森田建設。そしてすぐさま突貫工事へ向かいます。暗闇の中、手探りで現場まで向かう森田建設。そしてようやく現場に辿り着き、ショベルカーで砂山をすくうかのごとく、パイオツに右手を伸ばす僕。大手ゼネコンである寺島建設との共同施工に入ろうとした瞬間、またも右手に激痛が走りました。

ペチンッ！

暗闇に再びこだまする渇いた打撃音。

「いや、ちゃうやん」

ペチンッ！

「いや、ダイレクトメッセージしてき……」

ペチンッ！

「オレのこと大好きって言っ……」

ペチンッ！

「とりあえずク◯……」

ペチンッ！

「森田さん、たぶんほんまに無理です」

寺島建設からの共同施工中止の連絡。クソがっ！！！　なんやこの夜!!　なんでまたこんな事なってんねん!!　オレのこと大好きやって言ってたんちゃうんか!?　なんや？　ダイレクトメッセージでオレのこと好きって言ってくる奴は寺島に抱かれるようになってんのか!?　SNSを運営してる全ての会社に電話して聞いたろか！　ザ・森東の事務所で、ザ・森東になんの関係もない男女が、ザ・森東のTシャツを着ながらイチャイチャしてるこの状況なんやマジで？

気がつくと僕は、ネタ帳だけを持って家を飛び出し、近所のファミレスに駆け込んでいました。

女なんかにうつつを抜かしてる場合ちゃうわ！　オレはM－1の決勝行かなあかんねん！　絶対にM－1の決勝行ってこいつらを見返したる！　今日絶対にM－1の決勝行くネタ書いたるからな！

ここに来て、しっかりとベクトルがお笑いの方に向く僕の精神力。これがキングオブコントで苦渋を舐めさせられた男の底力。アイスコーヒーを頼み、ネタに向き合うべく、ペンを握りました。

しかし、運が悪いことに、隣の席から風俗帰りのサラリーマン達の反省会の声が聞こえてきました。「オレの子まあまあ可愛いかったなー」「オレすぐ出ちゃったよ」。どんなに耳を塞ごうが聞こえてくる、採れたてホヤホヤの最新の風俗情報。ムラムラが最高潮に達し、財布の中の残金を確認し、ファミレスを飛び出す僕。その5分後には行きつけの風俗店を予約し、ラブホテルにチェックインしていました。

本来ならこのホテル代もいらんねんけどな？　なぜなら家に呼べばいいから。あの家はオレの家やから。と悔しがる僕の元に登場した風俗嬢に、

「なんでノートなんか持ってんの？　日記？　なんかちょっと怖いんだけど？」

と言われる始末。幸子よりはだいぶ劣る女性でしたが、ペチンッという打撃音は一切鳴らされず、無事に施工を完了する僕。なんだかんだスッキリとした気分で家に帰ると、大手ゼネコンと女政治家は、既に癒着を済ませたのか、ソファベッドにザ・森東のペアルックですやすやと寝ていました。

どんな光景やねん？と、また怒りが込み上げてきそうになっていると、帰宅した僕に気づき、寺島が起きました。

寺「どこ行ってたんすか？」

僕「黙れ！　ほんで帰れ！」

寺「冷たっ！」

僕「ヤったんか？」

寺「いえ、結局ヤってないです」

僕「嘘つけ！」

といううんこみたいなやり取りを交わした頃、柴山も起きてきました。

「頭痛え……あれ？　結局どうなったの？　オレ全く記憶ねえんだけど？」

戦争が終わったことを知らず、何十年も洞窟の中で隠れていた日本兵を思い出しました。

「うわっ！　もうこんな時間じゃん！　オレ帰るわ！」

そそくさと帰る支度をし、玄関の方へ向かう柴山。帰り際、玄関で靴を履いた柴山から、哀しすぎる質問が飛んできました。

「全く記憶ないから一応聞くけど、おれセックスしてた？」

爆笑する寺島の横で、グッと涙をこらえる僕。

「してるわけないでしょ！」

とヘラヘラ笑いながら言う寺島の言葉に対して、

「そっか！　またやろうな、合コン！」

と言って、清々しい顔で童貞は帰っていきました。

一番楽しそうにしてた柴山。一番楽しいことをした寺島。ただただ風俗に数万円使った僕。ダイレクトメッセージを巧みに操り、芸人に風俗代を使わせる新手の詐欺。しかし、結果的にその数ヶ月後、本当にM－1の決勝に行った僕は、すぐに幸子にLINEを送りました。

「ヤらせて!!」

8ヶ月経った今も、僕は幸子からの返信を待っている最中です。

［コラム］煙だけでいい……あとはオレが火を起こす！⑥

（p.196につづく）

煙

森
'18.01.15
田
チェケラに翻弄された
男達
BKB

２０１８年、戊年。皆様、新年明けましておめでとうございます。２０１８年のお正月、楽しく過ごせましたでしょうか？　僕はといえば、３年先輩の親友、ＢＫＢことバイク川崎バイクさんとの毎年恒例の初詣を済ませ、今年もメンタル童貞としての絆だけを深めるお正月を過ごさせていただきました。

この恒例行事のきっかけとなったのが、忘れもしない２年前、２０１６年の元旦です。その日僕らは新宿にある花園神社に行き、神様の前で手を合わせ、

「今年こそ多くのエッチな女性達と出会えますように」

と、少ないお賽銭で厚かましいお願いをしていました。

Ｂ「お願いした後にちゃんと名前とか住所も神様に言ったか？」

僕「いやそんなん言わんでいいでしょ？」

Ｂ「神様もどこの誰かもわからん奴の願い叶えられへんから言わなあかんねんで？　ていうかこれ結構有名な話やで？」

僕「それは神様のことなめすぎっすわ。神様やねんからそれぐらい余裕でわかりますよ」

Ｂ「は？　なめてないし。あっ、そうやって決めつける感じの奴神様めっちゃ嫌いやけどな？」

僕「けど僕名前も住所も言ってないんでセーフっすわ。バイクさん神様なめてることとバレ

ましたよ？」

B「いやなめてないから！　ていうか神様お前みたいな奴ほんま嫌いやと思うで！」

僕「そうやって決めつけてくる奴のこともね！」

30オーバーのチビの出っ歯2人による、文字におこす必要もない、とてつもなく不毛な戯れ。その後おみくじを引きに行くと、全く同じ番号を引くという気色悪さを見せる30オーバーのチビの出っ歯2人。しかも大吉。書いてある内容も全て一緒の大吉。端から見れば気色悪い事この上ない状況ですが、なぜか終始笑顔の2人。

B「てつ！（※バイクさんは僕のことを〝てつ〟と呼びます）『待ち人』のとこ〝早めに来る〟って書いてあるぞ！」

てつ「マジすか!? てことはもう既にこの神社の中にヤリマン2人組がいる可能性もありますね！」

B「新宿の神社やしな？　これ絶対いるよな！」

神様への冒瀆を神社内で繰り広げるチビ出っ歯共。するとバイクさんのスマホに、芸能界に突如として現れ、ずば抜けた身体能力と、〝動物の倒し方〟という誰も見た事のない芸で、芸能界の階段を5段飛ばしぐらいで上っていった男、武井壮さんから連絡がありました。

「オレの家でみんなで集まるから来ないか？」

待ち人ってもしかして武井壮のことか？　筋肉隆々の雄やぞ？という不安に駆られながらも、激売れ芸能人の家で新年を過ごせるなんてチャンスは滅多にありません。しかも以前このコラムでも書いたように、〝のぼりつめた芸能人には特殊な性癖がある〟（ゴシップばっかり書いてた頃です）という説も確かめてみたい。もしかしたら、ナイスバディの金髪女性達が、当たり前のように素っ裸で過ごしてたりするかもしれません。僕達は最高のおせち料理を堪能すべく、武井さんの家に向かいました。

着いたのは、成功者のみが住むことを許されるであろう都内の高層マンション。言い換えれば、ここで何が行われようが、世間には一切届かないミッドナイトアブノーマルマンション。あまりの高級感に、バイクさんが全く別の部屋のインターホンを押すというプチハプニングを経て、とうとうチビ出っ歯2人組が武井さんの家の敷居を跨ぎました。中に入ると、とてつもなく広いリビングが姿を現しましたが、そこには誰もいませんでした。

あれ？　あれれ？　素っ裸の金髪女性達は？

僕達はくまなく部屋をチェックしましたが、そんな女性達はどこにもいませんでした。時折インターホンが鳴っても、テレビ局の偉い男の人が来たり、ダンス界の凄い男の人が来るだけで、素っ裸金髪女性軍団は一向に現れません。男5人でピザを取り、ただただ談笑しながら夜が深まっていきます。

こんなはずじゃなかったと思いつつも、偉いのに全く気取った感じを出さないテレビ局の人と、凄いのに驚くほど低姿勢なダンサーの人、そしてただただ人の好い売れっ子芸能人の武井さんという、それぞれの分野で成功してる人達の話を聞いてるうちに、素っ裸金髪女性軍団のことなんてもはやどうでもよくなってきました。

そして、武井さんがまだ初詣を済ませていないという事で、近くの神社に5人でお参りに行きました。すると、帰り際に武井さんが僕とバイクさんにお年玉の入ったポチ袋をくれました。すぐさま中を見るゲス出っ歯2人組。中には1万円札が入っていました。

「マジすか!? いいんすか!?」

はしゃぐゲス出っ歯達。

「後輩になんか美味いもんでも奢ったって」

粋な台詞で照れ隠しをする武井さん。高級マンション、気さくな人柄、お年玉で1万円もくれる粋な姿。武井さんの特殊な性癖が〝そっち〟だったら間違いなく抱かれていたと思います。そして、芸能界の大成功者から貰ったお年玉には、1万円の何倍もの価値があると思った僕は言いました。

「この1万円札は御守りとして、1年間財布の中に入れておきます！」

なんとなく聞こえはいいが、〝これで後輩になんか奢ったって〟と言われたそばから、自分のご利益のために利用するという旨を高らかに宣言する小物芸人。

「あっ、てつお前！　オレもそのつもりやったし！」

〝なんかそれええやん〟と思い、すぐに乗っかる小型バイク。それもそのはず、武井壮という偉大な成功者の家を見て、観測史上最大級の

「売れたい！！！」

が僕達2人を襲っていたのです。

「1年後には高層マンションの最上階に住み、素っ裸金髪女性達と抱き合いながらバンジージャンプするんや！！！」

そう誓った僕達2人は、武井さんの家を後にしました。帰り際にダンサーの人が、「車で来てるんでどこかまで送りましょうか？」と言ってくれたので、お言葉に甘え、渋谷まで送ってもらうことにしました。感謝しながら乗り込んだのは、これまた成功者の証、ベンツのゲレンデヴァーゲン。

「1年後にはこのベンツをマジックミラー号に改造して、ハイウェイをぶっ飛ばしながら金髪女性達とやりたい放題や！！！」

また売れたい欲に火を点けられる僕達。ベンツの後部座席でシートのふかふかさを堪能している僕達2人に、ダンサーが思いもよらぬ言葉を投げかけてきました。

「お二人渋谷ですよね。もしまだ時間大丈夫なら、今から〝チェケラ〟します？」

はい？　チェケラ??　チェケラする??　渋谷で今からチェケラすんの??　は？

急に異国の地に連れてこられたような感覚に陥る出っ歯2人。しかし、全く事態を飲み込めないながらも、〝渋谷〟〝ダンサー〟〝ベンツ〟という少ないヒントを頼りに僕達は答えました。

「チェケラします！」

チェケラが何を意味するのかは全くわからない。もしかしたらとてつもなくヤバイ提案をされてるのかもしれない。しかし、昔誰かが言っていたような気がする。

「チェケラせずに後悔するならチェケラして後悔しろ」

僕達はチェケラすることを選びました。到着したのは、渋谷のど真ん中にあるクラブでした。

チェケラの聖地、クラブ。

クラブなんて人生で2回ぐらいしか行った事がなく、しかももちろん良い思い出など一切ありません。そんな自分が果たしてチェケラなんてできるのか？　そんな僕達の不安をかき消すように、受付を顔パスでぐるぐるダンサー。しかも、

「ここ僕が一番お世話になってるクラブなんで、飲み物とかなんでも好きなもの頼んでくだ

さいね！」

むちゃくちゃ頼りになるコーディネーター。チェケラできるような気がしてきた2人。中に入ると、元旦にもかかわらず大勢のエロそうな男女でごった返していました。

2016年の日本の正月。

お正月らしい尺八や琴の音色などは一切なく、大音量の「セックス・オン・ザ・ビーチ」が鳴り響くダンスフロア。「けしからん光景っすねえ」「ほんまやで」と言いながらもレッドブルを片手に、2016年初チェケラに向けて心躍らせる童貞2人。

「ちょっとフロア回りますか？」

チェケラ兄さんが童貞2人を先導してくれます。堂々とクラブのフロアを歩きだすチェケラ兄さん。その後ろをソワソワしながらひっついて歩くチェケラの卵たち。

「あっ！　◯◯さんだ！　握手してください！」

流石ダンス界の大物、チェケ兄。歩を進める度に色んな人に声をかけられます。少し体を揺らしながら、フロア内を縦横無尽に歩くチェケ兄。ぎこちなく体を揺らしながら、絶対にはぐれないように必死に付いていくチェケ坊。チェケ兄の頼もしい背中を眺めながら歩いているうちに、チェケ坊2人にとある疑問が浮かんできました。

あれ？　ずっと歩いてはいるけど、こっからの展開ってどんな感じ？

女の子にめっちゃ声かけられるけど、ちょろっとだけ喋っては歩いて、喋ってはまた歩いての繰り返しなんすけど？　なんとなくのイメージやけど、声かけられた女の子達とVIPルームとか行ってチェケチェケする感じじゃないの？　更にチェケ兄の行動に疑問を抱く僕達。あれ？　チェケ兄？　なんか踊り多めになってきてない？　あれ？　完全にもう踊ってるだけじゃない？　チェケ兄？　ねえ？　チェケ兄て？　あっ、ステップ踏みまくってる！　ほんでやっぱ踊りうまっ！

ダンサーの血が騒いだのか、僕らのことを忘れ踊り狂うチェケ兄。とり残された僕達は覚悟を決め、親元を離れ2人でフロアを歩くことにしました。他力本願のチェケラなんてしてもしょうがない、チェケラは自分で引き寄せるものなんだ、と自分達に言い聞かせ歩く2人。しかし、普段一緒にいる時は割と気づかれるバイクさんも、クラブという場所においては一切声をかけられません。

次第に募っていくバイクさんのイライラ。全然気づかれないバイクさんに対して募る僕のイライラ。

フロアの至るところで行われているどエロ男女達のベロチュー。他人のベロチューを目の当たりにし、イラつきながらも完全に勃起している2人組童貞ダンスユニット。最初は一応体を揺らしながら歩いていましたが、気がつくと完全に立ち止まり、他人のベロチューをガン見してる2人組童貞ダンスユニット。イライラとムラムラのビートだけがどんどんと加速し、ミラーボールに照らされるギンギンのイチモツ。満員の筈のダンスフロアで奇跡的に余るポール2本。イライラとムラムラがピークに達した僕達は叫びました。

「全然チェケラでけへんやんけ！！！」

ダサすぎる叫び。そんなダサすぎる叫びも、大音量のクラブミュージックが一瞬で掻き消していきます。

「てつ！　もう出よ！　ここおってもチェケラでけへんわ！　出よ！」

とうとう痺れを切らしたバイクさんが僕にそう言ってきました。

「そうしましょ！　こんなとこおってもダンスうまなるだけですわ！」

僕もイライラからか、見当違いの言葉を吐き、2人でクラブを出ることにしました。敗北感にまみれながら元旦の渋谷で佇む2人。喫煙所で缶コーヒーを飲みながらの反省会。

B「オレやっぱああいうとこ嫌いやわ」

僕「僕もです。そもそもあんなでかい音で音楽かける必要あるんすかね？」

B「絶対ないよ。ほんでなんでみんなあんなに人が多いとこ行きたがるん？」

僕「全くわかんないっす。アホなんじゃないすか？」

羞恥心のかけらもなく負け惜しみを言い合う2人の脳裏には、ベロチューの映像しか浮かんでいませんでした。いくら負け惜しみを言おうが、あちこちで行われてたベロチューの映像が頭にこびりついて離れません。

「風俗でも行きますか？」

元旦の夜に言う台詞では決してありませんが、この際恥ずかしさついでにバイクさんに提案してみました。

「めっちゃ行きたい……」

まさかの便乗。

「けど風俗奢ってやれる金なんてないで？　むしろオレ自分の分も危ういんちゃうかな？」

そう言われた僕は、絶対に思い出してはいけない事実を思い出しました。

「武井さんに貰ったお年玉ありますけどね？」

数時間前に〝御守りとして1年間財布の中に入れておく〟と宣言した1万円札。決して開けてはいけないパンドラの箱を開けようとする僕。

しかし言ったものの、今回ばかりは流石に軽蔑されるかもしれないという不安が襲ってきました。それどころか今日でこの童貞ダンスユニットも解散なのではないかと危惧していた僕に対しての親友の答えは至ってシンプルでした。

「チェケラ!!」

『カウントダウンTV』を彷彿とさせるかのような、渾身のチェケラ。童貞ダンスユニット、存続。

B「待ち人ほんまに早めに来たな！」

僕「いや、1万円払って来る待ち人てなんやねん！」

B「オレら絶対今年も売れへんな！」

僕「僕は売れますけどね！　大吉なんで！」

B「いやオレもや！」

渋谷に転がるうんこ以下の戯れ。僕達2人はクラブの誰よりも体を揺らしながら、元旦の風俗街に消えていきましたとさ。

そして今年、2018年の元旦も武井さんは僕らをご飯に連れていってくれ、帰り際にしっかりとお年玉をくれました。以上、武井壮という男がいかに偉大かというお話でした。

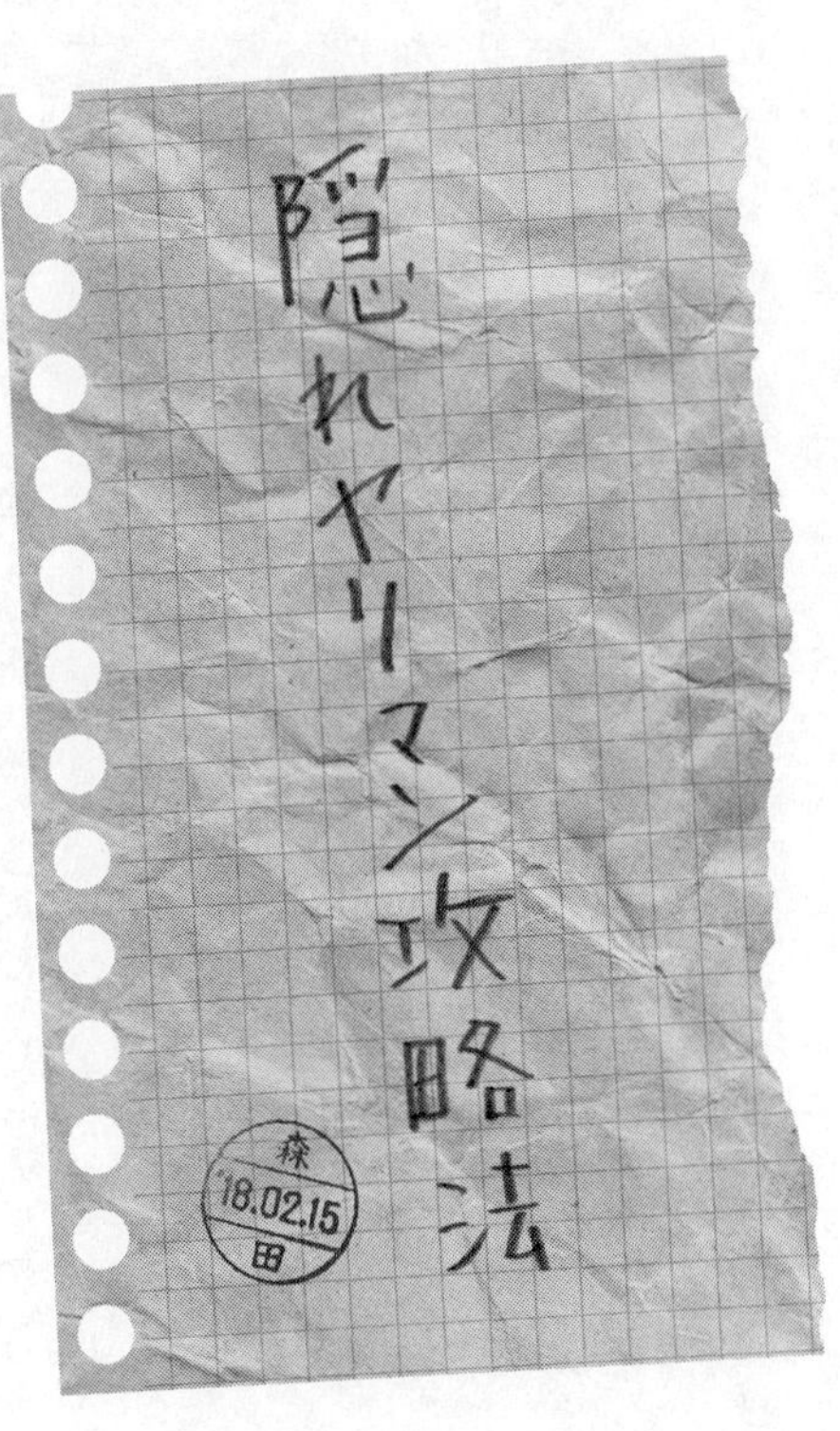
隠れヤリマン攻略法
森
'18.02.15
田

この連載が始まって、とうとう丸3年が経ちました。このコラムを構築してきてくれた数々のスキャンダラスな芸能人たち、世の中に数多と存在するヤリマンの方達、僕の下衆な日常に付き合ってくれる芸人さん達。彼らの功績なしではこのコラムの継続はあり得ません。特に僕の下衆に付き合ってくれる仲の良い芸人さん達には多大なる迷惑をかけていることでしょう。そして一番迷惑をかけてる戦友が、〝ニューヨーク〟の屋敷と、BKBことバイク川崎バイク先輩。恐らくこのコラムの登場回数が1位と2位の2人だと思います。だいたいの合コンはこの3人で行きます。今だから言いますが、〝ヤリマン2万7千円事件〟も、実はこの3人の話なのです。あの時にいた「フリーディレクターの財津」は、実はバイク川崎バイクだったのです。当時バイクさんには彼女がいたので、バイクさんから「くれぐれもオレの名前は伏せてくれ」との要望があり、渋々了承しましたが、一応ちょっとしたヒントを残したかったので、〝バイク〟と〝財津〟で韻を踏むことにしたのです。その後、テレビのスタッフさんに誘われて行った飲み会にいた20代後半ぐらいの男性に、

「フリーでディレクターやってる財津と申します」

と挨拶されるという奇跡が起きたりなんかもしました。ちなみに本物の財津は宅飲みなんて猥雑なものからは程遠い、物凄く誠実そうな男でした。余談はさておき、とにかく僕はこの3人で行く合コンが大好きなのです。

女性の扱い方をある程度わかっている屋敷。

〝ヤりたい感〟だだ漏れで、とにかくヤれるかどうかを女の子に確認してしまう僕。

1Nightを目的としてるにもかかわらず、ヤリマンに簡単に惚れてしまい、なんとかしてヤリマンと付き合おうとする恋愛体質のバイク。

僕とバイクさんというポンコツ2人のせいで、決して勝率が高いとは言えませんが、とにかくこの3人で行く合コンが僕は楽しすぎるのです。


その日の僕らは、渋谷で3対3の合コンに臨んでいました。お相手は、幹事の女の子は両方友達ですが、その子に呼ばれた2人は今日が初対面という、最近の合コンで最もポピュラーな形の3人組。初対面の女性とでも余裕で合コンを楽しめるのが女性の良いところです。これを機にこの初対面の2人が仲良くなり、気がつけばこの2人だけで合コンに行っていたりするのです。このシステムがある限り、日本の合コンは未来永劫続くことになります。

そして注目すべきは、3人が3人とも〝隠れヤリマン〟風の社会人女性達だという事です。

〝隠れヤリマン〟とは、大っぴらにヤリマンだと公言はしませんが、ノリはそこそこ良く、かといってここにいるメンバーに自分がヤリマンだとは思われたくないので、経験人数もだいぶ少なめに言い、お持ち帰りなどもってのほか、しかしながら実際は、お酒を飲んで楽しくなれば別にヤってもいいかも、という非常に見極めの難しいヤリマンポテンシャルを秘めた女子達の事を指します。男性側からすれば、世の中の女性全員そうなんちゃうの？という邪推をしてしまいがちですが、その辺の解明は『ホットドッグ・プレス』編集部に任せることにして、我々は目の前の隠れヤリマン風女子3人組を口説くことに集中しました。

森田「梅酒の水割り水多めで」

屋敷「ほぼ水やないか!!」

いつも通りのやり取りで女性陣のご機嫌を窺う僕達。まずまずの反応を見せる女子達。

幹事の女性「皆さん何歳なんですか？」

B「オレ38ｃｃ！　バイクだけに！　ブンブン！」

プライドもクソもない自らの本ネタをぶつけるバイクさんのボケに対しても、まずまずの反応を見せる女子達。そこに屋敷が続けます。

屋「オレが31歳で、森田さんが40歳」

森「あほ！　そんなわけないやろ！　31歳や！」

屋「いやそこのツッコミで嘘つかんといて！　ほんまは39やろ！」

森「マジでやめろや！　ごめん、ほんまは33やねん」

屋「だからしっかり訂正した感じで嘘つくのやめて！　ほんまは38な！」

森「お前がそれやめろや！　ほんまにごめんな、ほんまは早生まれで今年34やねん」
屋「早生まれとか言ってほんまの感じ出すのやめろや！　ほんまのほんまは37な！」
本当の年齢は36歳ですが、いかんせんその情報を知らない者にとっては何一つ伝わらない意味不明のノリを毎回必ず仕掛けてくる屋敷。しかしながらなんだかんだ楽しそうにはしている女子達。
屋「森田さん、今日奥さん実家帰ってるんでしたっけ？」
森「おれ結婚してへんねん!!」
僕を貶めるための嘘をつく屋敷。
森「お前んとこの3番目の子、ぼちぼち立てるようになったか？」
すぐさま仕返しをする僕。
屋「子供おらんわ！　結婚もしてへんねん！　ところで森田さん、もう覚醒剤やめられたんすか？」
森「覚醒剤なんてやってへんねん！　そんな事よりお前、執行猶予中やのに酒飲んでええの？」
屋「捕まったことなんてないねん！　てか森田さんあれですよね？　森田さんの両親って熟年離婚したんですよね？」

森「それは別にええやろ!!」

一応最後はそれなりにオチをつけるものの、途中に出てきたワードがやけにリアルなのか、笑いながらも少し警戒心を見せる女子達。挽回とばかりに仕掛けるバイク。

B「おいおい、お前らの会話ずっとエンストしてるぞ！　バイクだけに！　ブンブン！」

森「ブーーーンブン！！！！」

B「オレよりデカイブンブンすな！」

森「痛っ！　いたとん！」

B「出たーーー!!」

何千回とやってきたやり取りで挽回を図るものの、現状維持が精一杯。テンポと勢いと声の大きさで、すべるのをギリギリ避けた感じが否めません。お笑い好きの女子の前ではある程度結果を出せますが、お笑いに全く興味のない子の前ではポカンとされる諸刃のノリ。ごくたまに、

「え？　もしかしていたとんの人？　昔ちょっとだけ流行ったよね！」

という悲しいラッキーパンチがあるぐらいです。そんなこんなでギリギリの攻防を続けながらも、なんだかんだお酒も入り上機嫌になった女子達を、宅飲みの聖地森田家へ誘うことに成功しました。ここからが本番です。一見ホームグラウンドに持ち込んでるように見えま

すが、そんなホームグラウンドで幾度となく負けてきました。悪夢のホーム7連敗を経験したこともあります。なぜ勝てないかを真剣に考えた末、自分達の実力の無さを棚に上げ、球場の狭さのせいにした事もあります。お洒落な空間にするよりも、コタツや座椅子を置いて落ち着いた雰囲気を醸し出すという策が全く機能していません。

着いて再び乾杯をしたりしていると、程なくして屋敷が王様ゲーム専用のアプリを起動させました。いちいち割り箸に番号を書いてどうのこうのという野暮ったさを排除し、王様ゲームという下衆の遊びに女子をすっと参加させる事のできるアプリです。このアプリ、屋敷以外に持ってる人間を見たことがありません。しかもＡｐｐＳｔｏｒｅのどこを探しても見当たらない謎のアプリ。それをなぜか屋敷だけが持っているのです。

屋「このアプリおれが作ってん」

女「えー!?　めっちゃ凄いじゃん!」

屋敷が醸し出す雰囲気からなのか、普通に信じる女子達。そうして始まった王様ゲーム。ある程度時間をかけ、キスぐらいのとこまでは行くことができましたが、

屋「じゃあ1番と4番が2人きりで荷物持って出ていく!」

女「いや、それはないわー。ないない」

流石は隠れヤリマン達、〝王様の命令は絶対〟などというこのゲームならではの言葉など

一切通用せず、その手の核心を突いた命令には全く乗ってきません。この世に絶対などないのです。

屋「じゃあ布団の中で10分間イチャイチャするのは？」

女「えー？」

屋「じゃあ1分！　1分だけやったらどう？」

女「1分だけだったらいいけど」

非常に難しい隠れヤリマンのOKライン。もはや王様の命令とかではなく、王様の提案でなんとか凌ぐ僕達。しかしあと一歩、あと一歩のところまでは来ている筈。彼女達のOKラインを一歩踏み越えれば、そこには最高の楽園が待っているのです。アメリカとメキシコの国境越えよりも遥かに難しい隠れヤリマン達のOKライン越え。ここでガツガツ行って下手を打つと、国境付近での身柄拘束は目に見えています。

隠れヤリマン達の牙城を崩す鍵は一体なんなのか？

すると女子の一人が言いました。

「そこにあるやつってファミコン？」

そう、僕の家には一番初期のファミコンがあるのです。1983年に発売されたのを皮切りに、全世界で累計6000万台以上を売り上げた、まさに日本を代表するゲーム機です。

女「やったことないからやってみたーい！」

30年以上前のゲーム機を前に無邪気に喜ぶ女子達を見ながら僕は閃きました。そうか！　この手があった！　そしてその閃きと同時に真っ先に目に飛び込んできたのが、黄色いボディのアクションゲーム『スーパーマリオブラザーズ』でした。1面につき4ステージで構成され、1－1から始めて8面の最後のステージ8－4のクッパを倒せばゲームクリアという、ファミコン世代の人なら誰もが一度はプレイしたことのある、言わずと知れた名作です。

この均衡状態を打ち破る最後の手段。僕は一か八かの勝負に出ました。

森「ここに『スーパーマリオブラザーズ』っていうソフトがあんねんけど、これをオレらがやって一回も死なずに最後までクリアできたらヤらせてくれへん？」

下衆の発想極まりなく、尚且つジャイアンよりも理不尽な一方的な提案。それに対する女子の答え。

女「えー？　それってめっちゃ簡単なんじゃないの？」

瞬殺でNOが出るかと思いきや、ゲームの難易度への質問、というまさかの返答。僕はすかさず返しました。

森「いや、これ一回も死なずにクリアするって普通に考えたら絶対無理やねん！　ほぼ1

0 0%に近いぐらい無理やで！」

それに対し、返す刀で応戦してくる女子達。

「じゃあなんでそんな提案するの？　絶対無理なんでしょ？」

食らいつく僕達。

「いや、このままズルズル飲んでもしゃあないやん？　もう言うてまうけどオレらのゴールはセックスやねん！　セックスしたくてしょうがないねん！　これでクリアでけへんかったらキッパリ諦めるから！　だからお願い！　チャレンジだけさせて！」

どれだけ口調を強めようが、言ってる事はこの世のどんな汚物よりも醜い内容です。まさか口から吐き出すものの中で、ゲロよりも汚い言葉があったなんて。しかし、幹事の女の子から思いもよらぬ返事が返ってきました。

「わかった！　その代わりチャンスは1回だけだからね！」

埒があかないと思ったのか、はたまた僕達の並々ならぬ情熱が通じたのか、兎にも角にも奇跡のOKが出たのです。女性のどの部分を刺激したのか全くわかりませんが、突然舞い込んだ歴史的ビッグチャンス。自分の天職は芸人ではなく、セックスネゴシエーターなのではないか？　そう思わざるを得ないぐらいの大躍進。そしてなぜか他の女子2人もこの条件を受け入れました。なんとなんと、隠れヤリマンの牙城を崩す鍵は、『スーパーマリオブラザーズ』にあったのです。

〝これは一人の人間にとっては小さな一歩だが、人類にとっては偉大な飛躍である〟アポロ11号のニール・アームストロング船長が月に降り立った時に言った言葉の意味が、やっとわかったような気がしました。まさか小学生時代にあんなに夢中になってやり込んでいたゲームが、この日のための布石となっていたとは。任天堂が業界トップを走り続ける理由も、なんとなくわかるような気がします。

突如として与えられた謎のビッグチャンスを前に、３人の顔つきは少年時代のそれに戻っていました。小さい頃から慣れ親しんだゲーム。もちろんクリアしたことはある。ただ一回も死なずにとなるとなかなか厳しい。しかしながら、子供の頃よりも今の方が上手いのではないか？という根拠のない自信と、セックスが懸かっている時の集中力、これに賭けるしかありません。賞レースの決勝よりも真剣な表情をする３人の童貞と、なぜか覚悟を決める３人の隠れヤリマン達。賭博罪すれすれのイカれたゲーム、人生で最も緊張する『スーパーマリオブラザーズ』がついに幕を開けました。

トップバッターはバイク川崎バイク。

お馴染みのＢＧＭがかかる中、ゆっくりと動きだしたマリオ川崎マリオ。なぜか全員が無言になり、固唾を呑んで見守ります。独特の緊迫感が室内に充ちる中、キノコを取り大きくなるマリオ川崎マリオ。大きくなったマリオに、自分の股間を投影する3人。緊張のせいか、明らかにぎこちなく動くマリオ川崎マリオでしたが、なんとか1－1をクリア。

「よっしゃよっしゃ！　良いっすよバイクさん！」

後ろから檄を飛ばすスーパー童貞ブラザーズ。

「キノコ取ったら大きくなるねん」

と、女子に向かって明確な下ネタを言うスーパーセクハラバイク。そして地下のステージである1－2が始まります。少しずつ緊張がほぐれ、徐々にスムーズな動きを見せるマリオ川崎マリオ。ここで、一度このソフトをプレイしたことのある人間なら誰もが知っている裏テクを使うマリオ川崎マリオ。1－2から4－1へワープできるという、このゲームをやる上で最もポピュラーな裏テク。それを見た女子達が一斉に叫びます。

「ちょっとちょっと!!　めっちゃズルいじゃん!!」

全盛期の蓮舫ぐらいの圧で詰め寄ってくる女子達。

「ちゃうねんちゃうねん！　これはごく当たり前のことやねん！　言ってもまだゴールまではだいぶ長い道のりやから！」

何も知らず叫ぶ女子達をなんとかなだめる僕達。女子達のプレッシャーに動揺したのか、なんでもないノコノコに当たり、小さくなるマリオ。それに伴い小さくなる僕らの股間。なんとか4－1をクリアし、再び地下ステージである4－2へ進むマリオ川崎マリオ。

「ふぅー」

手をぷらんぷらんさせながら、謎の吐息を吐きカッコつけた様子のバイク。忘れてはいけません、彼はセックスがしたいだけの男です。そしてこの地下ステージにも4－2から5－1へ進むワープがあります。恐る恐るそのワープを使うMKM（マリオ川崎マリオ）。籠池夫人ぐらい、やいのやいの言ってくる女子達。相変わらずの女子達のプレッシャーを浴びながら、5－1をクリアし、5－2へ進んだその時でした。

MKMの目の前にハンマーブロスが現れたのです。

実はこのハンマーブロスというキャラクターは、予測のつかない動きをし、尚且つ無数のハンマーをひたすら投げてくるという、『スーパーマリオブラザーズ』をやる上で1、2を争う程のやっかいな敵キャラです。室内に一気に緊張が走ります。なんとかハンマーブロスのハンマーを回避しようとするMKM。ハンマーブロスという見たこともないキャラクターに思いを乗せ、祈るような気持ちで懸命にハンマーブロスを応援する女子達。

そして鳴り響いた死のBGM。

マリオ川崎マリオ、死亡。

「やったー！！」室内にこだまする女子達の歓喜の叫び。一人呆然とするバイク。

先輩であるがゆえに、居酒屋での飲み代を全額払い、森田家までのタクシー代、コンビニで買い込んだ酒代も全て払ったにもかかわらず、あっけなくハンマーブロスに殺され、今日という日を終えたバイク。目には涙を浮かべ、

「こんなん無理に決まってるやん……」

と、まるで自分が理不尽な目にあったかのように拗ねるバイク。

そして2番手に名乗りを上げたのは屋敷でした。屋敷は僕とバイクさんよりは年下なので、どちらかといえばスーファミ世代の人間です。それを象徴するかのように、ゲームが始まるや否や、なんの計画性もない無謀なBダッシュで馬鹿みたいに走りだす屋敷。しかし、危なっかしいながらも、ほぼ勢いだけで次々と面をクリアしていきます。

「こんなもん勢いが大事なんすよ！」

と叫びながら、その勢いのままハンマーブロスにぶつかり、屋敷死亡。あまりに哀れな死亡劇。

屋「ちょっと待って！　ちょっと待って！　これは違うねん！　もう一回やらせて！」

と懇願するも、

女「ダメだよ。1人1回って言ったじゃん」

と冷静に断られました。ポンコツの先輩2人を引き連れ、誰も持っていないアプリを駆使

し、本来ならこんな事などせずに普通にセックスできたであろう男、屋敷。その男の夜は本当にあっけなく終わりました。

そしてとうとう僕の出番が回ってきました。2アウトランナーなし。凡退した2人はうつぶせになり、泣きながら床におちんちんを擦り付けていました。そんな2体の死体を見て、いたたまれなくなった僕は、超ダメ元でもう一度理不尽な提案をしました。

森「これもしもオレが全面クリアしたら、バイクさんも屋敷も全員セックスさせてもらうのは無理かな?」

チンコを床に擦り付けてた2人の体がピタッと止まります。

女「なんで?　2人はもう負けたじゃん?」

森「お願い!　ここでもしクリアしてオレだけがセックスできたとしても、それって何も楽しくないと思うねん!　ボーカルだけが引き抜かれてメジャーデビューするあの感覚やねん!　この3人がセックスできな意味ないと思うねん!」

道理も何もない、一本筋が通ってる事を言ってるわけでもない、的を射た例えでもない、3人ともヤらせてほしいというただのお願い。

女「じゃあ本当にこれが最後ね。クリアできなかったらその時点で帰るから」

いけました。ただただお願いしただけなのに、いけました。もうここまで来たら「普通にゲーム関係なくヤらせて!」って言ってもいけるんちゃう?と思ってしまうほど寛容な隠れヤリマン達。その隠れヤリマンのお許しにより、ゾンビの如く蘇るバイクと屋敷。

勝っても負けても恨みっこなしの、本当に最後の戦いが始まりました。

手汗でびちゃびちゃのコントローラー。夢半ばで死んでいった彼らのセックスへの思いが全身に伝わり、身が引き締まりました。全人類の期待を一身に背負い、スタートボタンを押す僕。祈るような表情で僕を見つめる屋敷とバイク。

バイクさんと屋敷を手ぶらで帰すわけにはいかない。

いつかのオリンピック選手達と同じような気持ちになりながら、慎重に歩を進めました。面をクリアするごとにハイタッチを交わす3人。自分にとってのピーチ姫は誰なのかを、頭の中で選び始めます。マリオでもなんでもなく、ただのクッパにしか見えない3人。この部屋にはセックスをするかしないかという、どうしようもなくナンセンスな2択しか存在しません。長い人類の歴史を見渡しても、スーパーマリオでこの緊迫感を味わえた人間など1人もいないのではないでしょうか? とてつもない緊迫感が部屋中を包み込む中、今までの冴えない人生がフラッシュバックしてきました。

やるしかねえ。ここまで幾度となく積み重ねてきた敗戦は今日のためにあったんや。学生時代から全くモテてけえへんかった。勉強もダメ、スポーツもダメ、秀でた特技があるわけでもなく、尚且つ金もない。芸人になっても変わらずモテへん日々。でもここでクリアしたら、今までの人生全て清算できるような気がするんや。人種差別、戦争、侵略、狂った世の中かもしれん。でもセックスだけはどこの大統領も止めることはでけへん。セックスだけが平等なんや。セックスこそがこの地球上で最も尊い行為なんや!!

ハンマーブロス出現。

死亡。

まさかまさかのハンマーブロスでの3連敗。その瞬間、女性陣は歓喜に沸き、雑魚2人は、まるで被害者のような目で僕を睨みつけてきました。

森「ごめんもう1回！　もう1回だけチャンスちょうだい！」

女「何言ってんの？　ダメに決まってるじゃん？」

屋「オレらめっちゃ久しぶりにやったから全然実力出せてないねん！　ほんまにもう1回だけ！　お願い！」

B「2人とも諦めよ。オレらは負けたんや」

こいつこの期に及んで何1人だけカッコつけてんねん？のバイク。

女「じゃあまた機会あったら飲もうね！　バイバイ！」

女子達はそそくさと帰っていきました。部屋に残された童貞3人。テレビ画面には〝GA

MEOVER〟の文字。

僕達3人はゲームの世界から現実に戻ってきましたが、おちんちんだけはまだパンパンに膨れ上がっていました。隠れヤリマン達の超優秀なSP、ハンマーブロス。

森「まあクリアできたとしてもなんだかんだヤらせてくれへんかったやろうけどな」

屋「まあね」

B「ていうかおれヤるとかより付き合いたいタイプやしな」

童貞たちの渾身の負け惜しみが、むさ苦しい部屋の天井に消えていきました。すると、スマホでなにやら調べ物をしてた屋敷が急に立ち上がりました。

「ちょっと待ってください！　4－2から一気に8面まで行ける裏テクありますやん!!」

「マジで!?　てことはハンマーブロスを回避できるってこと!?」

驚愕の事実を知り、すぐにその裏テクを使ってみる僕達。女子がいない中での絶望的クリア。しかし、落胆したものの、次の戦いへの準備は整いました。新手の詐欺集団がここに結成されたのです。しかし、その日以来、ちょいちょい宅飲みに持ち込むことはできますが、

「『スーパーマリオブラザーズ』をクリアしたらヤらせてくれへん？」

という提案を了承してくれる団体は未だ現れません。

森
'18.05.15
田
チョーキー・イン・ザ・UK
Rock FESTIVAL
GOTANDA
ROCK

今まで下衆の最前線で体を張ってきたつもりの僕ですが、今回の主役は僕ではありません。僕ごときでは到底起こせない奇跡を起こした男のお話です。

あれはちょうど1年ほど前の夜のことでした。僕はこのコラムではすっかりお馴染みの〝ニューヨーク〟の屋敷と2人で、ライブ終わりに渋谷で飲んでいました。終電が迫る1時前を迎えた頃、以前に一度だけ飲んだ事のある女子から連絡が入りました。

「森田さん何してますか？　2時ぐらいから飲めませんか？　こっち4人なんですけど」

夜中の2時開幕の4対4の合コンの発注を、夜中の1時前に連絡してくる狂った女子。なぜこんな時間にそんな連絡をしてくるのか？　僕ぐらいの下衆になってくると、その理由は簡単に察しがつきます。恐らく彼女達が今参加している合コンの相手があまり芳しくなく、2時前に見切りをつけ僕らに乗り換えようという魂胆なのです。そう、女達は常日頃から男達を品定めし、飛び石のように男を渡り歩いていくのです。合コンをしたことのある男性の読者の方なら心当たりがあると思います。合コン中に特に粗相もしていないのに、急に女性陣が帰ると言い出したことはありませんか？　それは次の飛び石が見つかった時なのです。男をなめきっているとしか思えない行為に、怒りを覚えた僕は返信しました。

「飲む飲むー！　絶対になんとかして4人揃えるー！」

お決まりのパターンが炸裂し、すぐさま人数集めに取り掛かる僕と屋敷。自分は飛び移って来られる側、言うなれば着陸側の人間。離陸される側の男達のことなんて知ったこっちゃない。そう言わんばかりに屋敷と手分けして、しらみつぶしに今から来られる人間を探しました。

しかし、いつも一緒に合コンに行く芸人達に声をかけましたが、やはり夜中の1時という事もあり、なかなかメンバーが捕まりません。ようやく一人捕まったのが、このコラムの「ダイレクトメッセージの甘い罠」の回で登場した、某プロダクションでアイドルのマネージャーをやっている柴山という男でした。散々はしゃいだ挙句、酔っ払って潰れてしまったにもかかわらず、

「全く記憶ないから一応聞くけど、おれセックスしてた？」

の名言を残した男、柴山。そんな柴山も僕とスペックがほぼ同じのメンタル童貞です。

「今グラビアの撮影の現場なんだけど、たぶん3時ぐらいに終わるから、終わり次第ダッシュで行くよ！　オレ今日ちょうどセックスしたかったんだよ！」

とてつもないフットワークの軽さとイラっとする一文に、この男を誘った事を少し後悔しましたが、とにかく4人揃えないといけない今、背に腹はかえられません。

そしてもう一人捕まったのが、ミュージシャンの保科という男でした。

保科さんは、とあるバンドでドラムを担当している人で、知人のライブの打ち上げで一緒

になり、お互いセックスと合コンが大好きという共通点と、同い年という事実が発覚し、LINE交換をした男でした。

「今度合コンあったら誘いますね！」

「僕もなんか香ばしいのあったら速攻で誘いますね！」

という言葉を交わしたのを思い出し、保科さんにLINEを送ると、

「行きます行きます！ ちょうど今合コンで女の子に逃げられたとこなんで！（笑）」

ここにも離陸された側の男がいました。兎にも角にもおあつらえ向きの2人を確保し、4人のパーティを作り上げた僕達。しかし問題は2時開始という点。うだうだやってる間に始発電車は動きだします。すると女の子からLINEが。

女「4人集まりました？」

森「集まったよ！」

女「どこにいますか？ 今から向かいます！」

森「五反田のオレの家！」

むちゃくちゃ渋谷の居酒屋にいましたが、短期決戦を余儀なくされている今、渋谷の居酒屋でダラダラ飲むわけにはいきません。最初から宅飲みに持ち込めば、前回登場した屋敷の謎の王様ゲームのアプリや『スーパーマリオブラザーズ』を駆使し、どうにかセックスまで

辿り着けるかもしれません。この切羽詰まった状況で、冷静に女子に嘘をつける者こそが、セックスをものにする事ができるのです。

しっかりと女子、柴山、保科に家の住所を送り、僕と屋敷はすぐさま五反田の僕の家に向かい、女子達の到着を待ちました。

程なくして現れた女子４人組。間違いなくどこかで飲んでたであろう、赤らんだ顔の４人。全体的にはみんな可愛く、合コンに来るようには到底見えない大人しそうな子も交じった、絶妙なバランスの４人組。

誤解を恐れず言うと、もしもカーリング女子日本代表チームが合コンに来たとしたら抱きそうな印象です。

「宅飲みする？」と聞いたら「そだねー」と言ってくれそうな４人組。

そんなカーリング女子４人を、ひとまず２人で相手する僕と屋敷。

森「『スーパーマリオブラザーズ』っていうファミコンのゲームあんねんけど、一回も死なずにクリアできたらヤらせてくれへん？」

屋「早いねん！　それはもうちょっとほぐれてからや！」

ほろ酔いだからなのか、よくわからないボケをしても笑ってくれるカーリング女子チーム。

屋「森田さん、今日奥さん実家帰ってるんでしたっけ？」

森「オレ結婚してへんねん！」
ほろ酔いだからなのか、いつもはそんなに結果を出さないノリでも笑ってくれるカーリング女子チーム。この調子ならもしかしたらもしかするぞ！　ストーン弾きまくってダブルテイクアウトや！　間違いなく日本カーリング協会からお叱りを受けそうな下衆な妄想を膨らませながらも、気になっていたあの質問をぶつけてみました。
森「ここ来る前は4人で何してたん？」
女「……」
明らかに気まずそうにする女子チーム。
森「もしかして合コンしてた？」
女「……はい」
やっぱりかい！！！　僕は自分で自分の推理力が恐ろしくなりました。同時に女という生き物の怖さを再確認しました。
女「でも違うんです！　聞いてください！　確かに合コンはしてましたけど、森田さんと前に飲んだ時に楽しかったからまた飲みたいなと思って連絡したんです！」
取ってつけたような言い訳でしたが、「人を疑うのは良くない」という親の教育を受けてきた僕は、女子達の言葉を素直に信じる事にしました。それに、合コンを渡り歩くような女子達がエロくないわけがありません。

屋「2対4ですけど、とりあえず王様ゲームでもやりますか？」

女「えー？　みんな揃ってからにしようよ！」

王様ゲームはありなんや？　やっぱりエロいやん？　これはほんまにちょっとあるかもやぞ!?と、思っていた時でした。屋敷が僕に聞いてきました。

屋「結局保科さんって来られそうなんすか？」

森「うん、たぶんそろそろ来ると思うねんけどな」

すると女子全員が、

「え？」

と声をあげました。僕と屋敷が不思議そうにしていると、一人の女の子が聞いてきました。

「保科ってまさかミュージシャンの保科じゃないよね？」

急に漂う不穏な空気。

「え？　ミュージシャンの保科さんやで？」

答える僕達。すると女子全員が、

「えーーー!?　ダメダメダメダメ！！！」

急にわめき散らす女子達。まだ状況がいまいちわかっていない僕と屋敷。

「え？　どういう事？　なんでダメなん？」

「ここに来る前に合コンしてた相手が保科なの！　だから絶対呼んじゃダメ！」

驚愕の事実でした。合コンをしていた相手に適当な理由をつけて逃げ、すぐに次の合コンに行ったら、その相手の男がさっきの合コンにいた男を呼んでいた。日本全国で数多と行われてきた合コンの歴史において、こんな前例が存在したでしょうか？　僕が毎週必ず観ている『ザ！世界仰天ニュース』でも、そんな事を放送している回は観たことがありません。

「ダメほんと断って！　早くして！」

まるで大荒れの株主総会の如く女子達の怒号が飛び交う室内。女子達全員がパニック状態でした。

「ダメダメほんとダメ！　早く今すぐ断って！」

その鬼気迫る雰囲気に、「どんな逃げ方してきたん？」と思いながらも僕も少しパニックになりながらあたふたしていると、急に背中の方にただならぬ気配を感じました。僕が恐る恐る振り返ると、そこにはなぜか保科さんが立っていたのです。

「ぎゃーーーーー！！！！」

人の家にインターホンも鳴らさず、物音一つ立てず勝手に入ってきた保科さんのヤバさも相まって、部屋の中に蟬が入ってきた時のような悲鳴をあげる女子達。

「え？　なんでさっきの女の子達がいるの？」

　こちらはこちらでいまいち状況を理解できず、若干パニック状態の保科さん。さっきまで別会場で行われていた合コンにいた女子達が、次の会場で行われる合コンにもそっくりそのままいるのだから、そうなるのも無理はありません。

　離陸と着陸を同時に行った保科国際空港。

「え？　本当に何でここにいるの？　みんな明日朝早いから帰るって言ってたじゃん？」

　未だ状況がのみ込めていない保科国際空港の管制塔。めちゃくちゃ気まずそうにする女子達。その隣で物凄い状況を目の当たりにし、腹を抱えて笑い転げる屋敷。保科さんがようやく状況を理解した頃に、グラビアの現場の仕事を終えた柴山が到着しました。到着するなり事の顚末を聞かされると、びっくりしながらも、

「へー、でもなんかエロいね」

　という全く意味不明の感想をほざく柴山。気まずそうにしている女子達と、状況を理解してからはやはり少し不機嫌な保科さん。完全にどっちらけムードが漂う室内。セックスはおろか、合コンの継続自体も難しい状況でした。

　しかし、少しでもこの合コンを前に進めないといけないという気持ちと、もし自分が保科さんの立場だったら相当悔しいだろうなという思いが込み上げてきた僕は、ここで立ち止ま

るわけにはいきませんでした。なんとか保科さんだけでも良い思いをして帰ってほしい、保科さんを手ぶらで帰すわけにはいかない、そんな思いから、むちゃくちゃな提案を女子達にふっかけてみました。

森「よし、もうこうなったら誰か一人保科さんとセックスしよか？　保科さんに悲しい思いをさせたわけやし」

保科国際空港に本当の意味で女子を着陸させたい、という思いから出たクソ提案でした。いわゆる生贄を差し出せ、というヤクザよりも怖い提案に全力で引く女子達。

「いいよいいよ森田くん、そんなんでセックスしてもオレが惨めになるだけじゃん」という言葉は一切言わず、ただただ黙ってこの狂った生贄制度に賛成の意を見せる保科さん。やはりこの人も僕と意気投合するべくしてした根っからのクズです。「ほし神様に生贄を捧げるのがこの村に古くから伝わるしきたりなんじゃ！」と叫ぶいかれた村長を見るような目で僕を睨みつけてくる女子達。流石にこの提案には納得してくれない女子達に、妥協案をぶつける僕。

森「よし、わかった！　流石にセックスはハードル高いから、手コキにしよか？」

いかれた村長の手コキという妥協案。相変わらず睨みつけてくる村娘たち。しかし、またもや引いたものの、セックスよりはマシだという心理が働いたのか、先程よりは引き方が若千弱まっているように見えました。一度高い値段を見せておいてそこからのお値引き、という通販のような手口で徐々にこちらの土俵に引っぱり上げていく村長。

いつしか僕の使命は、「保科さんを手ぶらで帰すわけにはいかない」から「保科さんを手コキで帰さないといけない」に変わっていました。

そして僕は、これならばという一手を打ち込みました。

森「よし、じゃあこうしよう。王様ゲームやんねんけど、何回やろうが王様は絶対に保科さん。命令は王様に手コキ。でもそれは男側も全員参加する。これでどう？」

日本全国のどの村にも存在しない、いよいよわけのわからない祭りを提案する村長。これには男の村人達からも非難の声が飛んできました。しかし、何かを得るためには何かを犠牲にしなければいけません。女性に手コキをさせるためには、男性もそれなりのリスクを背負わないといけないのです。その旨を柴山と屋敷に説得する村長。一番最初の提案よりだいぶハードルが下がったように感じたのか、なぜかすでに覚悟を決めている村娘達。その一部始終を、

「いや、オレのためにそこまでしてもらうのは本当に申し訳ないよ！」

などとは一切言わず、本当にただ黙って方向性が決まるのを待っているほし神様。

一番のクズは間違いなくこの人だと思いました。背中に刺さるクズからの「早く王様ゲー

ムやろうよ！」の視線を感じながら、僕はとんでもないモンスターを招いてしまった事を少しだけ後悔しました。

そして始まった最も危険な王様ゲーム。屋敷が持っている王様ゲームのアプリを駆使し、王様である保科さんを除いた男女7人が順番に画面の中の札を引いていきます。

森「じゃあ王冠マークが描かれた札を引いた人が、そのまま王様に手コキすることにしようか?」

普段は何でも命令できる王冠マークが、この瞬間だけは奴隷マークと化します。こうして、前代未聞の奴隷ゲームが開幕しました。

屋「あっ、こうしません? 保科さんは目隠しして、誰が王冠マーク引いたかはわからんようにしません?」

まだできたてホヤホヤの奴隷ゲームに新たなルールを追加しようとする屋敷。

女「それがいい! そうしよ!」

女子達の感覚もかなり麻痺してきました。ただ黙って言われるがままにタオルで目隠しをする保科。この人って今どういう気持ちでこのゲームに参加してんねやろ?という思いを胸に、全員が恐る恐る札を引いていきます。保科さんにバレてはいけないので何を引いてもリアクションはできません。全員が引き終わり、屋敷が音頭を取ります。

屋「奴隷だーれだ？」

固唾を呑む7人。長い沈黙が流れます。誰も手を挙げない状況に痺れを切らした屋敷が、ジェスチャーで一人一人に指を指し確認していきます。

女A「私じゃないよ？」

女B「私も違うよ？」

森「オレも違うで？」

各々が手を横に振りながら、自分ではないということをサイレントで伝えます。すると、泣きそうな顔でゆっくりと手を挙げる一人の男がいました。

柴山でした。

その瞬間、必死で爆笑をこらえる僕達。体中の嫌悪感が全て顔面に集まったかのような柴山の顔を見て、腹がちぎれそうになりました。早速屋敷が仕切ります。

屋「保科さん、決まりました！　ズボン下ろしてください！」

なんの躊躇もなくパンツを脱ぎ床に寝っ転がる保科。やはりロックミュージシャンの性なのか、その辺の羞恥心は皆無です。

女「ちょっとマジでやだー！」

保科のチンコをがっつり目の当たりにしてはいるものの、自分が手コキをしなくて済んだ安堵感からか、さほど嫌ではなさそうな女子達。覚悟を決めたのか、目の前の缶チューハイをグビッと一口飲み、両手で自らの頬を叩く柴山。そして、鉄球がついたような重い足取りで、がっつりイチモツを出している保科の元へ向かう奴隷柴山。こんなに切ないビーチフラッグは見たことがありません。合コンだと思って来てみたら、到着して10分も経たないうちに、まさか見ず知らずのミュージシャンの手コキをすることになろうとは。この男の人生を考えたら涙が出そうなぐらい面白かったです。そしてとうとう保科の元へ到着し、震える手で保科のチンコを柴山が握りました。

保「あっ、なんかあったかい」

保科の率直な感想に、全員が笑いをこらえるのに必死でした。一体この保科という男はなんなのか？

合コンで女子に逃げられ、次に行きついた場所で逃げられた筈の女子と再会し、数回しか会ったことのない芸人に、言われるがままにチンコを出し、ゴリゴリの男に手コキをされ、ニヤニヤしながら「あったかい」とほざいているこの男のメンタルは一体どうなっているんだ？　そんな事を考えていると、柴山が人差し指を立て、「もう一回王様ゲームをやり直させてくれ！」のジェスチャーをしてきました。そんな事は絶対に嫌でしたが、僕らは彼の要求を断る非情さを持ち合わせていませんでした。というかもうこれ以上男の手コキなんて見たくなかったので、とりあえず柴山の要求を呑んであげることにしました。

こうして地獄の第2ラウンドのゴングが鳴りました。再び恐る恐る札を引く7人。

屋「奴隷だーれだ？」

またも訪れる長い沈黙。先ほど同様、痺れを切らした屋敷がサイレントで確認していきます。

女A「私じゃないよ？」

女B「私も違うよ？」

森「オレも違うで？」

先ほどと全く同じ流れに「まさか？」と思った全員が彼の方を見ました。

手を挙げる柴山。

その瞬間、異様に盛り上がる他6人。まさかの柴山2連チャン。チンコセレクション2年連続受賞の快挙。お笑い用語に〝天丼〟という言葉がありますが、手コキの〝天丼〟がこの世で一番面白い事を僕はこの時初めて知りました。再び缶チューハイをグイッと飲み、両手で頬を叩く柴山。全てがデジャヴを見ているかのようでした。そして保科の元へ向かい、2度目の手コキ。

「あっ、なんかさっきよりあったかい」

温度の感想という天丼もさることながら、柴山の手コキにより、明らかにさっきよりも膨らみを見せる保科のイチモツ。女子にしてもらってると思いこんでいるのか？　いや違う、柴山だとわかっていても結局この男なら勃つんじゃないか？　そう僕達に思わせるほどクレイジーな男、保科。どちらにせよ、数々の激戦を繰り広げてきた森田家での宅飲み史上、一番クソみたいな会だと僕は確信しました。

ミュージシャンのチンコを握るおっさんと、それにより勃起するミュージシャン。史上最悪の音を奏でるおっさん同士のセッション。それを見てなぜか異様に盛り上がる観客席の6人。会場全体がトランス状態のフジボッキフェスティバル。超満員の五反田メッセが物凄い熱気を帯びてきました。そしてステージの上から再びアンコールを要求してくる、握る側のおっさん。トランス状態ゆえに、平気でアンコールを受け入れる6人の観客たち。そして3回目の奴隷ゲーム。

屋「奴隷だーれだ？」

三たびの沈黙。

女A「私じゃないよ？」

女B「私も違うよ？」

森「オレも違うで？」

おいおい、嘘だろ？

女C「違うよ？」

まさか？

女D「違う」

そんな事が本当に？

屋「僕も違います」

てことは……？　思いっきり拳を机に叩きつける柴山。モッシュ&ダイブでのたうち回る観客席の6人。まさかまさかの柴山3連チャン。読者の皆さん、これは嘘でも何でもなく、紛れもない事実です。悪夢の柴山3連チャンのあの光景は、今でもしっかりとこの目に焼き付いています。

「なになにー？」

何も知らない保科がニヤニヤしながらこちらの様子を窺ってきます。3曲目を奏でるべく、通い慣れた花道を歩く柴山。「手コーキー・イン・ザ・UK」という地獄のロックナンバーのイントロが流れだします。「手コーキー・イン・ザ・UK」は伝説のバンド、セックス・ピストルズの名曲をオマージュしたノーセックス・ピストルズによる3曲目のシングルです。イントロが流れている間、なんとも言えない表情でゆっくりとマイクに近づくボーカルのシバ・ヴィシャス。イントロが盛り上がってきて、Aメロの歌い出しに入るべく、とうとうシバがマイクを握ったその時でした。

保「あっ、今回の人はなんかちょっと手が湿ってる」

まさかのツインボーカルでした。シバが歌うと見せかけて、「あっ、今回の人はなんかちょっと手が湿ってる」というAメロの歌詞を歌う保科。湿っているのは恐らく柴山が拳を強く握りしめた時の手汗でしょう。客席6人のボルテージが最高潮に達したその瞬間でした。

「ちくしょー！　なんでオレばっかりなんだよ！！！」

とうとう我慢できずに大声で叫ぶシバ・ヴィシャス。恐らく今のがサビの部分です。シバの心の叫びが伝わり、涙を流しのたうち回る観客席。

「えっ？　今までの全部柴山さんなんすか？」

全ての事実を知ったもう一人のボーカル保科の絶望感に、更にのたうち回る観客席。アイドルを抱きたくてこの業界に入った筈なのに、アイドルなど一切抱けず、気がつけばよくわからないバンドマンの手コキを3回していた柴山。この世に神様なんて存在しないんだという事を、身をもって証明してくれた柴山。

柴山3部作、ここに完結。

ここから引き続き奴隷ゲームをしても、もうこれ以上の奇跡は起こらないと判断した僕達は、ここで奴隷ゲームをやめる事にしました。伝説のフジボッキフェスティバル、閉幕。さっきまでの余韻に浸り、ぐったりとする8人。もう今日はこれ以上何をしても無駄だと、諦めムードの僕達でしたが、最後に本当の奇跡が待ち受けていました。

森「最後にもう1回だけ聞くけど、やっぱ誰も保科さんと一緒には帰られへんの？」

と、僕が何の気なしに女子達に最終確認したその時でした。

「わたし帰れます」

女性陣の中で今まで一番おとなしかった女の子が、急にこう言い放ったのです。

え！！？？？

全員が耳を疑いました。

森「いや、あれやで？　別に強制じゃないねんで？　もしかして一緒に帰らなオレらにしばかれるとか思ってる？」

女「思ってないですよ。私実はバンドマンが好きなんです」

屋「いや一緒に帰るっていうのは、その、そういう事をするっていう意味やで？」

女「はい」

凄いことが起こりました。これだけゲスいフェスを見た後に、まさか一緒に帰れる女子が現れるとは。しかもそれが一番おとなしそうに見えた子が、「バンドマンが好き」という理由だけで志願してきたのだから、びっくりどころの騒ぎではありません。

まさかまさかの大逆転劇でした。最後にこんなシークレットトラックが入っていようとは夢にも思いませんでした。会場が本当の意味で盛り上がった瞬間でしたが、柴山だけは、

「じゃあ最初から帰ってくれよ。オレ3回も手コキする必要あった？」

の顔をしていました。そして奇跡を起こした当の本人である保科さんは、満面の笑みで僕ら全員に

「ありがとう」

と言って、パンツを穿き、音速で帰る準備を始めていました。一度は女子に逃げられ、しかしすぐさま偶然の再会を果たし、男に3度も手コキされたにもかかわらず、最後は一度逃した女の子をお持ち帰り。

どんな方程式やねん。

まさにロックンロール以外の言葉では説明がつかないような出来事でした。名もなきロックンローラーが目の前で起こした奇跡。僕の目には保科さんが『BECK』の主人公、コユキに見えました。この人なら本当に音楽で世界を変えられるんじゃないかと、心の底から思いました。こうして保科さんとバンドマン好き女子は、本当に一緒に帰っていきました。

保科さんの後に続けとばかりに、残った女子に奇跡を期待した僕達でしたが、童貞芸人好

き女子もアイドルのマネージャー好き女子もおらず、みんなそそくさと帰っていきました。

女子達が帰った後も、さっきまでのフジボッキフェスティバルを思い出してまだ笑い転げてる屋敷と、洗面所でこれでもかというぐらい手を洗う柴山の後ろ姿を見て、いつか絶対この3人でバンドをやろうと、心に誓った夜でした。

[コラム] 煙だけでいい…… あとはオレが火を起こす! ⑦

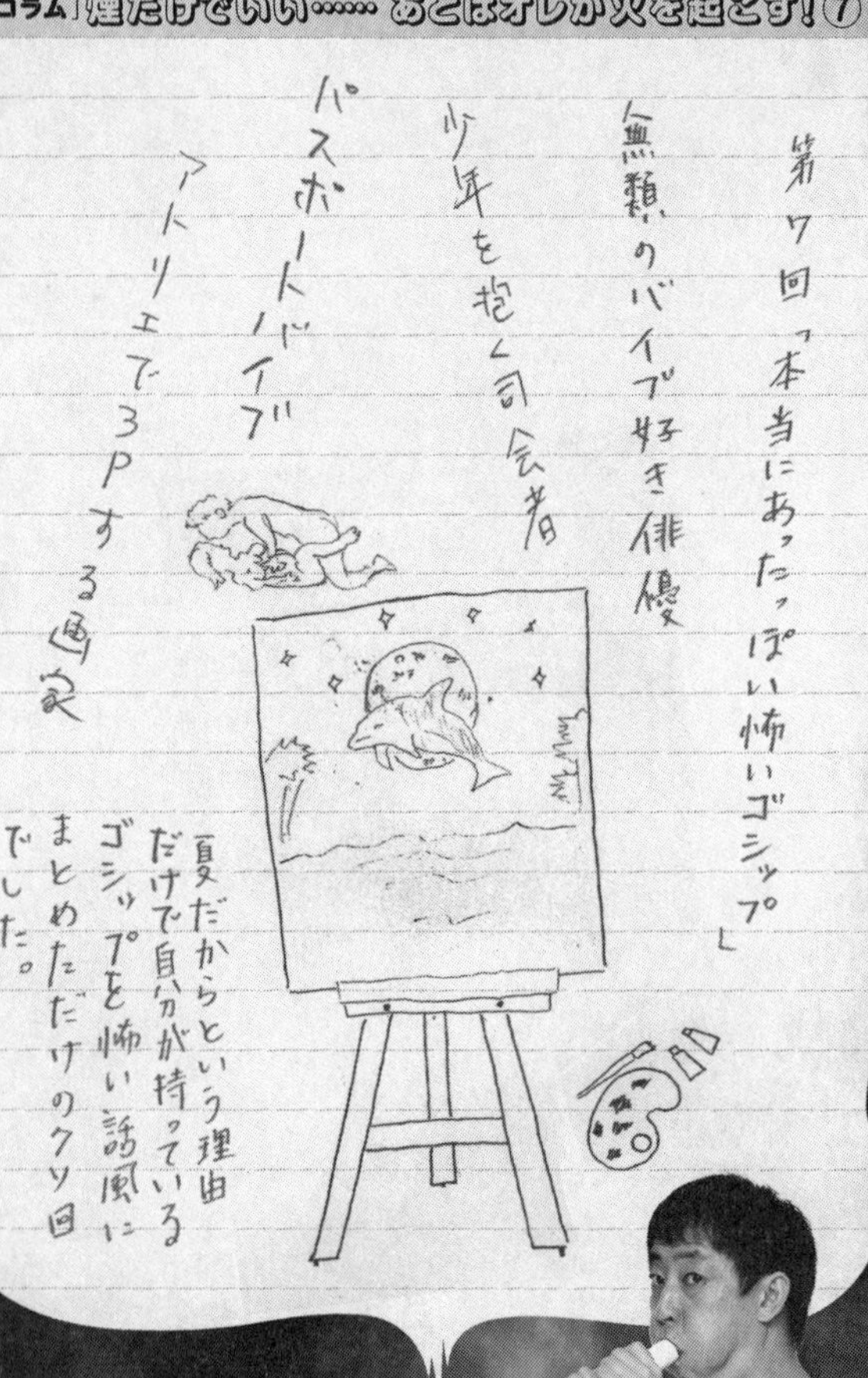

(p.216につづく)

森
'18.06.15
田
水にまつわる
エトセトラ

５月病が吹っ飛ぶぐらいのスキャンダラスな事件が相次いでいる今日この頃。それらをただ指をくわえて見ていることしかできない現状にイライラしながら、今日もペンを執っている次第でございます。本来なら今報道されているゴシップの裏側を色々と書きたいのですが、僕に許された行為は、日常で起こる自らのクソゴシップをここでぶちまけるのみ。日に日にファンが減っていくだけの現状に嫌気がさし、誰かを道連れにでもしないとやってられない、という思いで書いたのが前回の保科さんの話でした。そして、そのフラストレーションは消える事はなく、今回も誰かに生け贄になってもらわないとやってられません。しかし、保科さんのような異業種の方をこれ以上巻き込むわけにはいきません。となるともう今回はあの男にお願いするしかありません。

既に幾度となくこのコラムに登場し、数々の死線を共にくぐってきた３年先輩の親友、ＢＫＢことバイク川崎バイク。今回は彼の身に起きた悲劇を、生け贄として皆様に差し出そうと思います。

Ｂ「次の土曜日何してる？」

森「夕方ぐらいに渋谷で打ち合わせ終わると思いますけど、どうしたんすか？」

Ｂ「２年ぐらい前にお前とピアノの発表会みたいなん観に行ったの覚えてる？」

森「なんかバイクさんの知り合いの女の子が出てた奴っすよね？」
B「そう、その子から最近めっちゃ飲みに行こうって誘われんねんけど2対2とかで飲みに行かへん？」
おっさん2人でピアノの発表会を観に行ったキモさは今はとりあえず置いといて、チビで出っ歯のおっさんメンタル童貞という、僕のドッペルゲンガーと言っても過言ではない男に、そんな事を言ってくる女子なんているのか？
そう思いながらも、その愛嬌と人の好さから、一部の女子に局地的人気を誇っている場面も何度か目にした事のある僕は、変につっかかって機嫌を損ねられるのも嫌だったので、バイクさんからの飲みの誘いを快く了承しました。
B「先月ぐらいにめちゃくちゃ久しぶりに連絡来てさあ、今ずっと週2ぐらいで誘われてんねんけどなかなかスケジュール合わんくてな」
「変な女すね？」とは、とても言えないぐらいイキりながら言ってくるので、ひとまずスルーしていると、
B「ずっとやり取りしてるうちに、なんかちょっと好きになってきたかも……」
と気持ち悪い事を平然と打ち明けてくる38歳、いや38ccのバイク。僕のほぼドッペルゲンガーではあるものの、僕と唯一違う部分は、彼はなかなかの恋愛体質なので、すぐに人の

事を好きになる傾向があるというところです。2年会ってない女の子とのLINEのやり取りも、彼にかかれば『メッセージ・イン・ア・ボトル』ぐらい壮大な恋愛にすり替わるのです。

B「この前なんて昼ぐらいに『今何してるんですかー?』とか連絡来てさあ。ピアニストやのにめっちゃ積極的やねん。オレほんまにちょっと好きになりそうかも……」

ピアニストに対する大いなる偏見を展開してきましたが、とりあえず飲み会には参加したいので、38歳の恋バナを真面目に聞いてあげる36歳の僕。

B「一応言っとくけどオレがやり取りしてる子を狙うのだけはやめてな。まあ向こうもオレ狙いで来るとは思うねんけど」

どの顔が言うてんねん!という言葉をグッとこらえ、

森「僕はセックスできたらなんでもいいっす!」

と、はつらつと答えるクズ。

そして土曜日。渋谷で打ち合わせを終えた僕は、バイクさんと合流し、夜の飲み会まで少し時間があるので、喫茶店で2人でお茶をしながら作戦会議をすることにしました。僕達が座った隣の席では、ねずみ講の説明会なるものが繰り広げられていました。金を稼いでる風の幹部の人間が、次から次へとやってくる大学生ぐらいの子達に対して、嘘のような早口で契約書の内容を読み上げます。その読み上げが終わると、必ずどの子も契約書にハンコを押していくその光景は、こんなどぶネズミ2匹の目にも痛々しく映ります。いつの時代にも存在し、〝ネットワークビジネス〟というスマートな呼び方が定着した現在でも、いざその光景を目の当たりにすると、やはり複雑な気持ちになります。

飲み会の作戦会議をしたいが、隣のねずみ講の光景が気になりすぎて集中できないどぶネズミ2匹。するとサングラスバンダナネズミがおもむろに口を開きました。

B「ムカつくわー」

隣に聞こえるんじゃないかと思うほどの声量と、いつになくマジのトーンのバイクさんに違和感を覚え、少し緊張する僕。

森「ど、どうしたんすか？」

B「どいつもこいつもアホみたいにハンコ押すやん？　マジで全員助けてあげたいわ」

森「いや、別にほっといたらいいじゃないすか？　全ては自己責任なんすから。それにこんなとこで変に揉める方がしんどいっすよ？」

B「全員に目覚ませって言ったろかな」

森「な、何言うてんすか？　ほんまにどうしたんすか？」

いつもならバカにできる空気なのですが、本当に真剣な目つきで言うバイクさんへの対応に戸惑う僕。そして、その謎を解く衝撃の事実がバイクさんの口から打ち明けられました。

B「オレも20歳ぐらいの時、40万円の浄水器買わされてん」

驚愕の事実でした。彼があんなに怒っていたのは、自らもねずみ講の被害者だったからなのです。僕は全力でバカにしました。なんなら飲み会の時間が来るまでバカにできました。

このビジネスの基本は、まず友達から紹介された高額の商品を自分で買い、次に自分の友達にこのビジネスを紹介し、同じく高額の商品を買ってもらう事でその数%が自分の懐に入り、更にその友達が紹介した次の人間が買った金額の数%が入るという、どんどんと枝を作っていくシステムです。

バイクさんは、その人の好さにつけこまれ、かつて40万円の浄水器を友達から買ってくれと言われ、断る事ができず買ったものの、自分は友達をそんな目に遭わせたくないという良心により、結局誰にも紹介できないまま、諦めてただただローンを払い続けたらしいです。

ドブ水ではなく、一応は綺麗な浄水を飲んできた悲しきネズミ。

彼はひっきりなしに現れ、なんの疑いもなく契約書にハンコを押していく若者達に、過去の自分の姿を重ね合わせていたのです。

B「全員マジであの時のオレ見てるみたいやねん」

真剣な顔で言うバイクさんに笑いがこらえられない僕。そうこうしているうちに、飲み会の時間が近づいてきました。すると、バイクさんがこれまた衝撃の事実を打ち明けてきました。

B「ごめん、言うの忘れててんけど、もしかしたら向こうが1人で来るかもやねん」

森「はぁ？」

B「いや、オレはお前連れていくってことはちゃんと言っててんで？　でもそう言ったにもかかわらず向こうは1人で来るみたいな感じ出してくんのよ」

森「いや、意味わかんないっすよ！」

B「もしかしたらオレが他の女子を狙うのを阻止したいんかもな？　まあそれはそれで可愛いねんけどな」

森「そんな事ある？　バイクさんすよ？」

B「いや、もしかしたらの話やから。たぶん誰か連れてくるとは思うねんけどな」

急に嫌な予感がしてくる僕。

B「ただ万が一向こうがほんまに1人で来た場合はオレだけお持ち帰りって感じになってまうけど、それはごめんやで？」

さっきまでのねずみ講への怒りが嘘のように急にイキり出すバイク。そして僕の不安は更に加速する事になります。向こうが予約してくれたお店に予定の時間より少し早く到着した僕達。店の佇まいからして明らかに高級そうな焼肉店。
森「いやなんちゅう店予約してんねん」
B「店選び任せるんじゃなかった……」
そして知らされる僕への最後通告。
店員「3名様でご予約の○○様ですね？　こちらどうぞ」
3名様って言ったやん？　3名で予約してるやん？
B「ごめん……」
歩きながら前を向いたまま、ぼそっと呟くバイク。部屋に通されると、高級な和紙が3枚だけ敷かれ、その上に箸やタレの入った器が置いてありました。詰んだやん……。絶対1人で来るやん……。僕は全ての気力を奪われ、バイクさんに言いました。
森「オレ帰ろかな？」
すると、
B「まあ飯だけ食ってったら？　ほんで頃合い見て2人っきりにしてくれたらええけど？」
失意の僕をよそに、俄然イキるバイク。先輩相手に手が出そうになるのを必死にこらえる僕。しかし、そんな彼が不安な表情を浮かべたのは、メニュー表を見た時でした。
B「むっちゃ高いやん……」

そう、やはり店の佇まい通り、むちゃくちゃ高級な焼肉店でした。そして、芸人の世界には〝後輩の飯は先輩が絶対に奢る〟という鉄の掟があります。

Ｂ「森田、やっぱり帰ってもええで？」

森「いや、やっぱり居ますわ」

そう、この後自分だけセックスするかもしれない男を、ただ野放しにしておくわけにはいきません。少しでも彼の財布にダメージを与えるべく、僕は店に留まる決意を固めました。そして、当たり前のように1人で現れたピアニスト。悪びれる事もなく、なぜもう1人連れてこなかったのかの説明もありません。どことなく、僕に対して「なんなら私は1対1が良かったんですけど？」の目を向けているような気もしました。しかし、2年前の発表会の楽屋挨拶以来の再会でしたが、あれ？　こんなに可愛い子やったっけ？と思わざるを得ないほどの可愛らしい見た目。こんな可愛い子がなんでバイクやねん？とイラつく僕と、明らかにテンションの上がるバイク。そして、ダサいと思われない程度に、それなりに高い肉もチョイスしながら注文するバイク。そして、謎の2対1の会食が始まりました。僕のモチベーションとしては、奇跡的にAVみたいな展開になる事を願うしかありませんでした。

Ｂ「お久しぶりですね」

ピ「発表会以来ですもんね。すいません、何回も誘っちゃって」

B「全然大丈夫ですよ。むしろ僕ももっと早く会いたかったんですが、スケジュール全然合わなくてすいません」

相手への好意を伝えながらも、仕事忙しいアピールもしっかりするという完璧な返答を見せるバイク。僕達は、発表会の日のことを振り返ったりしながら、久しぶりに会った緊張感をほぐすためのアイドリングトークに勤しみました。おしゃべり出っ歯関西人2人の圧がしんどかったのか、なんとなくまだ口数が少なめのピアニスト。しかし、美味しい肉に舌鼓を打ち、お酒も入ってきたところで、僕は少しだけ踏み込んだ質問をしてみました。

森「結構バイクさんのこと誘ってたんですよね？」

ピ「そうなんです。バイクさんに会いたかったんです」

B「ヒィア」

僕の問いに対するピアニストの最高の答えに、照れ隠しのヒィアで対応したバイクでしたが、実際内心はヒィーーーーア！だったに違いありません。今日は完全に自分の出る幕ではない、と自覚した僕は、親友へのアシストを決意し、更に踏み込んだ会話を続けました。

森「ちなみになんですが、彼氏はいるんですか？」

ピ「彼氏は……います……」

B「え？」

GAME OVER

まさかこんなにもあっさりとゲームオーバーになるとは思いませんでした。しかし、ここであっさり引き下がらないのが僕達ゲスです。彼氏がいるにもかかわらず、バイクさんに会いたかったとはどういう事なのか？　ゲスならではのプロファイリング結果がすぐにはじき出されました。

彼氏がいるにもかかわらずバイクさんに会いたかったんです女子＝彼氏がいても性に関しては貪欲な方なんです女子＝だから今日は彼氏の事なんて忘れて抱いてください女子＝ならこの際森田さんも一緒に楽しみましょう女子＝わたし実はそういう複数の方が興奮するんです女子

これがゲスファイリングによって導き出された最低の答えです。要するに、男側から見ればなんらややこしくなく、割り切った関係を提案してくれる、ワンナイトカーニバルには最適の人物だという事です。

恋愛体質のバイクさんには、彼氏がいるという事実は少しショックだったかもしれないと心配しましたが、今回はしっかりとワンナイトカーニバルを見据えた目をしていました。

バイクさんも少しずつ大人になってきてるんやなぁ。と感慨深い気持ちになったと同時に、ほんまにAVみたいな展開もあるかもしれん！　そうなったらまさにカーニバルやで！などと思いながら会話を続けている時でした。

B「ピアノはまだやってるんですか？」

ピ「奏者としては引退しました」

B「そうなんですね。え？　今は何かされてるんですか？」

ピ「今は週に2回ぐらい子供達にピアノを教えてるんですよ」

この会話に妙な違和感を感じた僕は、彼女に質問しました。

森「え？　週2で子供にピアノを教えるだけで食っていけるんですか？」

ピ「いえ、まあ他の事もやりながらって感じです」

少しだけ変な空気が漂いました。

森「他の事って何してるんですか？」

ピ「……」

更に変な空気になっている理由が僕達には全くわかりませんでしたが、もしかして風俗か？　やとしたらカーニバル確定やぞ？という期待も相まって、デリカシーのかけらもなく、更に質問する僕。

森「え？　何してるんですか？」
ピ「まあ、ちょっと……ビジネスを……」
ん？　ビジネス？　嫌な予感がしました。完全に変な空気になっていましたが、この嫌な予感の正体を突き止めたい僕は更に続けます。
森「ビジネスって僕らも一応芸人というビジネスですよ？　なんのビジネスなんですか？」
ピ「まあ、追い追い」
森「追い追い？」
彼女は怪訝な表情を浮かべ、早くこの話を終わらせてほしそうにしていました。しかし、そうすればするほど、嫌な予感の正体を突き止めたい気持ちは加速します。
森「もしかしてですけど、風俗ですか？」
ピ「違います。そういうのではないです」
そこはしっかりと否定してくる彼女。しかし、風俗という可能性が消えた事で、嫌な予感は更に膨らんでいきます。
B「まあまあ森田、別にええやんか」
バイクさんも、〝ビジネス〟という言葉がひっかかり、僕と同様に嫌な予感を感じていましたが、彼はその嫌な予感の正体から目を背けようとしていました。しかし真実を追求したい僕は逃がしません。古畑任三郎ばりにねちっこく問い詰めます。
森「どこか会社に勤めてるんですか？」
ピ「会社に勤めるって感じではないんですが……」
勤める感じではない？
森「じゃあ自分で会社やってるとか？」
ピ「会社はやってないですが、自分で動いてるっていうか……」
自分で動く？
森「結構稼いでるんですか？」
ピ「まだ全然稼いではないんですが……」
まだ？　ってことはゆくゆくは稼ぐ可能性のある仕事？　嫌な予感は払拭されるどころか、どんどんと正解の方に近づいていってるような気がしました。更に核心に迫ろうとする古畑。
ここからは脳内で古畑任三郎のBGMを再生しながらお楽しみください。
森「ちなみにそれは販売の仕事ですか？」
ピ「販売というのとはまた違うんですが……まあ販売もしますけど……」
販売というのとは違う？　けど販売する？　隣でゴクリと唾を飲み込むバイク。
森「なんでこんなにバイクさんの事誘ってたんですか？」

ピ「……」

何も答えないピアニスト。その様子を見て、いよいよ何かを覚悟し、ゆっくりと目を閉じるバイク。

森「ほんまになんの仕事なんですか？」

ピ「……ネットワークビジネスです」

静かに天を仰ぐバイク。こんな偶然があるでしょうか？　つい1時間ほど前までいた喫茶店で傍観していた光景が、今目の前に広がっているのです。その瞬間、なんとなく違和感だった全ての点と点がつながりました。

・やたらと何回も誘ってくる
・昼にも誘ってくる
・積極的
・1人で来た
・彼氏がいる

これらの違和感は〝ネットワークビジネス〟と聞くと全て合点がいきます。そう、向こうはこの約1ヶ月間、ただただねずみ講の勧誘のためにバイクさんとやり取りしていたのです。言うなれば、完全なる鴨。そして今日、その鴨がバイクに乗ってやってきたのです。

その瞬間、ここまでのバイクさんの全てのイキり発言が僕の脳裏にフラッシュバックしてきました。

週2ぐらいで誘ってくんねん。好きになってきたかも。オレの子狙うのやめてな。向こうもオレ狙いやろうけど。2人きりにしてくれたらええから。オレだけお持ち帰りって感じになるけどごめんやで。オレだけお持ち帰りって感じになるけどごめんやで。オレだけお持ち帰りって感じになるけどごめんやで。オレだけお持ち帰り。オレだけお持ち帰り。オレだけお持ち帰り……。

ついさっきまでプレイボーイかのようにイキっていた男は、ただの鴨でした。

18年ぶりの鴨。鳴き声はヒィア。

絶望的な現実を知り、茫然自失のバイク。その姿に爆笑するしかない僕。1時間前まで「助けてあげたい」とほざいていた男が、まさにその渦中にいるとは。『メッセージ・イン・ア・ボトル』ぐらい壮大な恋をしていた男。しかし、そのボトルの中の手紙は、全てねずみ講の契約書だったのです。僕が茫然自失のバイクさんに爆笑していると、

ピ「もしかしたらこういう仕事にあまり良いイメージ持たれてないかもしれませんが、本当に別にクリーンですし、全然法に触れるようなものではないですし、なんだったら芸能人の人もめちゃくちゃやってる方多いんで……」

バレてしまってはしょうがない、と言わんばかりに、先程までの口数の少なさとはうってかわって、堰を切ったように喋りだすピアニスト。恐らく彼女のプラン的には、もっと時間をかけながら、徐々に徐々に勧誘したかったのだと思います。しかし、そのプランがうまくいかなかった今、もう覚悟を決め、立て板に水の如く喋りまくるしかありません。
ピ「そもそもうちの商品って、モノは本当に良いんですよ。化粧品とかでも市販のものと比べて格段に良いですし、本当にいかがわしいものではないんですよ。年会費とかも380０円しか掛かりませんし……」
B「え？　年会費ってそんなに安くていいんですね？」
また同じ失敗を繰り返そうとしているバイク。やはり根っからの騙され気質。もしくはその年会費を払えばヤれるとでも思っているのか？
森「ちなみに浄水器もあるんですか？」
B「え？」
その単語を聞いてやっと我にかえるバイク。
ピ「ありますよ。うちの浄水器を通した水はものすごく柔らかくて、普通に売ってるミネラルウォーターの何十倍も美味しくて、その水でご飯炊くとお米が嘘みたいに美味しくなるんです」

B「ほー。そんなに違うんですか？」

森「ほー、やないねん！　目覚ませ！」

B「あっ！」

鴨は綺麗な水辺にしか生息しないらしいです。故に本能的に綺麗な水を求めるのかもしれません。その後もピアニストは、このビジネスの仕組みや商品の良さを、あの手この手で説明してきました。途中何回もなびこうとしたバイクを、その度に僕が現実に戻し、その度にピアニストはイラッとする、の繰り返しというなんの生産性もないこの会は、1時間半ほどで終わりました。

お会計の伝票を見ると3万円は優に超えていました。全く払う気のないピアニスト。渋々全額払うバイク。近年稀に見る無駄な金。そして、帰り道でピアニストと別れた直後でした。

B「危なかったーーー！！！」

渋谷の街にバイクさんの心からの叫びがこだましました。

B「マジでお前おってくれて助かった!!　お前おらんかったら絶対入会してたもん!!」

年会費の10倍の焼肉代を払ってる男から、こんなに感謝されるとは思いませんでした。

B「浄水器買わされる事考えたら安いもんや！」

3万で済んでラッキーというヤバイ思考回路。この考え方をしている時点で、今後の人生でまだあと何回かは騙されると思います。今後もし僕がねずみ講に手を出してしまった時は、この男に真っ先に浄水器を売りつけようと思いました。

最後に、下衆コラムと謳っておきながら、今回はおちんちんもおっぱいも出てこなかった事を心からお詫び申し上げます。

第8回「スピリチュアル」

急に増えた
オーラが見える奴ら

家の間取りを
言い当てる女

能力者

情報収集能力
SNSを駆使

色は人によってちがう

PC

オーラが見えたり、家の間取り
を言い当てることで荒稼ぎ
しているタレント。
僕もガッツリ彼女にだま
されました。

煙

(p.218につづく)

メンタル童貞

怒濤の芸人編

第9回「カツラ」

芸能界屈指のずるむけタレント

絶対にいじらせない威圧感

強風の日は家を出ない
銭湯にも行かない
ストイックハゲ

カツラは、カミングアウトするよりも、かぶり続ける方が勇気がいる。

煙

(p.230につづく)

合コンを捨てた男の過酷すぎる個人戦

森 '18.03.15 田

ワールドプロゲスリング

先日、今更ながら過去の自分のコラムを読み返して気づいたことがあります。オレ合コンしかしてへんやん？

何を今更言ってんの？　こっちはずっとそう思ってたよ？　ていうかこれそういうコラムだろ？　もはやコラムとは名ばかりのただのてめえらの日々の合コン日記だろ？と仰る方もおられると思います。確かに間違ってはいません。

問題は合コンをすることではなく、合コン〝しか〟していないという事実です。メンタル童貞ゆえに、常に誰かの手を借り、先輩後輩の手助けのもと、なんとかセックスへこぎつけようとする性的弱者。自分で読んでて恥ずかしくなるぐらいの他力本願っぷり。この数年間僕のことを、群れの中でしかイキがれない、か弱き仔羊と思っていた方も多いと思います。その方々の信頼を取り戻すべく、たった一人で女性に立ち向かい、下衆を全うした夜の話を書こうと思います。

遡ること1年半ほど前、僕はM－1グランプリ２０１６の決勝進出者が発表された夜に、自身のInstagramにとある投稿をしました。

「M－1グランプリ２０１６の決勝に進出させていただきましたー！　バッチバチにいてこましたるさかいに皆さん観てください!!　ほんで誰かご褒美に風俗奢ってください!!」

M－1の決勝進出の報告に、大阪人でも使わないゴリゴリの河内弁をあえて織り交ぜ、最後に「風俗奢って」という言葉をボケっぽく付け加えながらも、どこかで「この投稿を見た先輩とかスタッフさんがほんまに風俗奢ってくれへんかな？」のメッセージを込めた巧みなゲス投稿。先輩やスタッフさんからの「お祝いに風俗奢ったろか？」の連絡を待つと同時に、過去に連絡先は交換できたものの、うんともすんともヤらせてくれなかった女子達からの「森田さんってこんなに凄い人だったんですね！　是非抱いてください！」という逆輸入セックスの連絡も待つ事にしました。

するとその翌日、予想だにしない連絡がInstagramのダイレクトメッセージに飛び込んできました。

「M－1決勝進出おめでとうございます！　私は都内でOLをしてる菜々って言います。森田さんのコラムが大好きで毎月読ませてもらってます。私でよければ是非風俗奢らせてください(>_<)」

まさかの僕の思惑のちょうど間をとったようなメッセージに、なんとなくテレビデオを思い出しました。普通のOLが風俗奢ってくれるってどういう事や??と一瞬思いましたが、すぐにそのカラクリに気づきました。そうか！　「コラムが大好き」と言ってる時点で、ほぼほぼヤらせてくれる女の子って事か！　でも「ヤらせてあげますよ」というのもあまりに直接的で無粋やし、簡単にヤリマンだと思われたくないという心理が働いた結果、「風俗奢らせてください」というなんとも粋な名目でオレにコンタクトを取ってきたんやな！　言うならばこれはプロレスや！　菜々ちゃんがオレに仕掛けてきたプロレスなんや！　入り口は風俗やけど最終ゴールはセックスってあらかじめちゃんと決まってる、しっかりとしたエンターテインメントや！　全世界のプロレスファンを敵に回す思想に加えて、果てしなく自分寄りの解釈を見せるポジティブ下衆。

まさにプロのゲス。そして、すぐさま彼女の投稿ページに飛ぶプロゲスラー。こういう時の下衆は、コンピューターウィルスよりもネット上を縦横無尽に動き回ります。そして彼女の投稿している写真を確認するプロゲスラー。

か、可愛い……。こんな可愛い子とほんまに一戦交えられんのか……？　どこかに危ない要素はないか？　ひょっとしたら何か落とし穴があるのではないか？と投稿してる写真を1枚1枚丁寧に見ていくプロゲスラー。消費者金融の借り入れ審査よりも遥かに時間をかけ、じっくりと審査しました。しかし、特に危なそうな要素もなく、普通のOLっぽい当たり障りのない投稿の数々と、ただただ可愛いルックスに、満額融資する事を決めました。可愛い女子とのセックスに思いを馳せているうちに、僕の難波チン融伝は萬田ギン次郎でした。一見の読者なら間違いなくここで読むのをやめそうな中、僕は彼女のメッセージに返信する事を決めました。

とうとう性紀の一戦のゴングが鳴り響きます。ここからは全てのやり取りがプロレスです。「メッセージありがとうございます！　女性に風俗奢ってもらうのは流石に下衆過ぎるので、良かったら今度飲みませんか？」まずは手始めにチョップを打ち込む僕。「え!?　いいんですか!?　是非飲みたいです！」それを胸で受け止める菜々。「いつが空いてますか？」菜々をロープに投げる僕。「私はいつでも大丈夫ですよ！」ロープにぶつかった反動でこちらに前進してくる菜々。「じゃあ○月○日とかどうですか？」ラリアットをかます僕。「いいですよー！」ラリアットを浴びながらもしっかりと受け身を取る菜々。「ちなみに場所は五反田でもいいですか？」自分のコーナー付近へ追い詰め、トップロープからムーンサルトプレスを決めに行く僕。「全然大丈夫ですよー！」相手の技をしっかりと受け止め、マットに倒れ込む菜々。まるで台本があるかのようにテンポ良く進む試合。

そして数日後、僕達の試合はいよいよ場外戦に突入しました。1つ不安要素があるとすれば、この試合が団体戦になる事でした。というのも、毎回団体戦で結果を出せてないのは、屋敷とかバイクさんのせいちゃうか？　もしかしたらオレは個人戦の方が向いてるんちゃうか？と、前々から少し思っていたからです。童貞のサンプルのような思考回路。

合コンになる事だけは避けなければならない。その僕の不安も、たった一人で五反田に現れた菜々が見事に解消してくれました。これで負ける要素は何もなくなりました。

僕達は五反田の居酒屋に入りました。初対面ではあるものの、凄く気さくに喋る僕達。20代後半とはいえ、綺麗な白い肌と程よい色気を醸し出す菜々。彼女を楽しませるべく、沢山の芸能界の汚れたゴシップを一般人にベラベラと喋る下衆。その一つ一つのゴシップに「それほんとですかー?笑」と言いながら笑ってくれる菜々。徐々に下ネタを織り交ぜつつ、彼女のエロスペックを確認する僕。お酒も進み、頬を薄っすら赤く染めた菜々の口もとが緩みます。「私が上司のセフレをやってた時なんですけどね……」。しっかりとエロいエピソードを菜々の口から引き出す下衆。

めちゃくちゃええ感じで進んでるよ！ 普段敗北しか見せてない屋敷とバイクさんにこの試合を見せつけてやりたいわ！ ていうかあいつらとおるから毎回負けてるんちゃう？ もしかしたらオレは個人戦の方が向いてんのかもな？

戦友である彼らからの独立も視野に入れ始める下衆。そして、あっという間に2時間が過ぎ、ラストオーダーの時間が来ました。性紀の一戦と銘打たれたこの試合も佳境に入り、僕は3カウントを取りに行くべく、トップロープに登り、最後の大技を仕掛けました。

「僕の家この近くなんですが、来ます？」

菜々の上に覆い被さり、レフェリーがカウントを刻みます。1、2、

「いえ、今日は帰ります」

一瞬、え……？と思いましたが、流石に1回の大技では決めさせてくれない菜々。これぞプロレスの醍醐味と言っても過言ではないでしょう。僕は再びトップロープに登ります。

「よかったら僕の家で飲み直しません？」

再びレフェリーがカウントを刻みます。1、2、

「うーん、今日はやっぱり帰ります」

今回もカウント2で返してくる菜々。そしてまたトップロープに登る僕。

「僕の家ファミコンあるんでファミコンやりましょうよ？」1、2、「今日は本当に帰ります」。ん？「家にパンもあるんでどうですか？」1、2、「帰ります」。え？「ちゃんとゴムはつけますよ？」1、「いやいやそういう事じゃなく、はい」。は？「なんやったら帰りのタクシー代も出しますし……」。1、「帰ります」

あれ？これプロレスやんな？ちょっと長ない？え？これガチなん？さっきまで四角形だったリングが、金網で囲まれた八角形のオクタゴンのように見えてきました。世界最高峰の総合格闘技〝UFC〟のそれです。

え？ちょっと待って？プロレスちゃうかったん？最初からオレが勝つって決まってる試合やったんちゃうの？それを踏まえた上でのエンターテインメントやったんちゃうの？急にガチってどういう事？それはなんぼなんでも横暴じゃない？

僕は薄いオープンフィンガーグローブで顎を殴られた感覚に陥りました。その後もいくら説得しても、全く3カウントを取らせてくれない菜々に辟易する僕。

またこれやん？　結局いつもこうやん？　SNSで近づいてくる女子にろくな奴おらんやん？　ムラムラさせるだけさせといて結局またこのパターンかい！　このおさまりきらんムラムラどうしてくれんねん……？

その瞬間、僕の頭の中に今までの菜々とのやり取りがフラッシュバックしてきました。「ガリレオ」の湯川准教授の如く、次々と頭の中に数式が並べられていきます。そして導き出された悪魔のような答えを菜々にぶつけました。

「じゃあ風俗奢ってくださいよ」

驚愕の一言に、彼女も、周りのお客さんも、店員さんも、一瞬何が起こったのか理解できていませんでした。そう、当初の予定が大幅に狂った僕は、今日のこの飲みに至るきっかけとなった菜々のメッセージを思い出したのです。セックスという道が断たれた瞬間に、すぐに僕のゲスナビゲーションシステムが作動し、別ルートを選択してくれたのです。ただただ普通に生きてきたOLに対し、傍若無人ともいえる要求をする下衆ルート。

「え？」

急にパイプ椅子で殴られたような顔でこちらを見つめる菜々。いや、「風俗奢りたい」は流石にプロレスでしょ？の顔をしている彼女に対して、ガチの顔で見つめ返す僕。

「風俗奢りたいって言ってましたよね？　奢ってください」

しっかりとパイプ椅子を振り下ろす悪役ゲスラー。「どんな手を使ってでも抜きたい！」という意志が剝き出しです。すると、呆れ返った彼女からまさかの答えが返ってきました。

「わかりました。奢ります」

なんと、こちらの下衆要求を受け入れたのです。覚悟の目をし、こちらを睨みつけるような表情の菜々。本当にこれでいいのか？と思いながらも、お互いどこか引くに引けないといった感じの空気が、ほとんど客のいなくなった居酒屋を包み込みます。いやいや、冗談ですやん？とは、もはや到底言える空気ではありません。見るに耐えないほどの泥試合。

菜々「ATMでお金おろすのでコンビニまでついてきてください」

森田「わかりました」

コンビニに行くまでの間、一切会話はありませんでした。ついさっきまで、あんなに楽しげだった2人の姿はもうここにはありません。菜々がお金をおろしてる間、コンビニの前で待っていると、酔っ払ったサラリーマン2人組に声をかけられました。

サ「あっ、さらば青春の光だ」

森「どうも」

と挨拶をしたタイミングで、菜々がお金をおろし、コンビニから出てきました。
サ「うわっ、可愛い彼女連れてますね～」
森「いや、今からこの子に風俗奢ってもらうんですよ～」
サ「またまた～」
あまりにリアリティがなかったのか、若干スベったみたいな空気になりました。こいつ彼女の前でよくそんなボケ言えるな？の目をしながらサラリーマン達は駅の方へと消えていきました。
菜々「はい、お金おろしてきました。2万円あったら足りますか？」
森田「いや、1万5千円で足りますよ」
菜々「じゃあいつもより良いとこ行ってください。お釣りも返してもらわなくていいんで」
そう告げて菜々は帰っていきました。どんなに偉いスタッフさんや先輩に奢ってもらった時よりも深々と礼をする僕。僕はこの世で最も汚いファイトマネーを貰ったような罪悪感に苛まれましたが、色んな風俗サイトを物色しているうちに、罪悪感など一瞬で消え失せ、しっかりと勃起していました。
〝これは自分で勝ち取った金だ〟

と、むしろ今回の件を正当化さえできるほどのタフボーイに成長していました。そうして家に帰った僕は、せめてもの感謝の気持ちというよくわからない思考を働かせ、〝なな〟という名前の女の子が出勤しているお店を選び、電話をかけました。僕の家に来た〝なな〟は、本来持ち帰れる筈だった〝菜々〟より少しルックスは劣りましたが、〝なな〟に〝菜々〟を重ね合わせ、プレイを楽しむことができ、尚且つ〝菜々〟から貰ったお金を〝なな〟に還元することができました。

プレイが終わり、ななに「この風俗代は菜々っていう女の子に奢ってもらってん」と言うと、だからなんやねん？という顔をしていました。ななが帰った後、無性に屋敷とバイクさんの顔が見たくなりました。エロは一切なく、下衆のみでお送りした今回のコラム。女の子に風俗を奢ってもらうという、下衆さだけで見れば過去一番の内容だったかもしれません。流石に今回ばかりはお叱りを受けても仕方ないかもしれません。

最後に、このコラムの執筆中に連日放送されていた平昌オリンピックで、スキージャンプ界のレジェンド、葛西選手が活躍されていました。個人、団体共にメダルは逃してしまいましたが、日本国民の期待を一身に背負い、力一杯大空を羽ばたいたレジェンド。その姿を見て、個人、団体共にセックスを逃し続けている自分を勝手に重ね合わせていた事だけは許していただきたく思います。

[コラム] 煙だけでいい…… あとはオレが火を起こす! ⑩

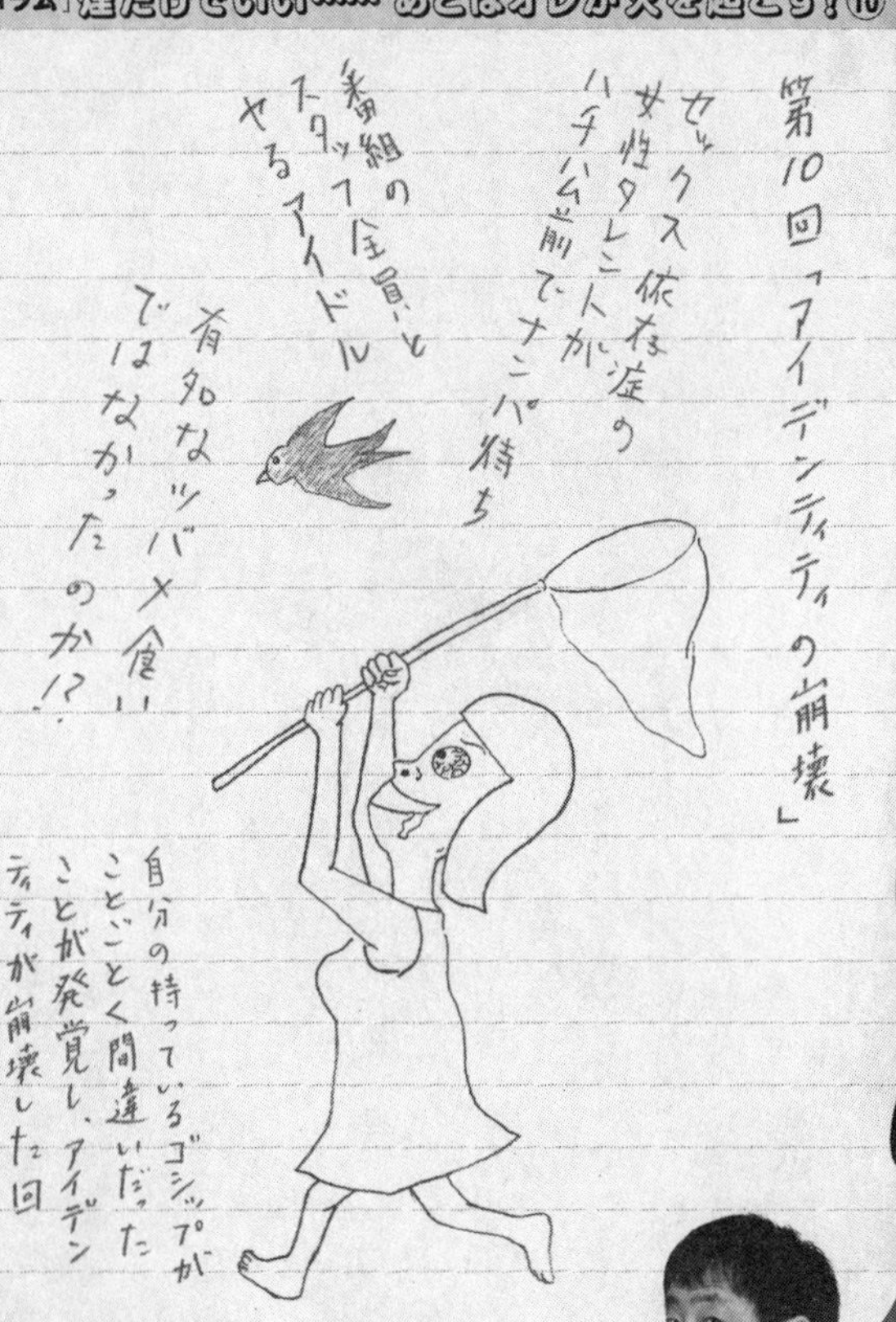

煙

(p.244につづく)

戒めパンティー
森
'16.10.15
田

日々底辺の生活を送っている中、過去に書いた〝ヤリマン2万7千円事件〟に各方面から予想外の反響をいただき、なんとなく報われた気持ちに浸っている今日この頃です。かなりの長文にもかかわらず色んな方々に読んでいただき、ロッチの中岡さんからは、「長かったから飛ばし飛ばしで読んだけどそれでも面白かったで！」というクソ読者一番の賞賛の声もいただきました。

あれからというもの岸はちょくちょく僕に連絡してくるようになり、なぜかちょっと高めのお洒落なイタリアンを奢らされ、全盛期の落合福嗣の如くマルゲリータを口に頬張りながら、「早くみゆきちゃん達とコンパしましょうよ〜」ばかり言ってくるモンスターへと変貌を遂げました。そこには岸畑任三郎の面影は1mmもなく、ただただ僕の財布を蝕む童貞大学生の姿しかありません。このままこいつと付き合い続ければヤリマンから返してもらった筈の2万7千円なんて軽く超えてしまうという恐怖が僕を包んでいます。さて、そんな中、この夏僕の身に降りかかったもう一つの事件。

〝さらば青春の光 キングオブコント2016 2回戦敗退〟

4年連続決勝進出中だったコンビが今年まさかの2回戦敗退。お笑い史に残る大事件、大ゴシップです。

「うるせえ！ 何が〝まさかの〟だ！ ただ単にお前らの実力不足だろ！ ヤリマンと遊ん

で調子に乗ってるからそんな事になるんだよ！　バーカ！」

こうおっしゃられる方もいるかもしれません。しかし、恥ずかしげもなく言います。さらば青春の光ですよ？　日本中にいたとんフィーバーを巻き起こした２０１２年の決勝初進出を皮切りに２０１３、２０１４、２０１５と前人未到の4年連続決勝進出、キングオブコントの顔とも言われていたあの、さらば青春の光なんですよ？

「てめえはさっきから何をほざいてんだ!?　さらば青春の光ですよ？　さらば青春の光だから落ちたんだよ！　お前らの事なんて誰も知らねえよ！　いたとんフィーバー？　そんなもんこれっぽっちもなかっただろ！　着ボイスのダウンロード件数11件のクソフレーズでよくもそこまで言えたもんだな！」

そう思った方にもう一回だけ言います。さらば青春の光ですよ？　4年連続決勝進出のさらば青春の光ですよ？　そのさらば青春の光が2回戦ちょっとズルズルにすべっただけで落とすかね？　いや、もうやめときましょう……。このままいけばどんどん墓穴を掘って嫌われるだけです。そもそも2回戦ズルズルにすべったって言っちゃってますしね。僕らの夏はここで終わりを告げました。その直後、居酒屋のテレビで観たリオオリンピック女子レスリング決勝。顔が似ているとよく言われ、バラエティ番組でモノマネも披露した事がある吉田沙保里選手が銀メダルに泣きくずれる姿に自分を重ね合わせ感傷に浸っていました。「いや吉田沙保里は決勝いっとんねん!!」と僕の頭を叩いてくるニューヨーク屋敷。こいつも同じく2回戦で落ちた戦友。「リオじゃなくてニューヨークオリンピックやったら良かったのにな！」一同失笑。なぜならその日は男だけの飲み。何一つテンションの上がらない飲み。

思えば2回戦落ちが決定した夜、五反田のいつも贔屓にしている回春マッサージ店の風俗嬢に、キングオブコントの2回戦で落ちたことを打ち明け、その辛さに全くピンと来てないであろう風俗嬢にほぼ無感情で頭をなでなでしてもらい、その後普段通りのハンドフィニッシュ。大好きな風俗でなんとか心のバランスを保っていたつもりでしたが、賢者タイムに強烈な罪悪感が襲ってきました。

お前は何を勝手に満足してるんだ？　2回戦で落ちた人間が気持ち良くなっていいわけないだろ？　こんな店に来る前にお前にはもっとやるべき事があるんじゃないのか？

急に現実に引き戻されました。そうです、僕にはもっとやるべき事、行くべき場所があったのです。いつも贔屓にしている楽園のような風俗に行ってる場合じゃない。2回戦で落ちた自分を戒めなければならない。

そう考えた僕のイチモツは、鶯谷（うぐいすだに）の方角を指していました。鶯谷に本拠地を構える東京一インパクトのある〝ブス専門〟の風俗店。この風俗店は、

「当店をどうぞ罰ゲームにお使いください。一般的に〝地雷〟と呼ばれる女性を多数ご用意

してお待ちしております」

というのが売りのお店。スキマ産業の最果てのような店。前からその店の存在は知っていたものの、この店にだけは一生行くまいと思っていた僕でしたが、やはりもう2回戦で落ちるようなヘマを二度と犯さないためには、この風俗店で自分を戒めるしか方法はありません。

かつて先輩のシソンヌさんが2014年のキングオブコントで優勝した際に披露したネタ、〝くっせえラーメン〟。パチンコに負けたじじいが二度と負けないために、くっせえラーメンを食べて自分を戒めるネタ。まさにあれと全く同じ発想です。

僕は自分自身もなかなかのブサイクだという事実を完全に棚に上げ、この店を自分への戒めのために使わせてもらおうと考えました。その店のテーマはずばり野球。なので、ホームページに書かれている全ての項目が野球になぞらえられています。例えば普通の店では「在籍女性一覧」と書かれている項目も、その店では「登録選手データ」となり、「出勤表」と書かれている項目も、その店では「スターティングメンバー」と書かれています。

そして何より目を引くのが登録選手、つまり在籍している女の子達の源氏名が全て野球選手の名前になっているということ。

黒田、阿部、定岡、工藤、スタンリッジ、バースｅｔｃ……。

往年のスター選手から現役の選手までが名を連ねています。一人一人のデータをなんとなく見ていると、歯がほとんどない方や、なぜか襟足をざっくり刈り上げてる方、中には57歳と書かれた方もいらっしゃいました。一度は覚悟を決めた筈の僕の全身を恐怖が襲います。新宿で先輩達数人とご飯を食べながらその店のホームページを見ていましたが、全員が「こいつマジでここ行くんか……」の目を向けてきます。しかし、勇気を振り絞り、その店に電話をする僕。

僕「あのー…1時間後ぐらいにそちらに伺いたいんですが、ちなみになんですが、黒田さんは空いてますか？」

受付「黒田選手ですか？」

あっ、選手って言うんや。

受付「全然空いております」

全然空いてんねや。

僕「阿部さんは空いてますか？」

受付「全然空いております」

全然空いてんねや。

僕「定岡さんは空いてますか？」

受付「全然空いております」

全員めちゃくちゃ空いてるやん。

僕「わかりました。じゃあとりあえず1時間後におまかせコースでお願いします」

言った！　言ったぞ！　もう知らんぞ！

受付「70分コースで8千円になります。ではお待ちしております」

ヘルスとしては格安の8千円。そしてもう決して後戻りはできない。自分で勝手に赤紙を発行し、それを自分で受け取り、一人で泣き崩れる。戦争も起こっていないのに。たった一人の竹やり部隊。今までの決勝に行った4年間の辛くも楽しかった思い出が次から次へと蘇ってきます。しかし、それらの思い出を全て振り切り、覚悟を決める僕。凛とした顔で敬礼をする僕に、無言で敬礼を返してくれる先輩達。東京に来て数年経ちますが、山手線で新宿から鶯谷までの距離をあんなに短く感じた事はなかったです。

鶯谷のラブホテルに到着し、選手を待ちます。気がつくとあり得ないペースでタバコを何本も吸っている自分がいました。そしてとうとうドアをノックする音が部屋に響きました。敵国が戦場に到着。部屋中が緊張感で張り詰める中、恐る恐る扉を開けると、そこには強烈なインパクトを放つ女性が立っていました。推測するに上から120・120・120。極楽とんぼの山本さんが『めちゃ×2イケてるッ！』でよく披露していたキャラ、油谷さん。その油谷さんそっくりの女性が僕の目の前に立っていました。そしてその女性が口を開きました。

「どうも～、バースで～す‼」

バースかぁ……バースかぁ～……バース……かぁ～……。

〝ランディ・バース〟。野球ファンなら誰もが知っている、1985年の阪神タイガースの日本一に貢献し、その年の打撃三冠王にも輝いた、間違いなく阪神タイガース史上最強のアメリカ人助っ人、バース。そのバースがおよそ30年の時を経て、油谷さんとして姿形を変え僕の前に現れたのです。約70年前の敗戦国の劣等感が僕を支配します。部屋に入るなり空調をガンガンに下げるバース。極寒の部屋の中、覇気のない声で「宜しくお願いします……」と言う僕。「え？　あたしの好きなミュージシャンにめっちゃ声似てるんだけど～！」と言いながら早速服を脱ぎだすバース。腕と胸に梵字のタトゥーがあしらわれているバース。聞けば娘の名前を彫り、その娘もこのあいだ子供を産み、42歳ですでにおばあちゃんになったバース。そして裸になったバースはベッドにでーんと仰向けで寝そべり、

「はい」

と僕に向かって言ってきました。お前が攻めろという最小文字数での意思表示です。なぜか僕の頭の中に昔市場で見たマグロの解体ショーの映像がフラッシュバックします。ベッドに寝そべる巨大マグロ。8千円で僕が競り落とした巨大マグロ。目の前行って写真撮ってすしざんまいに飾ってもらおかな？　そんなよくわからない雑念を振り切り、真剣に巨大マグ

ロと対峙する僕。この巨大マグロを見事に調理する事こそが今回の戒めなのだと自分に言い聞かせ、僕は巨大マグロに挑みました。

結果は惨敗。巨大マグロを目の前にし、どこから攻めていいかもわからず、気がつけば「あのー、すいません……僕普段受け身なんで、バースさんから攻めてもらってもいいですか？」とか言ってる始末。「あっ、そうなの？　だからなんかぎこちない感じだったんだ？」血がこぼれ落ちそうになるぐらい拳を握りしめる僕。

マグロ交代。

なんの躊躇もなく僕に覆い被さってくるバース。僕の体はどんどんアメリカ軍に支配されていきます。次々と領土を広げながら下へ下へと進んでいくアメリカ軍。そしてとうとうアメリカ軍が僕の本丸まで辿り着き、一気に総口撃を仕掛けてきました！　しかし、総口撃を受けている筈の僕の本丸は一向に奮起しません。僕は目を瞑り過去のエロかった映像を思い出したりもしましたが、5分経っても10分経っても、竹やり部隊どころかふにゃっふにゃのまま。ふと本丸付近を見ると、油谷さんが餅を啜っているようにしか見えません。ダメだ！　この画はインパクトが強すぎる！　これを見てたらずっとふにゃっふにゃのままだ！　僕は無料オプションにアイマスクがある事を思い出しました。これだ!!　アイマスクをすれば餅を啜る油谷さんを見なくて済む！　すぐさまアイマスクを注文する僕に対してバースが言いました。「え？　アイマスク？　もしかして変態さん？」掌を指が貫通するぐらい強く拳を握りしめる僕。しかしいざアイマスクをするものの、餅を啜る映像が脳裏から離れません。八方塞がりとはまさにこのこと。そんな膠着状態が続く中、バースがおもむろに鞄から出してきた起死回生のスーパーアイテム。

最強の近代兵器〝ローション〟。どんな戦争をも終結へと導くと言われる世紀の大発明、ローション。過去の偉人の中で一番凄い発明をしたのは誰なのか？　ダイナマイトを開発したノーベル？　電話を発明したベル？　はたまた相対性理論を考えたアインシュタイン？　いやいや、ローションを開発したどこぞのエロい工場長が一番凄い!!　僕は胸を張ってそう言い切れます。その近代兵器ローションを意のままに操り、僕の本丸に再び攻め込むバース。さっきまでの冷戦状態が嘘だったかのように、僕はすぐさま白旗を揚げました。

ようやく戒め完了。胸を撫で下ろしていた僕にバースから衝撃の一言が浴びせられました。

「まだ時間余ってるけど、2回戦する？」

僕は愕然としました。何言ってんの？　今白旗揚げたばっかりやん？　白旗揚げた人間に更に追い討ちをかけようとしてくるやん？　ほんまのアメリカでもそこまで残酷な事せえへんて。今しがた戒めを完了して清々しい気持ちになってるとこに2回戦する？ってどんな神経してんねん……。

……ん？……２回戦？……２回戦!?　あっ！！！

目から鱗でした。もう一人の僕が語りかけてきます。森田、お前がここに来た本来の理由は何だ？　２回戦に落ちたからじゃないのか？　お前は戒め完了と思ってたかもしれないが、本当はまだ１回戦をクリアしただけじゃないのか？　僕は大きな間違いを犯していた事に気づきました。このバースが与えてくれた２回戦をクリアする事こそが、真の戒めだと。

「お願いします！！！」

極寒だったはずの部屋の温度は一気に上昇し、僕は真の２回戦に突入しました。もうそこからは、よりふにゃふにゃ、より餅、より油谷のオンパレード。35歳という老体にバース相手の２回戦なんて自殺行為かもしれません。けれどやるしかないのです。より大量の近代兵器を投入するバース。最後の力を振り絞りますが、思うように餅は膨らまず、なんとか半餅をキープするのが精一杯の僕。餅とローションの激しいぶつかり合い。誰一人得しない異空間。火が起こってもおかしくないほどの摩擦がピークに達した時、ほんの少しだけ何かが出たような気がしました。いや、出た！

「出ました！　出ました！　出ました！！！」

「え？　出た？　ほんと？」

「……出ました」

辛くも2回戦通過。本当に何かは出ました。それはもしかしたら僕が思ってるそれではないかもしれませんが、出たは出た。れっきとした2回戦通過。

ベッドに横たわりピロートークを始めるバース。その姿はまさに奈良の公式キャラクター、せんとくんそのもの。しかし、この人のおかげで全て報われた気持ちになり、最後はちょっと愛おしくさえ感じ、「やっぱり似てるのは声だけだったなー」という意味不明の嫌味もさほど気になりませんでした。空調から発せられる凍てつく風も今では涼しく感じます。僕は平城遷都1300年の偉大さに包まれました。そしてバースという名前は、伝説の最強助っ人、ランディ・バースからとったのではなく、日本ハムファイターズに2016年に入団した、アンソニー・バースという そんなに大したことのない現役投手からとったという衝撃の事実。

「そこがミソなのよー」と誇らしげに言うアンソニー・バース。完全にスベっているアンソニー・バース。「えー、絶対にあっちのバースやと思ってたー」と、ほぼ無感情で返す僕。再び極寒に戻る室内。僕は早く帰りたいという衝動に駆られながらも、水面下で動いていた地獄のミッションを思い出しました。

遡ること数時間前、実はお店に電話する前に先輩達とホームページを見ながら盛り上がっている時、お笑い界一の超サイケデリック女芸人、鳥居みゆき大先生がこうおっしゃったのです。

「〝アンダーウェアお持ち帰り〟っていうオプションが千円であるじゃん」

いわゆる女の子が穿いていた下着を持ち帰れるオプションです。

「あんたこのオプションつけなよ。それでその貰ったアンダーウェアを1年間肌身離さず持ち歩いて御守りにするのよ。で、1年後の2回戦の本番、それ穿いて舞台でネタすんのよ。それで全て完結するから」

僕は爆笑しながら「なんでなんすかー！」とつっこみました。しかし、鳥居みゆき大先生の目は全く笑っていません。「アホなことばっか言わんといてくださいよー！」再びつっこむ僕。更に笑わない大先生。マジか……、なんなんこの人……？　やらな殺すみたいな目で見てくるやん？　僕は渋々電話でアンダーウェアお持ち帰りのオプションを注文しました。そしてピロートークを終え、服が置いてある所に移動したバースはパンツを穿いた瞬間に、

「あっ、そうか忘れてた！」

と言い、まだベッドにいる僕の方へパンツを放り投げ、あっさりミッションは完了。これを読んだ方、来年の2回戦、必ず観に来てください。どんな衣装を着ていようが、その下にはバースに貰ったギンガムチェックのLLサイズのパンツを穿きながら僕はネタをしていますので。そして、二度とこの店に来ないように死に物狂いで最高のネタを作ろうと誓った夜でした。

第11回「深イイゴシップ」

セリフを覚えるために
キめるラッパー達

母親の愛

プロ意識

コンドームを飲みこんだ犬

九州の有名な風俗店

べらぼうな額の口止め料

何も下品なだけが
ゴシップではなく、世の中には
良ゴシップもあるんです。
コンドームを飲みこんだ犬の
話は、涙なしでは語れません。

煙

(p.268につづく)

M
-1
M
性感
M-1グランプリと
風俗業界の
密接な関係、
森
'16.12.15
田

都知事選、リオオリンピック、アメリカ大統領選など、例年よりも色々と大きな出来事があった2016年。そんな2016年もそろそろ終わりを告げようとしています。広島カープの〝神ってる〟が大賞を受賞し幕を閉じた新語・流行語大賞。ゴシップ業界からは〝文春砲〟や〝ゲス不倫〟などがあと一歩及ばず涙をのみました。このコラム内で今年一番好評を博した〝ヤリマン2万7千円事件〟や〝岸畑任三郎〟はノミネートされる気配など1ミリたりともなく、泡のように消えていきました。

そんな中、昨年から復活した年末の風物詩、M－1グランプリ。そのM－1グランプリ2016の決勝戦に、我々さらば青春の光も出場する事ができました。

思えば4年連続決勝に進出していたキングオブコントというコントの大会で、今年まさかの2回戦敗退という大しくじりをかまし、決して得意ではない筈の漫才の大会でまさかの決勝進出。振り幅がえぐい2016年。しかし、稀に見るハイレベルな大会に参加させていただき、しかも自分達がネタの中で使った〝能やん〟というフレーズがネットを中心に広がりを見せ……。

「おい、お前のぬるい自慢話はどうでもいい。そして別に〝能やん〟はさほど流行ってない。そんな事よりさっさとよだれが出るようなお前のゲスい醜態をここに晒せ」

底辺から聞こえてくるどす黒い声。ここが、お笑いファンなら絶対に聞きたいであろうM

－1の裏話など全く意味をなさず、ファイナリストとしての価値をグングン下げるような下品な話のみが求められる場所だという事を僕は完全に忘れていました。

しかしながらM－1に関する話もこのタイミング以外では書けません。となるとM－1に関する下世話な話を書くしかありません。そんな都合よくM－1と下世話が重なるような話……1つだけありました。しかもお笑いファンだけではなく、来年M－1に挑戦しようと思っている漫才師の方々も読んでおいて損はない話。

M－1グランプリとは、1回戦、2回戦、3回戦、準々決勝、準決勝、決勝、と恐ろしく過酷な予選を勝ち抜いていかなければいけない大会です。僕らは昨年も準決勝までは行かせてもらってますが、キングオブコントと同じく、昨年までの実績なんて全く意味を成さない、正直どこで足元をすくわれてもおかしくない、そんな大会です。

そして鬼門でもある2回戦当日、以前のコラムで登場したバースからいただいた戒めパンティーを御守りとして鞄に忍ばせ、僕は家を出ました。目的を達成できるのならばどんな験でも担ぎたくなるのがこの世界で生きる人間の性。

無事2回戦通過。ありがとう、バース様。

そして3回戦。ここからは多少名の知れたコンビでもその日の出来が悪ければ容赦無く落とされます。僕らは3回戦の舞台を終え、芸人仲間数人で飲みに行くことに。3回戦の結果が出るのは2日後。ネタの精度やウケ具合的に恐らく大丈夫だろうと思って烏龍茶を啜っている僕に、一人の後輩が喋りかけてきました。

「森田さんって風俗好きなんすよね？」僕が「めっちゃ好き。そのために五反田住んでるようなもんやもん。五反田に住む人ってそういう人しかおらんからな」という全五反田住民を敵に回しかねない返答をすると、その後輩は、「今日行きませんか？　なんか結果出るまでソワソワするんすよ」と言ってきました。

愚問。

なぜ愚問かというと、この世界では大事な勝負事の前に女性とエッチな事をするのは御法度だというのが定説だからです。彼女や奥さんならまだしも、勝負事の前にその日会ったばかりのよくわからない女性とそういうエッチな事をすると、勝負の運気を全て女性に吸い取られ、結果良くない方向に転ぶと言われているのです。だから合コンが好きで好きで仕方ない芸人達も、勝負事の前には絶対に合コンの予定は立てません。もし仮に勝負事の前日にイレギュラーな合コンが入り、奇跡的にお持ち帰りできそうな空気になっても、そこはグッとこらえ、家に帰り歯を食いしばって床につく。売れてる先輩達はみんなそうして勝負に勝ってきたのです。

かく言う僕もそんな戒律を知らない5年ほど前、関西のお笑いの大会の決勝戦の前日にイレギュラーな合コンが入り、メンタル童貞野郎に訪れた10年に1回あるかないかの奇跡のお持ち帰りに成功し、翌日ウハウハでネタをやり、ウケもクオリティも申し分無く、間違いなく優勝賞金３００万を手中に収めたと思ったら、審査員の一人の点数が尋常じゃないぐらい低く、結果準優勝で賞金を逃すという大惨事を身をもって経験しています。打ち上げで優勝した芸人さんから「前日にそんな事したら絶対あかんぞ！」と、説教を受けたのを今でも忘れません。そんな体験談も含め、その後輩に芸人界に伝わる鉄の掟をしっかりと説明しました。

するとその後輩は、「プロなんでいいっしょ？」え？「今言ったのって全部素人の女性とエッチな事した場合でしょ？」う、うん、まあ一応……。「風俗はプロなんで関係ないっしょ？　プロなら問題ないっすよ！」僕が長々と説明した鉄の掟を一瞬で蹴散らしてくる後輩。何の理論もなく、なんのとんちも利いてないくせに一休さんぐらいのスタンスで喋ってくる。〝このはし渡るべからず〟の看板を引っこ抜いて川に捨て、橋を渡る奴。「ねえ？　ほんまに行きません？　プロやったら大丈夫ですって。プロは無効ですって。だってプロですもん。ねえ？　将軍様〜？」ただただ風俗に行きたいという願望だけがダダ漏れしているクソ一休。「森田さん、こいつ今日楽屋でもずっと風俗行きたいって言ってたんすよ。一緒に行ったってくださいよ。僕も今日彼女抱きますし」。後ろから援護射撃をしてくるクソ新右衛門。

僕は、こんな奴らに準々決勝進出を阻まれたくないと強く思い、「黙れ！　だからお前らはあかんねん！　そんな事してる暇あんねやったらネタ考えろぼけ！」と先輩特有の一方的な罵声を浴びせました。そしてすぐさま得意のゴシップで話を逸らし、なんとかその場を乗り切ったのでした。お会計を済ませ、解散する間際にクソ一休と、「森田さん、ほんまにいいんすね？　ほんまに行かないんすね？」「だから行かへんわぼけー!!」という会話だけをして、新宿駅に向かいました。

すると山手線のホームで人目もはばからず堂々とお互いを求め合う熱いキッスを繰り広げているカップルが。最近本当にこういう光景を目にするようになりました。その場にいる人間全員が、「よくもこんなに人が見てるのに堂々とキスできるな？　親が知ったら泣くで？」の目をそのカップルに向けています。僕もみんなと同じ目をカップルに向けながらも心の中では、

「べ、べ、べべべ、ベロチューやー!!!　しかもこんな大勢の人の前で!!　すげー!!　すげーよ!!　むちゃくちゃ舌と舌が絡まり合ってるー!!!」

と叫んでいました。さすがメンタル童貞。人のベロチューを目の当たりにして脳内で興奮が爆発しています。興奮冷めやらぬ中、品川方面行きの電車がホームに到着し、僕は電車に乗り込みました。そして込み上げてくる感情。

「オレもベロチューしてぇー!!!!」

そう、実は駅のホームでベロチューしてるカップルを見たことは何回もありますが、その度に僕の中にはこの感情が押し寄せてくるのです。僕だけではない筈です。サラリーマンのおっさんも、クールを気取った大学生も、駅の係員も、怪訝そうな顔でベロチューを見ている全員が心の中で、

「オレもベロチューしてぇー!!!!」

と思ってる筈なんです。僕はすぐさま贔屓にしていただいているヤリマンに連絡をしようと思い、LINEを開きました。しかしすぐに思い留まります。なぜなら芸人界の鉄の掟があるからです。自分自身、この鉄の掟に逆らって痛い目にあった身です。そうそう簡単に破ることはできません。しかし僕の下半身は既に漫才マイクの如くそびえ立っています。

「鉄の掟を破るわけには絶対いかん。けどこのズボンの中の漫才マイクはどうしたらええねん?」

そんな葛藤を繰り返してるうちに、電車は渋谷駅に到着しました。次々に乗り込んでくる少しほろ酔いの若い女性達。その女性達の艶っぽさが僕の漫才マイクをどんどん上に上げていきます。

「いやいや、これはもうブラックマヨネーズさんとかスリムクラブさんが漫才やる時の高さ

やから！　こんな高くされてもオレには鉄の掟があるから！」
などと思いながら艶っぽい女性達を見つめていたその瞬間、あいつのあの言葉が急に僕の脳内に飛び込んできました。

「風俗はプロなんで関係ないっしょ？」え？「プロなら問題ないっすよ！」

クソ一休の悪魔の言葉が僕の脳内を蝕んでいきます。そうこうしてるうちに電車は恵比寿駅に到着。するとまた、「プロやったら大丈夫ですって」。やめろ。必死で振り払おうとする僕をよそに、電車は目黒駅へ。「プロは無効ですって」。うるさい、黙れ。そして五反田駅到着。「だってプロですもん」。やめろ！　本当にやめてくれ！　もはや車内アナウンスで言ってるんじゃないかという錯覚に陥るぐらいはっきりと聞こえてくるクソ一休の声。

プロなんでいいっしょ？　プロなら問題ないっすよ！　プロやったら大丈夫ですって！　プロは無効ですって！　だってプロですもん！　プロ……。

脳内がプロ一色で覆い尽くされる。漫才マイクが更にせり上がってくる。M－1の出囃子がかかる。そして電車の扉が開く。

「はいどうも～！」

気がつくと僕は電車を飛び降り、かしわ手を打ちながら五反田の風俗街へ一直線に飛び出していたのでした。

すまん、クソ一休。お前のクソとんちに一本取られたよ。確かにプロなら問題ないよな？　プロは無効やんな？　だってプロやもんな？

僕はM性感というジャンルの行きつけの風俗店のサービスを受けました。射精後、冷静になった僕を強烈な罪悪感が襲います。ほんまにこれで良かったんか？　家帰ってオナニーしてたほうが良かったんちゃうか？　これでもし落ちたら相方に申し訳なさすぎる。ほんでそもそもベロチューしたい言うて来た筈やのにベロチューのサービスない店来てもうてるし。

そして後日、結果が届きました。準々決勝進出。

「やった！　やっぱりプロは関係なかったんや！　プロは無効やったんや！　ありがとうクソ一休！」

クソ一休もクソ新右衛門のコンビも3回戦敗退。心の中で思う。だからお前らはあかんねん。先輩に怒られても食らいついてくるぐらいの気概見せて意地でもプロ行かんと。ネタ考えてる暇あんねやったらプロ行かんと。

その日を境に僕の脳内では、〝プロなら問題ない〟が〝プロ行かんと勝てない〟になぜか変換されたのでした。

準々決勝の前にも同じ店に行きました。プロによる最高のもてなしでフィニッシュ。

準決勝進出。

準決勝の前にも同じ店に。プロならではの究極のテクニックによりフィニッシュ。

決勝進出。

プロ効果による破竹の快進撃により、とうとう自身初の決勝進出まで果たしてしまいました。僕は震えが止まりませんでした。まさかM-1と風俗にこんなにも密接な関係があったなんて。しかも大好きなM性感店。お笑い界と風俗業界を繋ぐ架け橋になるであろう大発見。その架け橋のど真ん中を渡るエロ一休。

「オレがM-1グランプリだ!!!」

気がついたら一人部屋でヤバすぎる言葉を叫んでいる自分がいました。しかしながら仕事やネタ合わせの忙しい合間を縫って、なんとか時間を見つけては風俗に行った努力がついに報われた瞬間でした。

そしてついに決勝前夜。いつもの店のいつものコースを予約。

「これを遂行すれば明日オレ優勝してまうやん! 賞金の1000万でまた店来いってか! なんぼでも行ったらあ!」

そんな妄想を膨らませながらプロからの至福のサービスを受けます。しかし、決勝前夜のプレッシャーなのか、はたまた昼間にしてしまったオナニーの影響か、プロのサービスを受けながらもなかなかフィニッシュを迎えません。プロが60分にセットしたタイマーが部屋に鳴り響きます。焦る僕。プロの手が激しく動きます。焦れば焦るほどフィニッシュから遠ざかっていくような感覚。その感覚を助長するかのように鳴り止まないタイマー音。プロの顔にも焦りの色。そして僕はとうとうプロに言いました。「ごめん！　自分でやってみるからとりあえず上乗ってくれへん？」突如飛び出したドMの性癖。びっくりしながらもすぐさま上に乗るプロ。「乳首触って！」もはやSにすら見えるMの要求。言われるがままに乳首を触るプロ。いつものオナニーよりも激しく動かす僕。そしてなんとか無事フィニッシュ。まだ乳首を触り続けるプロに対して最後に僕がオチ台詞を言います。

「もうええわ」

60分間のプロとの漫才終了。「ごめんな、オレ体質的にめっちゃイキにくいねん。風俗来てもイカんこと多いねん」という僕の優しい嘘が部屋に虚しく響き渡りました。そして漂う一抹の不安。

翌日のM－1グランプリ決勝戦。結果は、4位。

「やっぱりそうか」。敗因ははっきりしていました。それは、今まで3回戦終わり、準々決勝、準決勝と、全てプロの技によるフィニッシュ。決勝前夜だけ自分の手によるフィニッシュだったからです。それ以外に敗因は考えられません。

コントばっかりやってきた芸人にしてはM-1で4位は大健闘の立派な結果だという声もあります。しかし、あの日僕がしっかりとプロの技でフィニッシュを迎えていたら、全く違う結果になっていたのではないか？　そう思うと悔しくてしょうがありません。そういう意味では期待してくれてたファンの方々や相方に、本当に申し訳ない気持ちでいっぱいです。

「来年は絶対にプロの技でいく！！！」

打ち上げからの帰り道、僕はそう誓いました。そして戦友でもある準決勝敗退のニューヨークの屋敷に今語った事実をありのまま伝えました。すると、

「え？　ちょっとマジで引いてるんすけど？　いや、マジでマジで。M-1をなんや思てんすか？　とりあえず全漫才師に謝ってくれません？　これバレたらたぶん来年M-1出禁になると思いますよ？　DVDにもあんたらのネタ収録されへんと思うし。予選勝っていったんもたまたまっすよ？　ほんで決勝で負けたんは明らかに実力ですよ？　そもそもM-1と風俗になんの関係もないから。あるわけないですやん。あほなんすか？」

という非常に辛辣な意見が返って来ました。僕は彼に言いました。

「能やん!!」

なんやこの終わり方？

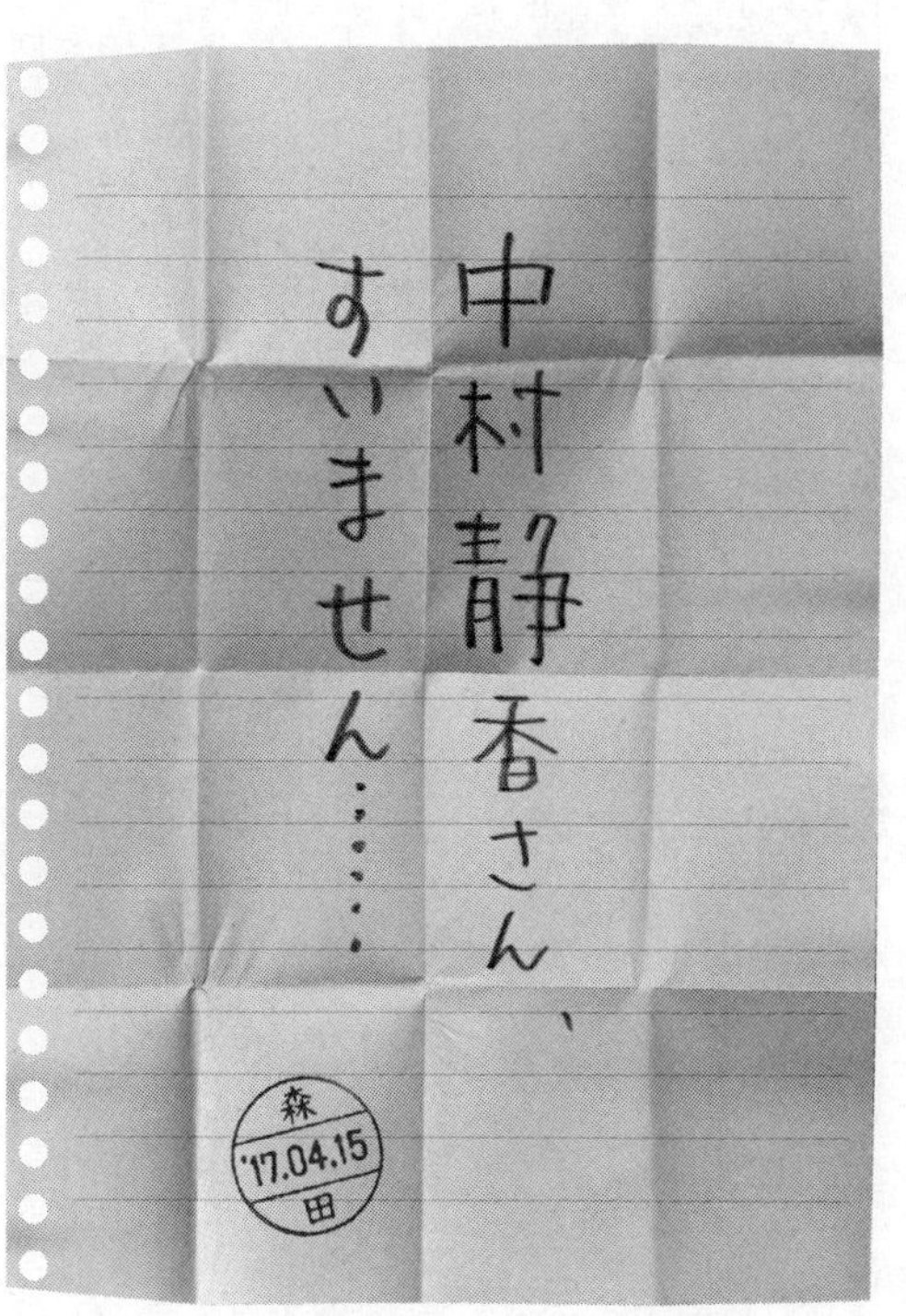
中村静香さん、
すいません……
森
'17.04.15
田

今回も通常営業で、自らのヘドロのようなゴシップを吐き出していこうと思います。

しかも今回はヘドロの中のヘドロと言っても過言ではないかもしれません。余りのヘドロっぷりに、各方面から非難轟々の大バッシングを受ける可能性大です。コラムニストとしての覚悟を持ち、自らのヘドロと真摯に向き合おうと思います。

さて、僕も芸能界という華やかな世界に片足を突っ込んで、今年で10年が経ちました。10年頑張っていると、超大物司会者の番組などに呼んでもらえる事もチラホラあります。

今年のお正月の事でした。今や日本一多忙と言っても過言ではない超大物司会者、坂上忍さんの番組の韓国ロケに呼んでいただいた時に、芸能界に入って一番の奇跡が僕の身に降ってきました。

その番組は、超多忙な司会者、坂上忍が、日頃の鬱憤を晴らすべく、旅行をしながら本気で遊び倒すというコンセプトで、昼間から浴びるほど酒を飲み、大好きなギャンブルに興じ、夜は女性のいる店でひっちゃかめっちゃかするなど、古き良き時代のバラエティ番組を思い出させるような、今の地上波では決して観る事のできないネット配信の番組。そこになぜか、一滴もお酒が飲めない僕が抜擢されました。共演者は、売れっ子の先輩芸人さんと、飲み姿が可愛いと評判のFカップグラビアアイドル、中村静香さん。先日某番組の〝抱きたい芸能人ランキング〟で、並み居る芸能人達を押しのけ、見事3位を獲得したほどの、今や押しも押されぬトップグラビアアイドルです。

収録が始まるやいなや、まだカメラが回って1分もしないうちに、僕のグラスにマッコリを注いでくる坂上忍。「実は僕一滴もお酒飲めないんです！」という僕の言葉はなんの意味も持たず、飲む事でしか市民権を得られない状況。渋々飲む僕。下戸の人間が無理して飲むその姿に喜ぶ共演者とスタッフ達。意外と楽しい……。

自分がどんなにつらい状況であろうと、笑ってくれる人間がいる事に幸せを感じるのが芸人の性。僕は次から次へとマッコリを煽りました。しかし、楽しかった時間は突如として終わりを告げます。

「ヤバイ!!　頭が割れるぐらい痛い!!　この後キャバクラ行くって言ってたのに、もう一歩も動きたくないぐらいむちゃくちゃしんどい!!」

結局、なんの機能も果たせない僕はロケバスに残され、みんなはこの旅最大の目玉である、韓国屈指のキャバクラでのロケに出掛けていきました。

誰もいないロケバスの一番後ろの席で寝そべりながら、完全にダウンする僕。キャバクラに行けなかった悔しさの40倍ぐらいのつらさが僕の体を支配します。

そして誰もいないロケバスで、一人虚しく3回ほどリバース。「死ぬかも。オレ韓国で死ぬかも」。自らの死期が近づいてきている事を認識する僕。スタッフに渡された毛布を抱きかかえながら倒れこむその様は、『フランダースの犬』のラストシーンを彷彿とさせていたに違いありません。「パトラッシュ、疲れたろう。僕も疲れたんだ……なんだかとっても眠いんだ……」。ただの毛布に語りかけるネロ。床に広がるゲロ。元の話ではこの後、天使がお迎えにやってきて、ネロとパトラッシュを天に連れていきます。しかしその時、急にロケバスのドアが開く音がしました。僕はふと我に返り、「やっとキャバクラでのロケが終わったんかな？」と思い、ドアの方向を見ました。するとどんでもない光景が僕の目に飛び込んできたのです。

「何してるんれすか～？　まだしんどいんれすか～？」

なんと、ベロッベロに酔っ払った中村静香が、たった一人でロケバスに乗り込んできたのです。

「え？　嘘やん？　どういう事？　なんで一人なん？　みんなは？」

軽いパニックになっている僕をよそに、ベロッベロの中村さんは、あろうことか、僕の寝ている座席の少しだけ余っているスペースに座り、いきなり僕の顔面を両手でベタベタ触り、「うわ～、気持ち悪い顔～！」と罵ってきたのです。

これは夢なのか？　オレは今夢の中におるんか？

そう思わざるを得ないぐらい異様な状況。しかし、パニックになりながらも目の前で起こっていることを必死に整理した僕は、「天使がお迎えにきた！　パトラッシュ！　Ｆカップの天使がお迎えに来たで!!」と、心の中で全力で叫んでいました。

「なんれずっと寝てるんれすか〜？　気持ち悪い顔〜！」

相変わらず顔をベタベタ触りながら罵ってくるＦカップの天使。そしてとうとう、恐れていた事が起きました。眠っていたネロのＭの性癖が目を覚ましたのです。

「やばっ!!　気づいたらギンギンなってるやんけ!!」

ついさっきまで死を意識してたくせに、Ｆカップグラビアアイドルに顔を触られながら罵られた途端、ギンギンに勃起する最悪の男、ネロ。Ｆカップのパイオツも手を伸ばせば余裕で届く距離にあります。一向に止める気配のない天使が、ネロのイチモツをどんどんと天に引っ張り上げようとしてきます。パトラッシュ（毛布）で股間を押さえ、勃起していることを絶対に天使に悟られまいとするネロ。

最悪の最終回。

「もうどうなってもええわ！　思いきっておっぱい触ったろかな!?」

と、ネロのストッパーが外れかけた次の瞬間、再びロケバスのドアが開き、中村さんのマネージャーさんが入ってきました。

「こんな所で何してんの？　まだロケ終わってないんだから。早く行くよ！」

ベロンベロンのFカップの天使は、マネージャーさんに連れ出され、そのままロケへ戻って行きました。ネロは思いました。

「ありがとうマネージャーさん。あそこであんたが来なかったら、パイオツ触って叫ばれて大問題になって、芸能界から追放されるとこだったよ。あのタイミングで来てくれて本当にありがとう」

依然ギンギンではあるものの、マネージャーさんに心の底から感謝するネロ。翌朝、マネージャーさんからなんとなく昨日の事を聞かされた中村さんは、僕に会うなり猛烈に謝罪してきました。

「昨日本当にすいませんでした！　私あんなに飲んだの初めてで昨日の記憶がほとんどないんです！　本当にすいませんでした！　本当に全然覚えてないんです！」

僕は全部覚えてるよ。と、心の中で思いながらも、

「僕もあんまり覚えてないんで、全然大丈夫ですよ。でもお酒の飲みすぎには気をつけてくださいね」

昨日の事を思い出し、再び股間をふつふつとさせながらも優しく対応する僕。そして数日後、日本に帰ってきた僕は、後輩と飲んでいる時に、韓国版『フランダースの犬』最終回の話を意気揚々と語りました。すると後輩は、

「すげー!!　マジすげーっすね!!　それマネージャーさん入ってこんかったらヤれたんちゃいます!?」

興奮する後輩に対して、

「まあな」

完全なる大嘘をこく先輩。その時、僕のスマホにLINEの通知が来ました。「森田さん、今日って何してますかー？　飲みませんかー？」何回か飲んでるが、全く何もさせてくれない、いわゆる一番タチの悪い〝カナ〟という女子から連絡がありました。僕は全く乗り気じゃありませんでしたが、一応後輩にどうするか聞きました。すると後輩は、

「飲みましょうよ！　中村静香とそんな事があった今の森田さんやったら絶対いけますよ！」

なんの根拠もない理論をぶつけてくる後輩。僕も、男同士で飲んでてもむさ苦しいだけだと思い、カナと飲む事にしました。容姿こそ端麗だが、毎回全く何もさせてくれない女、カナ。何度か僕の家で飲んだ事もあるが、何度ヤらせてくれと頼もうが、うんともすんとも言わない女、カナ。そんなカナが、僕の家に到着しました。

「久しぶりー。森田さん、M－1のネタ面白かったよー」

どんなにM－1のネタが面白かろうが、この子は何もさせてはくれません。そんなカナに、急に後輩が全く意味のわからないクイズを出しました。

「カナちゃん、森田さんの今の彼女誰か知ってる?」は? こいつ何言うてんの? なんやそのしょうもないクイズ?「え? 知らない。誰?」そらそうや。誰もクソも、そもそも彼女なんておらんし。

「中村静香」

は? え? なんやそのボケ? なんの脈絡もなくそんなボケしてもウケるわけないやん?「えーーー!? ほんとに!? 私あの子めっちゃ好きだよ! え? ほんとに?」あれ? なんか予想してた反応と違うぞ?「あの子めちゃくちゃ可愛いじゃん! 本当だとしたら森田さんめちゃくちゃ凄いじゃん? ねえ本当に付き合ってんの?」え? むっちゃ食いついてくるやん? どうしよ……。「うん、まあ」。あっ、嘘ついてもた。「えーーー!? めっちゃ凄いじゃん!! 森田さん、おめでとー!!」え? 普通に信じてるやん? 普通こんな嘘信じる?「あのー、向こうも事務所にバレたりしたらほんまにヤバイから、絶対誰にも言わんといてな?」あっ、なんか変なリアリティ足してもた。「絶対言わない! でも本当に凄いね! 中村静香だよ? 普通に芸能人だよ? しかもめっちゃ可愛いし! その中村静香と付き合うって相当凄いことだよ! やっぱりM-1の決勝とか行ったら、芸能人と付き合えたりするんだねー」。むっちゃ信じてるやん? どうすんねんこれ? もうこのタイミングで嘘やとは絶対言われへんやん?「えー? なんでなんで? なんで付き合えたの?」ほら、まっすぐな目でめっちゃ聞いてくるやん？「森田さん、中村静香と韓国ロケ行って、酔い潰れた森田さんを中村静香がずっと介抱してるうちに、そういう関係になってんて」。こいつも凄いな。ようそんな真顔でスラスラと嘘ばっか言えるな。「えー！　何そのシチュエーション？　めっちゃドキドキするじゃん！　そんなドラマみたいな事本当にあるんだね！」ないよ？　だって嘘やもん。「けど森田さんのどこが良かったのかな？　なんか芸能人にしかわからない魅力があるのかな？」うん、まあ、それはだいぶ失礼な事言ってるけどな？　ていうかどうすんねんこれ？　彼女おるって言うてもうたら、いよいよヤらせてくれる可能性ゼロやん？　もう変な空気なってもええから、嘘やって言おかな？「えー、なんか森田さんがカッコ良く見えてきた」。え？「だって中村静香を落とせるぐらいの男って事でしょ？　めちゃくちゃ凄い男じゃん。カッコ良いよ」。ん？　ん？「え？カナちゃん、それは中村静香を落としたほどの男にやったら抱かれてもいいって事？」お前も何聞いてんねん？「えー、いいかも……」

ええええぇぇぇーーーー!?!?!?!?　マジか!?　マジで言うてんのかこいつ!?　そんなことあんの!?

その後、すぐに後輩を帰らせると、カナは本当にヤらせてくれました。今まで全く何もさせてくれなかった女の子が、「中村静香と付き合ってる」と嘘をついたら、ヤらせてくれました。どういうメカニズムなのか全く理解できませんが、後輩の何気なくついた嘘が、カナのヤリマン神経になんらかの刺激を与えたのです。なんの変哲もない一枚の絵が、ゴッホの作品だと嘘をついたら何億円もの値段が付いたのです。

これぞ下衆の錬金術。

奇跡的なイレギュラーとはいえ、あの日カナがヤらせてくれた事は、紛れもない事実です。同時に、僕のヤリマン攻略の引き出しの中に、

〝有名芸能人と付き合ってるという嘘をつく〟

という最強の武器が加わりました。そんじょそこらの外道でも思いつかない技を、偶然とはいえ手に入れた事は、大きな自信につながりました。これでもう向かうところ敵なしです。

そしてこの間、再び中村静香さんと仕事で一緒になったので、この一連の流れを正直に伝えたところ、めちゃくちゃ怒られましたが、最後はこのコラムに書く事も含め、快く了承していただきました。下衆に理解のある事務所と、下衆に理解のある心優しいトップグラビアアイドル。大ファンになりました。このコラムが書籍化されたら、印税は全て中村さんに入るように手配しようと思います。

ただ、カナは未だに僕と中村静香さんが付き合っていると本気で思っています。それだけは中村さんにも流石に申し訳ないので、次カナに会った時には、ちゃんと「もう別れたよ」

って言おうと思ってます。「僕の方から振った」と言えば、「中村静香を振るほどの男」という事で、もう1回ぐらいヤらせてくれそうですが、そんな卑怯な嘘はもうつかないでおこうと思っています。

唯一の懸念は、万が一カナがこのコラムを読んで、詐欺罪で訴えてきたりしないか、それだけです。ただ、仮に裁判になったとしたら、日本一面白いヤリマン裁判になるかもしれませんね。

最後に、全国の同志達にこれだけは言いたい。童貞でも知恵を絞ればセックスできるんだ！　来月は淡い初恋の思い出でも書いて、しっかりとバランスを取ろうと思います。

[コラム] 煙だけでいい……あとはオレが火を起こす! ⑫

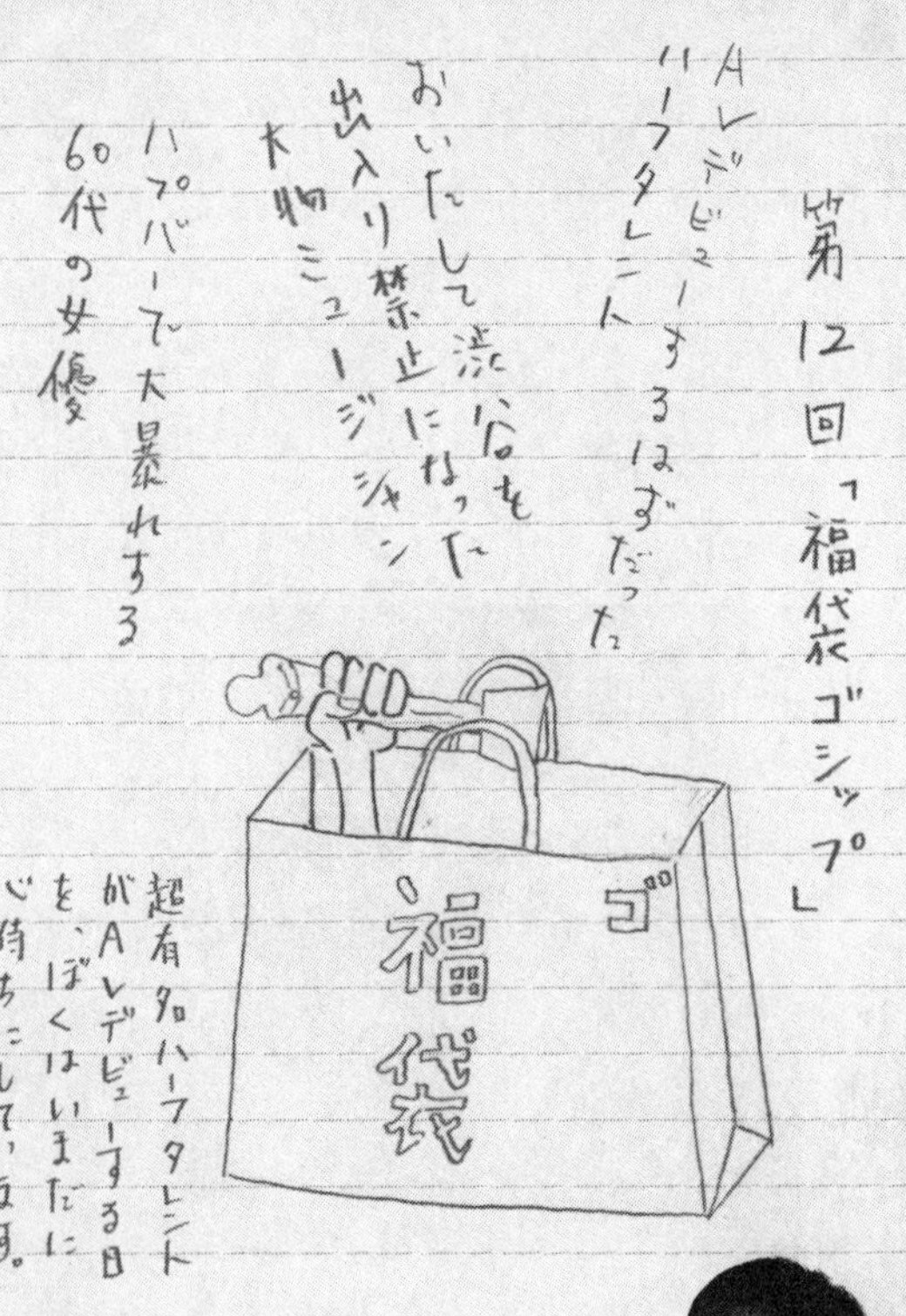

(p.280につづく)

憧れの入院性生活

'17.06.15
森田

皆様、先月の休載申し訳ありませんでした。事故による怪我のため、病院で死の淵を彷徨っておりました。このコラムを愛していただいている、ゲス中毒者の方々にご迷惑をおかけした事に、強烈な罪悪感を覚えている次第でございます。皆様のゲス不足を解消するべく、驚異の回復力で死の淵から帰ってまいりました。

さて、腰の骨を骨折し、車椅子での移動を余儀なくされていた入院生活。そんな不自由な入院生活において、男なら誰もが抱くであろう大いなる期待が、僕の頭の中を駆け巡ります。

「AVみたいな事ないかなー？」

そう、真っ当に生きてきた男なら誰もが抱かざるを得ないのが、AVのようなシチュエーションへの漠然とした憧れ。『変態ナースのご奉仕SEX』『エロ痴女ナース集団』『Fカップギャル女医の特別治療』。過去に観た数々の作品を思い返し、パンパンに膨らむ期待と股間。しかし、そんなパンパンに膨らんだ期待に針を刺すかのように、次から次へとお見舞いにやってくる芸人たち。芸人は、弱っている知り合いの芸人を見るのが大好きな生き物です。芸人が入院したという情報を聞きつけると、適当な見舞い品を買い、時間の許す限り病室ではしゃぎ倒します。

僕も1年ほど前に、ラブレターズの塚本という後輩が入院した際、ドン・キホーテのコスプレコーナーでナース服を買い、ベッドに横たわる塚本に無理矢理ナース服を着せ、きゃっきゃとはしゃいだのを覚えています。その空間にいる人間以外は何一つ面白くない地獄のノリ。案の定、本物のナース達が僕らに、これでもかというほど冷ややかな視線を浴びせてきていました。

そして、いざ自分が入院した時に痛感する、メリットよりも遥かに大きいデメリット。病院という健康になるための場所にもかかわらず、1カートンのタバコを差し入れするシソンヌのじろうさんにピリつくナース達。メイプル超合金のなつさんからの、少し癖のあるエロ本の差し入れにピリつくナース達。バイク川崎バイクが自転車雑誌の差し入れをするというややこしいボケにピリつくナース達。医療現場にもかかわらず、堂々とバンテリンの差し入れをする、ラフ・コントロールの森木さんとGO！皆川さんにピリつくナース達。そんなに仲良くもないのに、なぜかセットアップのスーツに、どでかい花束を持って現れたハライチの岩井さんに、「え？　こいつプロポーズしに来たん？」の目を向けるナース達。そしてとうとう、1年前に僕が買ってあげたナース服を持って、復讐にやってきたラブレターズ塚本。抵抗も虚しく、無理矢理ナース服を着せられる僕。それを見て、病院は違えど、あの日と寸分の狂いもなく冷ややかな視線を浴びせてくるナース達。そして日に日に増えていくエロ本とTENGAの差し入れ。窓際に並べられた大量のエロ本とTENGAを見て、「まるで家みたいですね」と突き放すように言われたのを今でも覚えています。

入院期間中、ひっきりなしにやってくる芸人達のせいで、ナースステーションの信頼を一気に失った僕は、入院3日目からは地獄のような生活を強いられることになりました。入院生活前半は、有名な芸人がお見舞いに来てくれると、それなりに色めき立っていたナースステーションも、後半には、どつき漫才でブレイク中のカミナリが来ようが、今やお茶の間の人気者のおかずクラブが来ようが、ピクリともしなくなりました。どんなに有名であろうが、こいつに関わってる奴では意地でもテンション上げないぞ、という強い意志が伝わってきました。

そんな状況の中、面会終了時間のギリギリにお見舞いに来たトレンディエンジェルのたかしさんが、夜勤担当のナースに言い放った最悪の一言。

「森田のこと宜しくお願いしますね。こいつも男なんで」

言葉の意味を瞬時に理解し、みるみる顔をしかめ、嫌悪感を露わにする夜勤担当ナース。苦笑いするしかない僕。その状況を楽しむかのようにヘラヘラ笑っている悪魔、たかし。首の皮一枚で繋ぎとめられていたAVチャンスが、完全になくなった瞬間でした。

このハゲほんま何しに来たん？

車椅子で轢き殺してやろうかと思うぐらいの怒りに震え、その夜はなかなか寝つけませんでした。

ナースへの希望を完全に失った僕は、次なる策に打って出るしかありませんでした。〝ナースがダメなら見舞い客だ！〟というスローガンを掲げ、目標を女性の見舞い客一点に絞り、勝負に出ることにしました。そこに現れた1人目の女性客が、ニッチェの近藤さんでした。近藤さんは、事故で服がボロボロになっただろうという事で、超お洒落アパレルメーカー、ユナイテッドアローズで、お洒落シャツ、お洒落ズボン、お洒落シューズを買ってきてくれました。普段から沢山美味しいものを食べさせてくれ、仕事のアドバイスもしてくれる、本当に優しい先輩。そんな優しい先輩に対して勝負に出る僕。

「近藤さんすいません、手コキだけしてもらっていいすか？」

「死ねっ!!」

怒りに震えながら病室を後にする近藤さん。流石に先輩に対してそんな事をお願いするのは失礼だったか、と思った矢先、今度は後輩のAマッソという女性コンビが現れました。彼女達とは知り合って8年ぐらいは経つ仲で、僕がご飯を奢ったり、仕事のアドバイスなどをしてあげてる可愛い後輩。そんな可愛い後輩に対して勝負に出る僕。

「ごめんお前ら、どっちでもええねんけど、ちょっと手コキだけしてもらっていい？」

「死ねっ!!」

先輩に中指を立てて病室を後にするAマッソの2人。芸人の世界って先輩の言う事には逆らったらあかんのちゃうかったっけ？という疑問を抱いていると、Aマッソよりも更に後輩の、おかずクラブがお見舞いにやってきました。しかも今度ある自分達の単独ライブのチケットを売りつけにくるという暴挙をかましてきましたが、仕方なく2枚買ってあげました。これ以上の失敗は許されません。普段よりも優しく丁寧に振る舞う僕。そして、少し気の強いゆいPは諦め、元ナースの経歴を持つオカリナ一点に絞り勝負に出る僕。

「オカリナ、チケット買ったったし、手コキだけしてもらってい い？」

「手袋つけてだったらいいですよ？」

というまさかの答え。変な条件付きとはいえ、さすがは元ナース。母性本能で溢れかえっています。しかし、オカリナの顔をよーく見て冷静さを取り戻す僕。

「まあ、冗談やけどな」

慌ててボケだったことにする僕。

「え？　本当にやりますよ？」

まっすぐな目で言ってくるオカリナ。

「うん、まあ冗談冗談」

キャンセルのボタンを連打する僕。

「え？　いいんですか？」

なぜか食い下がってくるオカリナ。

「やってあげなよオカリナ！」

全くいらない援護射撃をしてくる隣のデブ。

「いや、可愛い後輩にそんな事させられへんから」

実際は〝可愛くない〟からさせられないという、とんちが利いた台詞。行きすぎた性欲は時に、地獄の会話を生み出すことをこの時初めて知りました。

そんなこんなで、病院での性生活を完全に諦めた僕。そもそも個室でもない限り、そんな夢のようなシチュエーションなどあるわけがないし、もっと言えば、6人部屋の病室では、自慰行為ですら実行に移すのにはかなりの根性が必要なのです。病院での性生活に関して、達観したと言っても過言ではないと思っていた僕に、突如として、本当の地獄が襲ってきました。

「森田さん」

という声と共に、病室のカーテンが開くと、そこには一人の女性が立っていました。

ヤリマンやん！！！！！

そう、なんとそこには数ヶ月前に一度だけお世話になったヤリマンが立っていたのです。

え？　え？　どういう事？　なんでこんなとこにヤリマンがおんの？　もしかしてここの病

院が世界初のヤリマン治療みたいなん始めたんか？　僕はパニックになりながらも、なぜか手術を怖がる子供の病室に、伝説のメジャーリーガー、ベーブ・ルースがお見舞いに来て、「僕が明日の試合でホームランを打つから、君も手術を受けるんだ」と、子供を勇気づけたエピソードを思い出しました。もしや、病院での性処理を怖がる僕を、ヤリマンが勇気づけに来てくれたのか？　頭は打っていないながらも、なかなかのクソ推理を展開する僕に、ヤリマンがしっかりと事情を説明してきました。

「なんか○○さんから連絡があって、森田さんがここに入院してるから行ってあげてって言われたんです」

そう、僕が「結局病院でエロい事なんてどう足掻いてもできない」と愚痴をこぼしたことにより、それを聞いたとある芸人が僕のもとに送り込んだ史上最悪の見舞い品が、そのヤリマンなのです。

「病院ではエロい事できないから、あいつをムラムラだけさせて帰って。って言われました」

と言いながら、カバンからおもむろに自前のパンティーとブラジャーを出してくるヤリマン。僕をムラムラさせるためだけに持ってきた破壊力抜群の布。そう、前にこのコラムでも言った通り、基本的にヤリマンはいい奴なので、もちろんこういう時のノリも心得てるのです。目の前にこんなエロい女がいるのに、何もする事ができない強烈なジレンマ。そこに山があるのに登れない登山家のような気分。先ほどまで達観していた自分が嘘のように、その山を登りたくてウズウズする登山家。登頂とは言わないまでも、5合目ぐらいまでは登りたくなる登山家。そしてとうとう僕は、本気の小声でヤリマンに言いました。

「ごめんやけど、手コキだけしてくれへん？」

今までのそれとは全く熱量の違う、心の底からの魂の懇願。手コキは本当に5合目なのか？　8合目ぐらいじゃないか？という疑問はさておき、とにかく魂の懇願をする登山家。

「え？　流石に病室ではヤバくないですか？　他の患者さんもいるし、看護師さんもいつ入ってくるかわからないですよ？」

昼間のヤリマンは冷静でした。一言一句が正論でした。「この悪天候での登山は危険だ」と言われているような気持ちになりながらも、「流石に病室では」という言葉から伝わる〝手コキ自体は無理なわけではない〟というヤリマンの微妙な感情を、僕は見逃しませんでした。手コキ自体は嫌ではないが、病室での手コキは流石にバレる可能性がある。だったらバレる可能性が少ない場所なら良いのではないか？

僕の股間に、一筋の光が射しました。気がつくと僕はベッドから起き上がり、車椅子に飛び乗っていました。

「よし！　車椅子押して！」

「え？　どこ行くんですか？」

「ええからとりあえず押して！」

僕とヤリマンは病室から飛び出し、車椅子で院内を縦横無尽に走り回りました。誰にもバレずに手コキができる桃源郷を探す旅。まるでスピルバーグ監督の名作『E.T.』のラストシーンを彷彿とさせる車椅子での逃避行。僕のイチモツは、E.T.の人差し指ぐらい勃起していました。なんとかひと気の無い場所を探そうとするE.T.とヤリマン。トイレ、屋上、喫煙所、向かいのホーム、路地裏の窓、交差点、桜木町など、山崎まさよしさんが怒ってきそうな場所まで、必死に〝抜ける場所〟を探すE.T.とヤリマン。こんなとこで抜けるはずもないのに。突然の要求にもかかわらず、献身的に車椅子を押してくれるヤリマン。彼女こそが白衣の天使だと実感しながら、人差し指をギンギンにするE.T.。

しかし、どこを探してもひと気のない、抜けそうな場所は見つかりません。こんなに色んな設備が整った病院やったら〝抜き室〟みたいなとこあってもよくない？という、よくわからない思考回路になるE.T.。そして、終わりの時は突然やってきます。

「森田さん、私そろそろ帰らないといけないんですけど」

突然のエンディング。

「え？　ちょっと待って！　もっかい3階のトイレ見に行ってみぃひん？　逆に手術室とかの方が人おらんかも！」

必死に食い下がるE.T.。

「いえ、もう時間切れです。帰ります」

流れだすエンドロール。

「ワンモアタイム！　ワンモアチャンス！」

必死に駄々をこねるE.T.。

「は？　とにかく帰りますね。また退院して元気になったら遊びましょ」

そう言うと、ヤリマンはそそくさと帰っていきました。スピルバーグ作品とは思えないほどスッキリとしないエンディングに、僕は呆然と車椅子に座りつくしていました。こうして、僕の憧れの入院性生活は、大惨敗のうちに幕を閉じました。

退院後すぐに、僕は何かを取り返すべく、首にコルセットを巻いたまま、ナース系の風俗に行きました。そしたら、風俗嬢がナース服を忘れるという大失態を犯し、僕だけ患者のコスプレでプレイするというよくわからない時間を過ごすことになりました。

そして腰の骨折が完治するまで約2ヶ月。それまでは大量に残ったエロ本とTENGAを消費しようと思います。

第13回「職業病」

水泳選手の精子は
やっぱりプールの味

ネズミが主食の
ラグビー選手

ビーチバレー選手の
アソコから出てきた
大量の砂！

この頃、清原選手逮捕について
のっとくダネ！内のインタビューを
一般人として受けたのを覚えて
います。そういうのを感知する
ゴシッパーとしての職業病です。

(p.296につづく)

煙

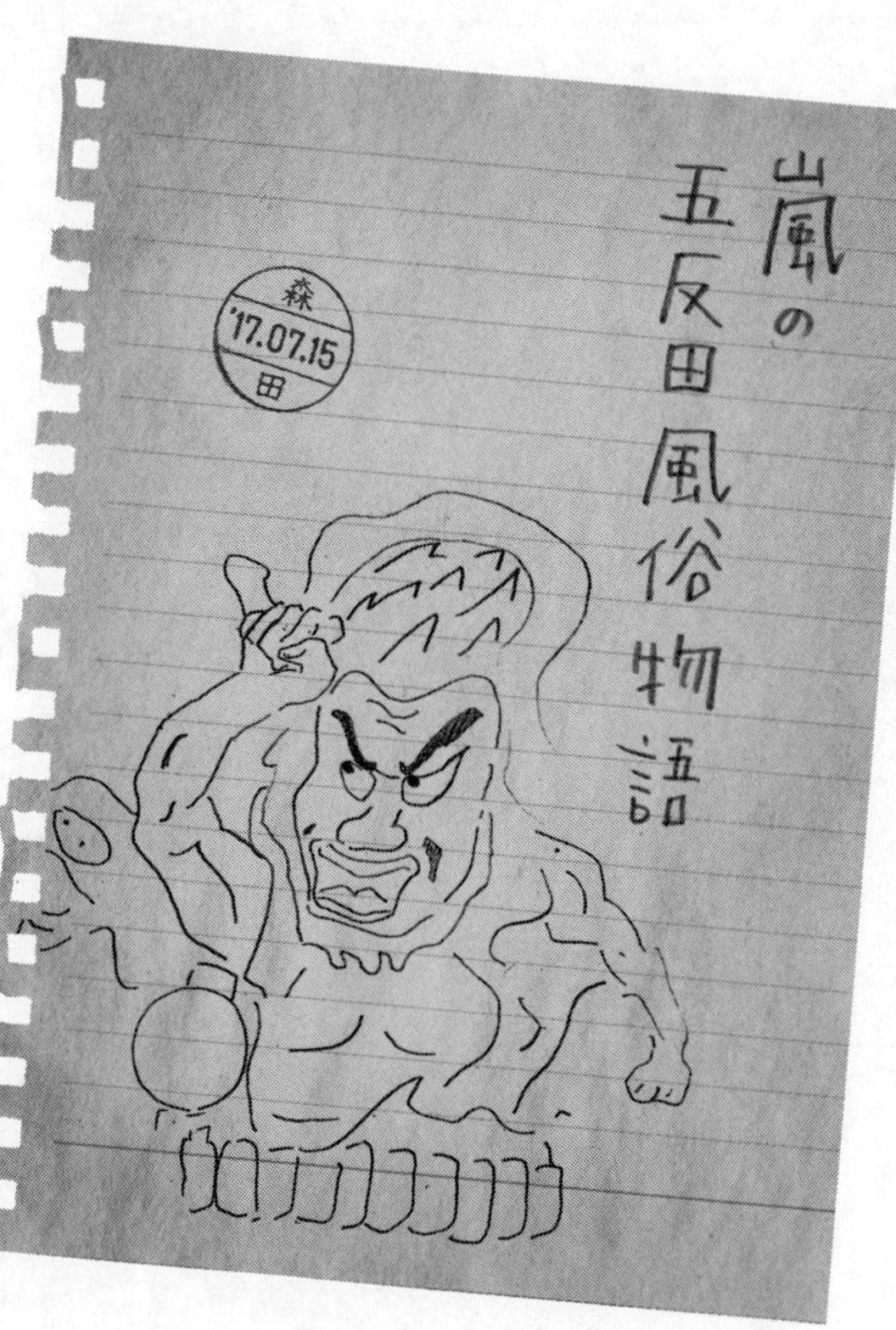
嵐の
五反田風俗物語
森
'17.07.15
田

事故による怪我も徐々に回復の兆しを見せ、お見舞いで頂いたTENGAも残り僅かとなった今日この頃。仕事で一緒になった関係者の方々に、「クソコラム読んでますよ」と声をかけていただく機会も増えてきました。そんな中、AKB48の峯岸みなみさんに、

「なぜかAKB内でも森田さんのコラムを読んでる子が何人かいますよ」

という衝撃的事実を告げられました。マジか？　国民的アイドルグループの中にこの下衆コラムを読んでる子が実在すんの？　もしかしてこの前の総選挙で結婚発表したあの子も、おれのコラムに影響されてああいう決断したんかな？　その後に〝FU○K〟て帽子かぶってた子なんて絶対読んでるよな？　読んでないとそんな帽子かぶらんよな？　やばっ！　なんか知らんけど勃起してきた！　〝めでてえ野郎〟とは、僕みたいな人間の事を言うのでしょう。そんな30オーバーのめでてえ野郎が勃起してる間に発表された「キングオブコント2017」開催のニュース。キングオブコントといえば、昨年は2回戦で落ちてしまい、このコラムの読者の方なら、1年ほど前のブス専門風俗店での死闘を生々しく描いた「戒めパンティー」の回を思い出していただけるのではないでしょうか。

しかし今思えば、あの日こそが〝戒め〟だったのではないかという出来事が、今から3年前の「キングオブコント2014」の当日に起こっていたのです。

東京に超大型の台風が直撃した決勝の夜、台風が日本列島に残した傷跡よりも深い傷を負

う事になるとは、その時はまだ知る由もありませんでした。

その年、我々は無事に3年連続の決勝進出を果たし、3度目の正直と言わんばかりに、今年こそ優勝と、いつにも増して意気込んでいました。

しかし結果は大敗。

優勝は今や単独ライブがえげつない動員数を誇るシソンヌさん。力の差を見せつけられながらも、悔しさで溢れかえる僕。優勝賞金の1000万円で、まことしやかに囁かれる芸能界デリヘルの実態を調査する、という夢は儚くも崩れ落ち、毎年の如くウーロン茶でクダを巻く、見慣れた打ち上げ風景。ふと隣を見ると、何十回もため息をつく男が一人。巨匠というコンビのボケ担当、岡野陽一。岡野はギャンブル狂で、知人や友人から総額約800万円ほど借金をしている、若手芸人随一のクズです。パチンコ、競馬、競艇など、まるで全盛期の小室哲哉のシンセサイザーの演奏を彷彿とさせるかのように、あらゆるギャンブルに手を出すクズ。7のつく日は一切連絡が取れなくなるクズ中のクズ。この大会で優勝して借金を全額返済しようと目論んでいたどうしようもない男。

巨匠は、いかにも岡野と言うべき「パチンコ玉を新聞紙で包み、そこに水をかけてクズを作る」というクレイジーなネタで決勝に進出し、初進出ながらも優勝候補の一角として名前を挙げられていました。しかし、そんな巨匠も優勝したシソンヌさんと1回戦で当たり敗退。

ちなみにもしそこで勝ったら、2本目は「なぜか毎週金曜日の午前中に口から7千円を吐くおじさん」というネタをするつもりだったらしいです。そんなクレイジーなネタをゴールデンタイムで2本もやらせてもらえる筈はありません。「また明日から底辺の生活ですよ……」。ここぞとばかりにタダ酒を煽りながら、ため息交じりにつぶやく岡野。そんな岡野を横目に、僕は僕で大会前から決めていたことがありました。

「優勝しようがしまいが、絶対に決勝終わりで風俗に行く」

賞レースの前のプレッシャーやストレスは、出産の時のそれとほぼ一緒だと言われています。優勝するためのネタを仕上げるべく、連日連夜稽古に励み、決勝当日まで睡眠不足と闘う日々を過ごしてきた人間の脳は、風俗に行くという思考になるように作られているのです。数年前に行った「人体の不思議展」でも、そんな事が書いてあったような気がします。そして、同じテーブルで飲んでいた、ほぼ初対面の構成作家さん2人に、なぜかこの後の自分の決意を打ち明けました。

「僕この打ち上げが終わったら風俗行くんです。これは決勝前から決めてたんです。賞レースと出産ってね……」

何を聞かされてるんだという顔をする作家2人。しかし、酒が進みムラムラしてきたのか、最後は2人とも、「しょうがないから僕らも森田さんに付き合いますわ」という謎の絆が生まれ、なぜか一緒に行く事になりました。

そして打ち上げが終わった深夜2時頃。店の外ではスタッフさんが、タクチケを持って出演者の送り出しをしてくれていました。スタッフさんの「森田さん、方面どちらですか?」の問いに、

「五反田です!」

都内屈指の歓楽街の地名を、食い気味に大声で答える僕。後ろに作家2人を従えているものの、『ろくでなしBLUES』の小兵二軍団感は否めません。3人のそのまっすぐな瞳に、何かただならぬ決意を感じとるスタッフ。

遠くに見えるシソンヌさんに向かって、バレないように中指を立てる3人。溢れ出る小兵二軍団感。タクチケという名の風俗パスポートを受け取り、タクシーに乗り込む小兵二軍団。すると、借金800万円男岡野が、僕に声をかけてきました。「森田さん、どこまで行くんですか?」愚問とばかりに大声で答える小兵二。「五反田や! こんな日は五反田行くしかあれへん! 今日五反田行かん奴はアホや!」絶対にそんなわけありません。こんな台風の深夜2時に五反田へ行く奴の方がアホです。「マジすか!?」少しうろたえる岡野。「お前どうすんねん?」の問いに対して、少し間をとり、「僕も乗せてください!」と答える岡野。こいつの借金が膨らむ理由がわかったような気がしました。兎にも角にも、小兵二軍団に写真

部の中島を加えた地獄のタクシーが、凄まじい台風の中、アホがいる街、五反田へと走り出しました。「岡野、お前の家って高円寺の方ちゃうかったっけ？　帰り大丈夫なん？」少しだけ心配する僕。「タクシー乗り込む前に、もう1枚タクチケくすねてきたんでそれで帰れます！」

100点のクズ、岡野。

つい数分前まで、死んだも同然のような顔で飲んでいた奴らが、今はハワイ旅行に行くかのようなテンションで盛り上がる車内。「皆さん何系の店がいいですか？」現地のコーディネーターのようなスタンスで、みんなの要望を聞く僕。「僕はなんでもいいっすよ！　向こう着いてから無料案内所で決めるのもありですしね！」もはやアロハシャツにサングラス、首からはレイをぶら下げてるかのようなテンションの作家A。「僕今日2本目でお金吐くネタやるつもりやったんで、金ならたんまりあります！　けどほんまは絶対に使ったらダメな金なんですけどね！　ガハハハハハ！」組の金を持ち逃げしてハワイへ高飛びする奴にしか見えない岡野。「実は僕、人生初風俗なんです。めっちゃドキドキしてます」。なぜこのタイミングで風俗童貞を捨てようと思ったのか全くわからない作家B。「なんならタクチケやし、横浜のソープ街まで行ってもいいですけどね？」

120点のクズ、岡野。

　そうこうしてるうちにタクシーは五反田に到着。そこで僕らは、台風の影響がこんなにも凄まじいものなのかという事実を、まざまざと見せつけられました。人っ子一人いない五反田の街。風俗の無料案内所も全て閉まっています。急に焦り出す4人。ネットで調べた店にしらみつぶしに電話するものの、どの店もこの台風の影響で、全くと言っていいほど女の子が出勤していませんでした。五反田まで来ておいて、急に風俗迷子になる4人。コーディネーターに向けられる「おい、どうなってんだ?」の視線。「もしもし、今から4人なんですけど。……そーですか、わかりました」。同じ会話が何回も続く。時刻はすでに午前3時を回ったところ。全員の心の中に生まれる、「え? 何この夜?」という絶望的感情。そんな中、人生初風俗と言っていた作家Bが口を開きます。「あのー、もしあれだったら僕行かなくても大丈夫ですよ? 3人だったらいける店もあるんですよね? だったら3人で行ってきてもらっても……」「ちょっと黙っといてください!!」苛立ちを隠せず、ほぼ初対面の作家に声を荒らげる僕。「そういうネガティブな発言やめましょ? せっかくここまで来たんだし、みんなで行きましょうよ。腐っても五反田ですよ? 絶対4人いける店見つかりますって」。なんの根拠もないくせに、大人な対応で作家Bを諭す作家A。「キャバクラ開いてないっすかね? キャバ嬢にまとまった金渡したら抜いてくれたりしないっすかね?」

　どこまでもクズな岡野。

全員のベクトルがバラバラになりかけたその時、1時間後ならなんとか女の子を4人用意できるという店が見つかりました。鉛色のハワイの空に、雲の隙間からようやく太陽が顔を出しました。歓喜に沸く4人。やっと見つけたヌーディストビーチ。さっきまでのギスギスした空気は消え失せ、近くのファミレスで談笑しながら時間を潰す4人。全員でLINEを交換し、いつか一緒に仕事したいっすね的な、当たり障りのない会話を繰り広げる4人。しかし、談笑しながらも全員の頭の中に、一抹の不安がよぎります。4分の4が当たりなんてことはまずあり得ない。しかもこんな台風の夜に来られる4人。一体4分のなんぼや？

不安を抱える僕達の元にお店から連絡が入ります。

「5分おきぐらいに女の子が1人ずつホテルに到着する予定です」

つまり、僕達4人も5分おきにホテルにチェックインし、お店に電話で部屋番号を伝えたら、女の子が1人ずつ部屋にやってくるというシステム。

そう、ここからが重要なのです。ホテルに入る順番によって、どの女の子になるかが決まってくるのです。しかもホテル前でスタンバッていれば、1番目に入った男に対してどんな女の子が来るかを、2番目以降の男達は先に見ることができるのです。犯人を先に知るパターンの、いわゆる古畑任三郎システム。

僕達は1人目の女の子が到着するであろう時刻の5分前にホテルの前に移動し、順番を決めるじゃんけんをしました。正直何番目に入ろうが、運以外の何ものでもない。しかし、せっかくなら古畑任三郎システムを堪能したい。せめて1番目だけは絶対に避けたい。全員がそういう思いで、人生で一番気合いの入ったじゃんけんを繰り広げました。「じゃんけんホイ！！！！！」「うわぁぁーーーーーーー！！！！」

早々と一抜けで負ける岡野。「そんな〜」。まるで今泉くんのような情けなさを醸し出す岡野。そんなこんなで、

1番目　岡野
2番目　作家A
3番目　作家B
4番目　森田

となりました。血で血を洗う死闘じゃんけんは、とりあえず僕にとって最高の結果になりました。そして、すぐに1人目の岡野が入る時間が来ました。「終わったらそこのデニーズ集合で！」という約束を交わすクズ集団。いよいよ、クズ集団vs風俗店の団体戦の幕が上がりました。

勇ましい表情でホテルへ入っていく、先鋒岡野。ホテルの前でくるっとこちらを振り返り、無言で謎の敬礼をこちらにしてくる岡野。無言で謎の敬礼を返す僕達。そう、本当の戦場は

ここからなのです。そして、岡野がホテルに入り数分が経過したのち、一台の車がホテルの前に停まりました。「来た!!」後部座席のドアが開くのを、固唾を呑んで見守る僕達3人。そんな僕達の目に、とんでもない光景が飛び込んできました。

「ターちゃんの嫁やん！　ジャングルの王者ターちゃんの嫁そっくりやん！」

そう、昔ジャンプで連載していた大人気漫画『ジャングルの王者ターちゃん』に出てくる、ターちゃんの嫁の金髪肥満体女、チェーンそっくりの女性が、僕達の目の前を通り過ぎ、ホテルに入っていったのです。嘘やろ？　なあ？　嘘やんな？　ホテル代も含めたら2万5千円ぐらい払ってんねんで？　2万5千円払ってターちゃんの嫁？　そんな事あり得んの？　自分達の容姿は棚に上げ、もはやパニック状態の3人。「けどまだわからんよな？　あれが岡野の相手って決まったわけじゃないもんな？」僅かな望みに賭ける3人。すると、僕のスマホに岡野からLINEが。

「ターちゃんの嫁みたいなのが来ました！　最悪です！」

奇跡のシンクロニシティ。ターちゃんを読んでた奴なら〝ターちゃんの嫁〟と形容するしかないほどの〝ターちゃんの嫁〟感を出しているその女性。僕は震える手で、「グッドラック！」と返信するしかありませんでした。「ほぼ無言で淡々と準備してます！　愛想もクソもないです！」

恐らく震える手で続報を伝えてくる岡野。

先鋒岡野敗北。同胞の敗戦の報せに半泣き状態になる3人。「1番目じゃなくて本当に良かった」。一応は危機を回避したものの、〝明日は我が身〟という言葉が3人の頭の中を駆け巡ります。「それにしても、先鋒からどえらい選手をぶつけてくる店やな」。相手の強さに、ふんどしを締め直す弱小クズ集団。そして、〝5分後は我が身〟と言わんばかりに、みるみる表情をこわばらせる2番手の作家A。覚悟を決めたのか、両手で自らの頬を叩きホテルの中へ消えていく、次鋒作家A。孤独な格闘家のリングイン。そして停まる一台の車。中から出てきた女性に、またも目を疑う僕と作家B。

「でかっ！　とりあえずめっちゃでかい！　それはまあ別に良いとして、そもそもノーメイクやん！　プロとして絶対おかしいやん！　ほんでなんやこの無機質な感じ！　色白ではあるものの、ノーメイクゆえに色気とか妖艶さとか皆無やん！」

何に例えればいいか全くわかりませんが、とにかく当たりではない事だけは確実な女性。テンパっているせいなのか、〝こんな時間に来てくれるだけでも有り難い〟なんて考えは微塵もないクズ。「けどまだわからんよな？　あれが作家Aの相手って決まったわけじゃないもんな？」ほぼ決まりではありましたが、一応僅かな望みに賭けるクズ2人。

すると、僕のスマホに作家AからＬＩＮＥが。

「ガンダムみたいなのが来ました！」

「それーーー!! 間違いなくそれーー!!」

作家Aの秀逸な例えに感嘆する僕と作家B。

次鋒作家A敗北。

「2番目じゃなくて本当に良かった」と、またも危機を回避しながらも、隣から放たれる独特の気配を瞬時に察知する僕。恐る恐る隣を見ると、人生初風俗である作家Bが、絶望に打ちひしがれていました。「え？ 風俗ってこんな感じなんですか？ なんで一生懸命働いて稼いだお金を、こんな事に使うんですか？」子供のような瞳で僕に問いかけてくる作家B。

「いや、今日はほんまに違うんすよ！ 台風の影響さえなかったら、本来もっと良い子が来る筈なんですよ！」と、五反田風俗界を代表して必死に弁解するも、作家Bのテンションは下落の一途を辿ります。「だから行きたくなかったんですよ……」と言い残しホテルに入っていく、中堅作家B。え？ 行きたくなかったは嘘やん？ もう事実捻じ曲げだしてるやん？ まるで身投げをするかの如く、足にロープで重りをくりつけ、夜のヌーディストビーチの海の中へ、ぶつぶつ言いながら入っていく作家B。程なくして停まる車。ラウンドワンで着られるボーリングのピンの着ぐるみを着たようなフォルムのギャルが、後部座席から出てきました。前の2人と遜色のない、相変わらずのクオリティ。

「とにかく店側の大喜利が強すぎる」。恐怖におののく僕。もはやＬＩＮＥすら送ってこない作家Ｂ。中堅作家Ｂ敗北。

そしてとうとう、僕の番が回ってきました。部屋に入り、店に部屋番号を告げ、ベッドに腰掛けながら、死んでいった同胞達の事を想う僕。あいつらの仇を取れるのはオレしかいねえ！　頼む！　頼む！　頼む！　ええの来てくれ！　頼む！　部屋のドアをノックする音。正月の『芸能人格付けチェック』の扉を開く時のような緊張感。ＧＡＣＫＴいろ！　ＧＡＣＫＴいろ！　ＧＡＣＫＴいろ！　格付けに出た数々の芸能人が、ドアを開ける前にそう祈ってきたように、心の底からＧＡＣＫＴクラスがいる事を祈る僕。ガチャ。

うわーーー！　梅宮辰夫かーーーー！

そう、一流芸能人ではあるものの、いつもことごとく2択を間違い、だいたい最後には三流芸能人の烙印を押される梅宮辰夫。「えー、梅宮さんいるじゃーん」のテンションの僕。訝しげに僕を見る梅宮さん。梅宮さんは、青森のねぶた祭りの山車に描かれている絵のような、一個一個のパーツに迫力がある感じの方でした。しかも梅宮さんは、標準のサービスをほとんどサボり、とにかく抜きだけに徹したお座なりなプレイをかましてきました。プロ意識のかけらもないそのスタンスにイラつきながらも、なんだかんだ射精するクズ。大将森田敗北。

全てが終わり、みんなの待つデニーズに向かうべく、梅宮さんと共にホテルを出る僕。デニーズに着いたら絶対に3人から、どんな子に当たったかを聞かれるに違いありません。聞かれたらなんて言おかな？　正直にハズレだったと言うべきか、嘘ついてオレは当たりだったと言うべきか？　悩みながらホテルを出ると、デニーズ集合と言ったにもかかわらず、ホテルの前で報道陣のように立って待っている3人がいました。え？　嘘やん？　デニーズ集合って言ったやん？　なんでおるん？

彼らは、僕だけが全員の女性を見られた事の優越感を少しでも薄くするべく、僕の女性も見てやるんだという事で、ホテルの前で待っていたのです。間違いなく一番最初にホテルを出たであろう岡野発案の出待ち。「傷を負ったのは自分だけじゃないんだと思いたい」。その一心で、ホテル街のど真ん中で僕を待ち続けていた報道陣3人。僕は3人の執念に思わず笑ってしまい、見栄を張ることを諦め、「そうやねん、ねぶたやねん」の顔をしながら3人に近づきました。

すると岡野が開口一番、「森田さんの女の子めっちゃ可愛いじゃないっすか!!」え？　岡野？　よう見て？　ねぶたやで？　梅宮やで？「森田さんだけ当たりかよー。オレもじゃんけん勝ってればなー」。完全に何かが麻痺している岡野。そして、岡野より冷静ではあるものの、打ち上げで僕と一緒のテーブルになったことを心の底から呪っている作家Aと作家B。

彼らとは、あれから今日まで、一度もなんの仕事でも会った事はありません。

0勝4敗の団体戦。

0泊4日の地獄のハワイ旅行。

そして忘れてはいけないのが、絶対に僕らも向こうにそう思われているという悲しき事実。そう、はじめからこの戦いに勝者などいなかったのです。戦争という行為がいかに不毛なものかを、あらためて痛感しました。

結局、デニーズにも寄らず、そのまま散り散りに帰った僕達4人。台風の影響で、五反田に出勤してた女性がほとんどいなかった事により起こった悲劇。しかし、こんな悪条件の中でも、優勝したシソンヌさんなら、絶対に極上の嬢を引き当てていたんじゃないかという、よくわからない結論で眠りにつきました。

〝優勝せぬ者、女抱くべからず〟

今年なんとしてでも優勝し、このクソみたいなことわざを立証しようと思います。そして、今年からの大幅なルール改正により、過去の決勝進出者は2回戦が免除され、準々決勝からの参加になったので、

〝バースからもらったパンティーを2回戦で穿いてネタをする〟

という一大イベントができなくなった事を、ここにお詫び申し上げます。

[コラム]煙だけでいい……あとはオレが火を起こす!⑭

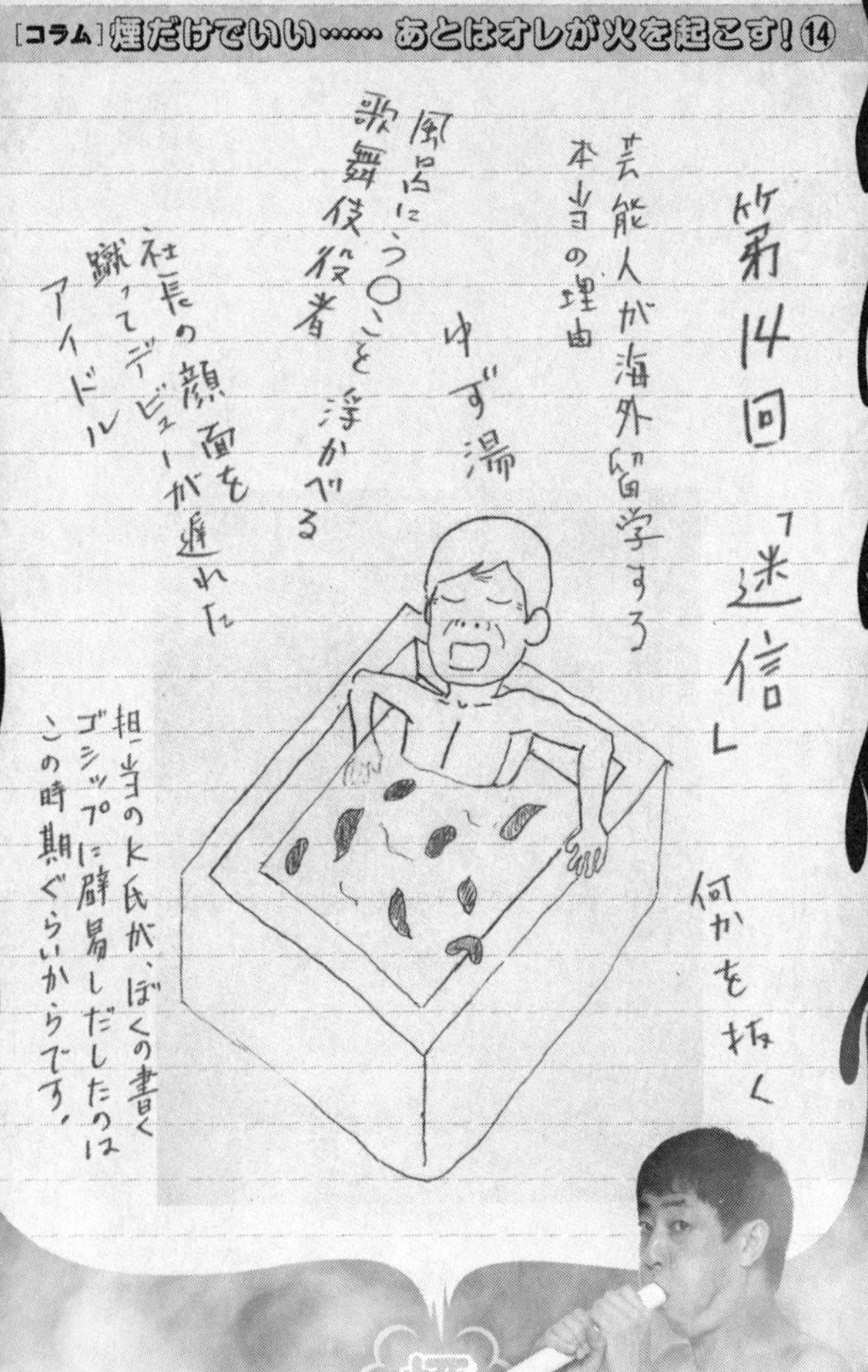

(p.308につづく)

ちょいちょい
テレビに出てる
芸人達の
壮絶なる
性の現場

森
'17.09.15
田

意外と短かった2017年の夏。僕はと言えば、特に夏らしい事もできず、日々どこかにエロい案件はないかと、都内を闇雲に走り回り、足が疲れてくると適当な風俗に飛び込み、そこであった事をコラムに書く毎日。「俺の職業って風俗ライターやったっけ？」と、自分を見失った時期もありました。

そんな中、久々に芸人としての結果を出すことができました。先日行われた『キングオブコント2017』の準決勝を無事通過し、2年ぶりに決勝進出を果たす事ができたのです。

思い返せば、昨年のキングオブコントを2回戦で落ちたところから始まったと言っても過言ではない風俗ライターへの道。ここのコラムでも度々登場した鶯谷のブス専門風俗店の〝バース〟というイカれた源氏名の風俗嬢。そのバースからいただいたパンティーを、1年間、御守りとしてカバンの中に忍ばせ、2017年の2回戦でそのパンティーを穿きながらネタをすると意気込んだものの、突然のルール改正により、過去に一度でも決勝に行ったことのあるコンビは2回戦が免除され、今年から新たに設けられた準々決勝からの参戦になってしまいました。2回戦が免除され、行き場を失ってしまったパンティーでしたが、このまま去年の清算をしないわけにはいきません。このまま何事もなかったかのように大会を終え、ここの読者全員をガッカリさせる事だけは避けたかったのです。焦りが募る中、僕は大会規定のちょっとしたほころびに気づきました。幸運なことにルール改正はされたものの、

〝準々決勝で、風俗嬢からもらったパンティーを穿いてネタをすることは一切禁止していま
す〟の文字はどこにも見当たりません。僕は準々決勝でバースのパンティーを穿いてネタをすることに決めました。ルール改正の盲点を巧みに利用した離れ業。

相方の目を盗んでパンティーを装着する僕。穿いた瞬間、全身を駆け巡るバースの不思議なパワー。いつもよりも通る声。いつもよりも面白い顔。いつもよりも入っている客席。

結果、めちゃくちゃウケました。昨年の2回戦の60倍ぐらいウケました。「なんでこんなウケたんやろ？」の顔をしてる相方をよそに、僕の心の中はバースへの感謝で溢れ返っていました。同時に込み上げてくる熱い想い。

俺は風俗ライターなんかじゃない！　俺の職業は芸人なんだ！

奇しくもそう思わせてくれたのは、風俗嬢だったのです。ネタが終わった直後、どこからともなく聞こえてくるバースの声。「もう二度とこんなとこ（ブス専門風俗店）に戻ってくるんじゃないぞ」「はい。お世話になりました。これからは芸人として一から精進します」。出所する瞬間の看守と受刑者のような会話を舞台袖で交わしたような気がしました。このまま決勝まで突っ走って優勝してやる！　そう誓った夜でした。

そんな中、この前行った風俗でちょっとした事件が起こりました。完璧なフリ。冒頭から

約1000文字をフリに使った、「結局風俗ライターやないかえ!」への美しすぎる着地。つい口に出した方もおられたことでしょう。約3年やってきた集大成を見せつけつつも、お叱りの言葉が怖いので、早々と本題に移ります。

そう、今回も結局風俗ライターなんです。しかし、普通にスケベな雑誌などで風俗ライターをやっている方と、『ダ・ヴィンチ』という偉大な媒体で風俗ライターをやっている僕との圧倒的な違いは何か? それは僕が、ちょいちょいテレビに出てる、という事です。頻繁に出てるわけではないが、全く出てないわけではない。〝ちょいちょい出てる〟のです。そんな〝ちょいちょい出てる〟からこそ起こった事件を今回はレポートしようと思います。

その日僕は、3年ほど先輩の親友、BKBことバイク川崎バイクさんと五反田で飲んでいました。自然と童貞トークに花を咲かせる僕達。色んな妄想を繰り広げているうちに、当然ムラムラしてくる僕達。もはや当たり前のように風俗に行く流れになり、すぐさま店を決め、「終わったらホテルの向かいのコンビニの前で待ち合わせで!」とだけ約束し、ホテルにチェックインし、女の子の到着を待っていました。

ほどなくして、女の子が到着しました。〝ひとみ〟という名前の30代前半ぐらいに見える明るくてスレンダーな女性。挨拶を済ませ、軽いアイドリングトークが始まりました。「お兄さん、誰かに似てるよねー?」「さんまさんですか?」「それも似てるんだけど違う」「ロ

「原口さん？」「それもちょっと似てるけど、じゃなくてあの人、誰だっけな？」「久本さんですか？」「あっ！　確かにめっちゃ似てる！」いつもはだいたいこの辺で終わるアイドリングトークですが、今日の風俗嬢は食い下がってきます。「誰だっけなー？」「長渕剛？」「違う！」「似てるー!!　けど違う！」「柳沢慎吾？」「違う！」「違う！」ムード作りもクソもない、謎のクイズの時間。少しイライラしながらも、僕の頭の中に、もしかして？という1つの疑問が浮かびました。「若手の芸人さんでさー」。ほら。「M－1かなんか出てた人」。やっぱり。「なんかちょいちょいテレビ出てるじゃん？」勇気出して言ってみるか。「もしかして……さらば青春の光？」「そう!!　そうそうそうそう!!」かなり意外でした。ちょいちょいテレビに出てるといっても、ほとんどが深夜番組。たまに街などで声をかけていただく事はあっても、深夜が主戦場の風俗嬢が僕らのコンビ名を知っているなんて事は滅多にないのです。「むちゃくちゃ似てるよね！」嬉々として言ってくる風俗嬢。「そうですか？　まあたまに言われますかね？」なぜかそっくりさんのスタンスで返す僕。「むっちゃ似てるよ！　本人だって言われても信じちゃうレベルだよ！」屈託のない笑顔と明るさで凄く好感が持てる子です。「そんなに似てますかね？」なぜかまだそっくりさんのスタンスで変な優越感に浸る僕。「合コンとかで本人だって言ったら絶対信じるよ！　今度試してみなよ！」うん、確かにいつもみんな信じてくれてる。「お笑い好きなんですか？」シンプルな質問を投げかけてみました。「お笑いは好きだねー。ていうかテレビは結構観るよ！」「だからそういう若手芸人とかも知ってるんですね？」「うん、あの人達ちょいちょい出てるじゃん」

大好きな職種の人に認知されてるという喜び。それだけで股間が熱くなります。調子に乗った僕は少し怖いですが、勇気を出して更に聞いてみることにしました。

「僕そこまで知らないんですが、あの人達って面白いんですか？」

緊張の一瞬。「まあまあ面白いよ」。ふうー。ちょうど勃起しそうな絶妙に良い具合の評価。「めっちゃ面白い」の方が勃起するんじゃないの？と思う方もいるかもしれませんが、実は芸人は風俗嬢からの「まあまあ面白い」が一番勃起するのです。

そこそこ長めのアイドリングトークを終え、僕らは服を脱ぎシャワーへ向かいました。お風呂場でも会話は弾みます。僕の体を洗いながら、ひとみ嬢がサービストークをしてくれます。「ちょくちょく芸能人も来るけどねー」「え？　過去に誰を相手したんですか？」ゴシップをもらおうとする僕。「××っていうグループの○○とか相手したことあるよ」「え!?　あの歌って踊れて女性達から絶大なる人気を誇るグループのリーダーが!?」ビッグゴシップGET!!　「そう、びっくりしちゃった！　なかなかのMだったよ！」「そうなんや!?　○○ってMなんや!?」と僕がリアクションしたその瞬間、ひとみ嬢が僕のイチモツを右手でグッと掴み、「○○よりはデカイね」と言ってきました。「マジすか⁉ よっしゃー‼」

僕のイチモツも別に大した大きさではないですが、その瞬間僕の中で○○への劣等感は一切なくなりました。それと同時に「こんな簡単に風俗来たこと暴露されんのかい」というジレンマもありましたが、良いゴシップを貰ってホクホクの僕は、上機嫌で引き続きお風呂場での会話を楽しみました。話題は最近のコスメ事情に。乾燥肌で悩んでたけど最近良いアロマオイルを見つけたみたいな話を楽しそうに喋るひとみ嬢。しかし、アロマの話の途中、急にひとみ嬢が言いました。

「え？ ちょっと待って？ まだ似てんだけど？」

え？

「いや、さらば青春の光の人に。まだ似てんだけど？」

まだ？

「いつも会った瞬間、だれだれに似てるなあとか思うことあるけど、だいたいシャワーの頃には似てなくなってんのよ。でも今日はまだ似てる」

独特の持論を展開するひとみ嬢。「そんなに似てます？」もう引くに引けなくなり、俄然そっくりさんスタンスで挑む僕。「原口さんとか久本さんはよく言われますけど、さらば青春の光に似てるは、あんまり言われないですよ？」至極当たり前のことを言う僕。「めっちゃ似てるよ！　それこそ風俗とかでも本人って言ってみな？　絶対バレないから！」まさに今の僕に言ってきてるような発言。「けど、風俗で『オレさらば青春の光やねん』とか言ったら本人に失礼じゃないですか？　実際は風俗なんて行ってないのに、よく行ってるみたいな噂立ったらかわいそうじゃないですか？」自分で自分を守る僕。「でもあの人ちょっと行ってそうじゃん？」

そうなんかい！　オレそんなイメージなんかい！　ほんでその予想めちゃめちゃ当たってんねん！「そんな風に見えないですけどねー？」精一杯の抵抗。「見えるよ！　なんかドSっぽいし！」そこの予想は外すんかい。

シャワーを終え、いよいよベッドでプレイが始まりました。その店はどっちかというとM寄りの人のための店なので、僕はベッドに大の字になり、ひとみ嬢の攻めの技術を存分に味わうことにしました。僕の首筋の方からゆっくりと舌を這わせるひとみ嬢。そのファーストタッチだけでなかなかの手練れだという事は伝わってきます。適度に僕を焦らしながら、ひとみ嬢は徐々に徐々に下の方に下りていきます。舌と同時に指でも僕の体を刺激してくるひとみ嬢。僕の興奮はマックスに達しようとしていました。そしてとうとう、ギンギンになった僕のイチモツに到達しようかというその瞬間、ひとみ嬢が急に口を開きました。

「え？　まだ似てんだけど？」

もうええって!!　今一番興奮してたとこやねん!!「いや、こんなことないよ?　だってずっと似てるんだもん!　もう会ってかれこれ30分は過ぎてるんだよ?　それでもずっと似てるの!」僕のイチモツを触りながら、懸命に訴えかけてくるひとみ嬢。「あの、ごめん。ちょっとプレイに集中してくれへん?　そんなチンコ触られながら『似てるもん!』とか言われる状況なかなかないから!」我慢できず、チクっと注意する僕。「あははは!　そうだよね!　ごめんね!」明るくて良い子ではあります。プレイを再開し、僕のイチモツを攻めるひとみ嬢。口技、指技共にかなりのレベルの高さを見せつけてくるひとみ嬢。僕のイチモツを舌で転がしながら、それに更にプラスして上目遣いでこちらを見てくるという、男が大好きなスタイルも心得ている徹底ぶり。上目遣いのひとみ嬢に、「むちゃくちゃ気持ち良いですよ〜」の顔を向ける僕。バッチリと目が合う2人。

「やっぱまだ似てる」。だからもうええって!!　なんやねんマジで!!　そして、ひとみ嬢がとうとう一つの答えに到達しました。「え?　待って?　もしかして本人?」恐る恐る聞いてくるひとみ嬢。「え……?」僕が少し戸惑っていると、「えー!　ほんとごめーん!　絶対そうだよねー?　だってずっと似てるもん!」僕はこのまま行くとせっかくのプレイが台無しになると思い、「違いますよ。僕ただのサラリーマンですから」と、嘘をつきました。「えー?　ほんとー?　本人でしょ?」「違いますって。本人なわけないでしょ?　あの人確か大阪在住ですよ」。「そうなの？　そっか。なんかごめん」。「そんなに気になるんやったら電気消しましょ。そしたら似てるとか気にならんと思うし」。苦肉の策でなんとかひとみ嬢を説得し、電気を消してプレイに戻る僕達。

しかし、電気を消したことで更に五感が研ぎ澄まされ、やっとプレイに集中できたと思った矢先の事でした。さっきまであれほどの高いレベルを誇っていたひとみ嬢の技術のレベルが、先ほどまでとは比べものにならないぐらい低下しているのです。指と口の動きのバランスは崩れ、イチモツを握った手を動かすリズムも悪い。

めちゃめちゃ気になってるやん!!　プレイに集中できず、本人かどうかだけがただただ気になっているひとみ嬢。心ここに在らずとはまさにこの事。そして暗闇に目が慣れ始め、お互いまた目が合いました。「似てるよ？」「集中せえて！」「だって絶対本人だもん！　よく考えたら〝さんまさん〟とか〝久本さん〟とかさん付けだし、あんまり知らないとか言ってたのに大阪在住って知ってたし！　ねえやっぱり本人でしょ？」僕はこのままではダメだと思い、「わかった！　白状するわ！　本人！　オレさらば青春の光！」「やっぱり！　ねーほんとごめーん！　めっちゃ失礼だよねー？」「そんな事どうでもええからとりあえずプレイに集中して！　ごめんっていう気持ちがあんねやったらプレイで返して！」

わけのわからない檄を飛ばし、ひとみ嬢を鼓舞する僕。

「うん！」クソみたいな鼓舞にもかかわらず、なぜか士気が高まるひとみ嬢。そこからは最初の頃の技術に戻るどころか、更にもう1段階レベルが上がったような錯覚に陥り、僕はすぐに昇天してしまいました。どんなイキ方やねん。と思いながら再びシャワーを浴び、帰り支度をする僕に、「ねえ？　ほんとにほんとに本人だよね？」と、まだ聞いてくるので、スマホで自分のTwitterなどを見せてあげ、ようやく納得させせました。

最後にエレベーターの中で僕は言いました。「けどオレの事知ってるってなかなかのお笑い好きやと思うで？」「お笑い好きだよ！　だから今日めっちゃいい日だよ！」と嬉しい事を言ってくれるので、「実は今日BKBと来てん！」「BKB？」「バイク川崎バイク！」「誰？」「いや、バンダナでグラサンの？　バイクだけにブンブンとか言って、きゃりーぱみゅぱみゅと一緒にCMも出てた人やん？　オレよりも余裕で有名やで？」「ごめん全然わかんない」。「マジで!?」

というところで僕らはホテルの外に出ました。すると、目の前のコンビニの前でちょうどバイクさんが待っていたので、「あの人あの人！　ほら！　BKB！」「ごめん本当にわかんない！　じゃあね！」と、それっぽいオチを残して五反田の街に消えていきました。

ちょいちょいテレビに出てたからこそ巻き起こった変な奇跡。もうこんな事が起こらないためにも、バイクさんも僕も、「早く売れよう」と心に決めた夜でした。

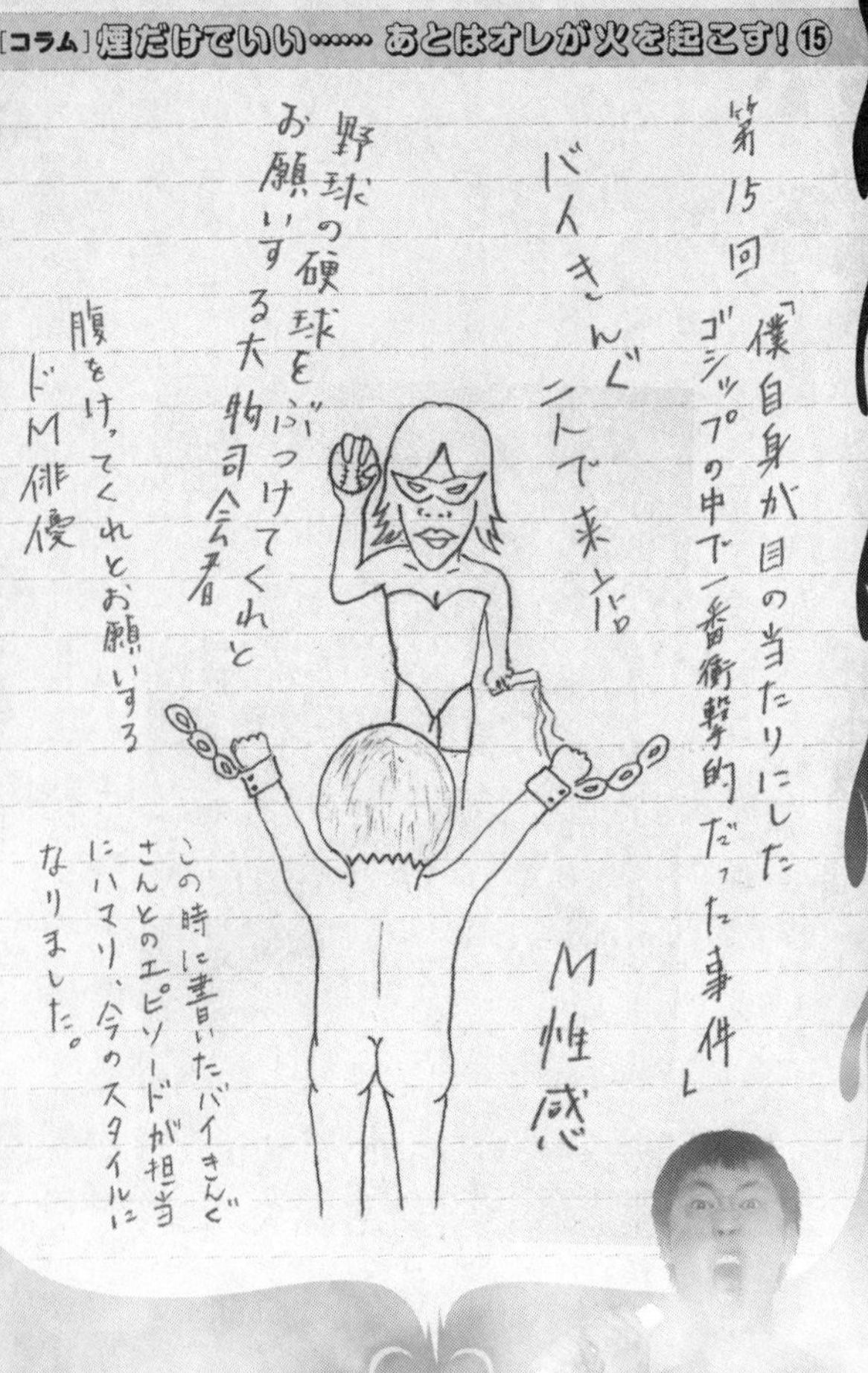
[コラム]煙だけでいい……あとはオレが火を起こす!⑮
第15回
「僕自身が目の当たりにした
ゴシップの中で一番衝撃的だった事件」
バイきんぐ
二人で来た
M性感
野球の硬球をぶつけてくれと
お願いする大物司会者
腹をけってくれとお願いする
ドM俳優
この時に書いたバイきんぐ
さんとのエピソードが担当
にハマり、今のスタイルに
なりました。
煙

(おわり)

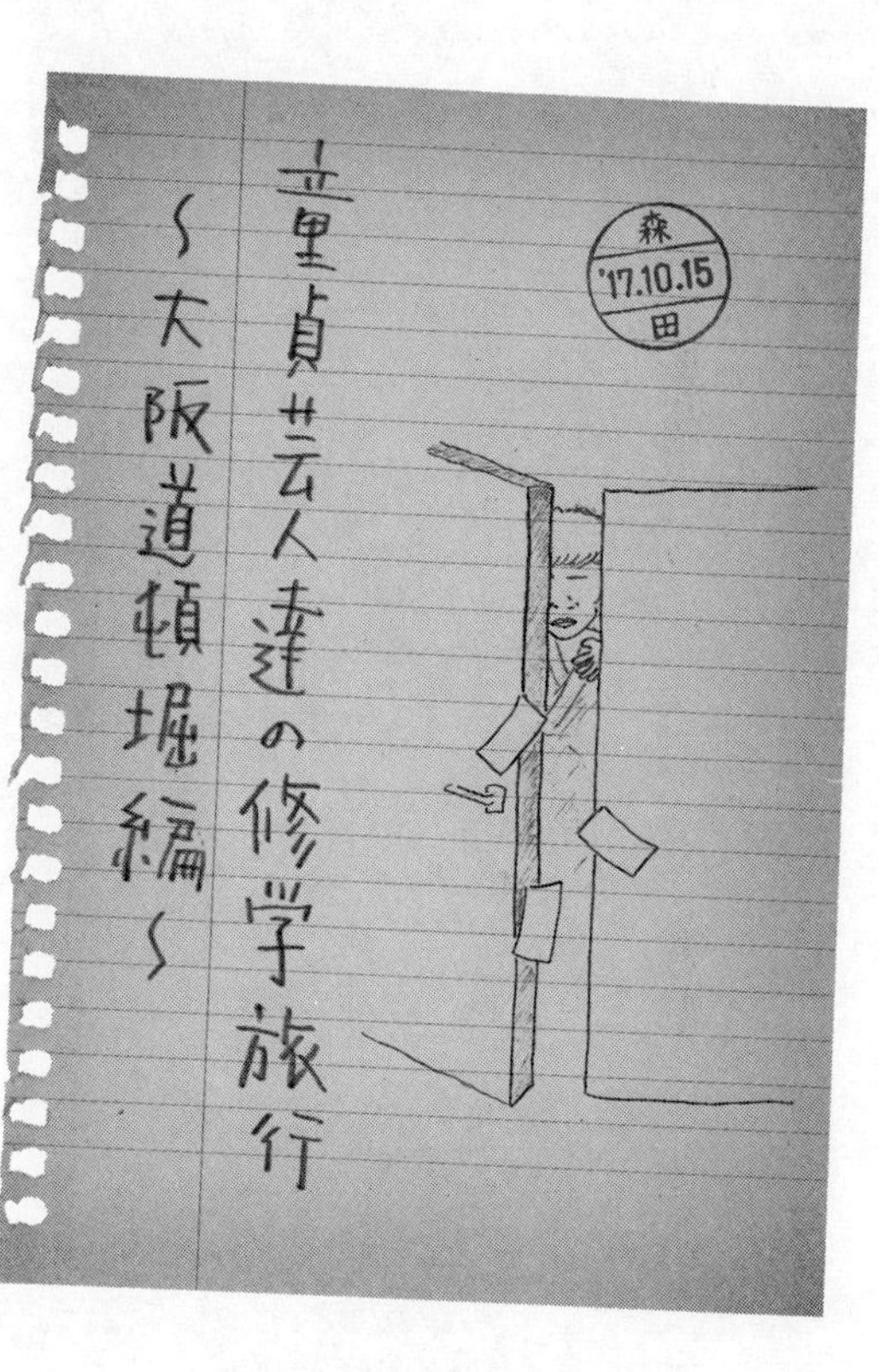

童貞芸人達の修学旅行
〜大阪道頓堀編〜
森
'17.10.15
田

キングオブコント2017、閉幕。賞金の1000万円で、まことしやかに囁かれている〝芸能界デリヘル〟の実態を調査するという目標を掲げ挑んだキングオブコント2017。かまいたちさんとにゃんこスターさんの熾烈なデッドヒートの末、結局王道のコントが審査員の心を震わせ、かまいたちさんが見事王者に輝いたキングオブコント2017。我々さらば青春の光は3位という結果に終わってしまい、今年も優勝を手にすることはできませんでした。

僕の事を、ただの下衆野郎だと思っているここの読者の方々に、「オレはお笑いもできるんだぞ！」という事を証明し、延いてはこんな好感度を下げるだけのコラムなんてやめて、芸能界のてっぺんまで駆け登ってやろうと思っていたのですが、あっけなく負けてしまいました。

若気の至りとはこういう事を指すのでしょう。今となってはそんな低俗な考えは微塵もなく、このコラムに全力を注ぐ事だけを考え日々生きております。もうこうなったら、今後は一切出し惜しみすることなく、プライベートで起こった下衆事件を赤裸々に綴り、そこに居合わせた芸人全員に迷惑をかけてやろうと意気込んでる次第であります。なので、これから登場する芸人さん達には、本当に申し訳ない思いでいっぱいですが、腹にダイナマイトを巻きつけた男をもう誰も止めることはできません。

あれは今年の2月27日の出来事でした。僕は〝笑いの殿堂〟と言われる、なんばグランド花月（以下、NGK）での漫才ライブに出演していました。『M－1グランプリ2016リターンズ』という関西の放送局で流れるネタ番組の収録も兼ねたライブで、昨年のM－1グランプリのファイナリストとセミファイナリストが一堂に会し、全コンビが満席のNGKのお客さんを全力で沸かせ、イベントは大盛り上がりの中、幕を閉じました。

打ち上げも和気あいあいとした空気の中で、僕は久々の大阪が楽しくて仕方ありませんでした。そして当然のように襲ってくるムラムラとした感情。芸人という生き物には、ライブ終わりに必ずムラムラするという性質があります。どんなに真面目な芸人でも、ライブ終わりには必ず贔屓にしていただいているヤリマンに連絡をし、タイミングが合えばお世話になる。そんな生き物なのです。そして、その打ち上げで僕の隣に座っていたのは、今をときめく三四郎の小宮さん、僕の目の前にはヨシモト∞ホールのエース、インディアンスのキム、その隣には関西の歴史ある賞レース、第38回ABCお笑いグランプリで優勝した霜降り明星のせいや。

年齢も、生きてきた境遇も、芸風も全く異なる4人でしたが、今思えば交わるべくして交わった4人だったのかもしれません。なぜなら、この4人には1つだけ共通点があったからです。この4人の共通点。それは、

〝メンタル童貞〟

このコラムでも何度も登場した言葉、メンタル童貞。実際に童貞ではないが、ここまでの人生において全くと言っていいほど女性にモテてこなかったため、女性の扱い方が一切わからず、そのくせ性欲は思春期から1mmも変わらないため、エッチな事がしたくてしたくて堪らないという一番タチの悪い種族です。

そしてなぜかメンタル童貞は、お互いが引き寄せ合うように自然と群れを成すのです。この日、何の因果か同じテーブルを囲む事になった4人。恐らくあの日の4人のムラムラを合計すると、第一次ベビーブームの頃の日本に匹敵するほどの勢いだったと思います。打ち上げが終わり、僕達はおもむろに夜の大阪の街に繰り出しました。まるで『スタンド・バイ・ミー』の如く、夜の道頓堀を歩く童貞4人。何かはわかりませんが、間違いなく何かを期待している童貞達。しかし、そんな童貞達を、ふと冷静に俯瞰で見た時の、4人のブス度の合計点数がえぐいことに気づいた僕は、ついこんな言葉を口走ってしまいました。「この4人全員が美味しい思いするとは到底思えないですけどね」。悲しい自虐を言い放った僕に、今最も乗りに乗っている小宮さんが反論してきました。「やってみないとわかんねえじゃねえか！」この中で誰よりも〝何か〟に期待してるであろう売れっ子芸人。「もう今から風俗行くっていうのも一つの手だとは思いますよ」。まだ風俗店が開いてるうちに、とっととムラムラを解消するのもありだと思う僕。「いやとりあえずストリートでトライしようぜ！　そんで、これで無理だったら僕が全員分の風俗代奢るから！」

金だけは持っている売れっ子芸人。そして、「風俗を奢る」という台詞によって、〝どっちみち負けはない〟と急なラッキーパンチに心躍らせる雑魚3人。という事で、とりあえずストリートで勝負することにしました。

僕達が立てた作戦は、自分達からナンパする勇気は到底ないので、とりあえず道頓堀を練り歩き、今をときめく小宮さんが女子に気づかれ、そこから軽快なトークで話が弾み、そのままカラオケなどに移動するという、もの凄く安直な作戦でした。作戦というかそれぐらいしかアイデアが浮かびませんでした。

圧倒的小宮さん頼みの作戦に賭ける4人。小宮さん自身でさえ、どこか小宮さんに頼っているように見えました。圧倒的他力本願の僕とせいやとキムの3人にできる事と言えば、街の人達に小宮さんの顔がなるべくよく見えるようなポジションで歩く事ぐらいです。しかし、実際声をかけてくるのは、「あっ、三四郎やんけ！」という野太い声のヤンキーまがいの男達か、財布の中身にしか興味のない巨大つけまつげのガールズバーの店員のみ。一向にゴールが見えない僕達は、ひとまずカラオケボックスに入り、作戦を練り直すことにしました。

カラオケの受付で部屋のタイプを聞かれ、小宮さんが答えます。「VIPルームで」。金だけは持っている売れっ子芸人。最終的にはここに女の子が何人もやってくるという超希望的観測を見据えてのVIPルーム。そしてその財力に、なんのためらいもなくお世話になる雑魚3人。バカでかいVIPルームでの童貞達のムラムラ会議。

森田「ヤバイっすねー。全然捕まらないっすねー。もうナンパ行く？」

せいや「そうですね。とりあえずどうにかして4人組を捕まえないとですね」

キム「もしナンパ行って3人しか捕まらんかったりとかしたら僕全然帰るんで言ってくださいね」

小宮「何お前ちょっとカッコつけてんだよ！　言っとくけどお前この中で一番ブスだからな！」

一同爆笑。

キム「いやどう見ても小宮さんが一番ブスでしょ！」

小宮「バカな!?」

一同爆笑。

せいや「僕セックスしたいです」

小宮「急な願望!?」

一同爆笑。

VIPルームに響き渡る男4人だけの笑い声。虚しい。虚しすぎる。視聴率0の男だけの戯れ。このままではダメだと思った僕は、「もうナンパ行くしかないか！」僕の言葉によって急に現実に引き戻される童貞達。「そうっすね。危うくこのまま朝まで行くところでしたわ」。恐らくこの中で一番セックスがしたいせいやが僕の提案に乗ってくれました。「小宮さんいるとヤンキーに絡まれるんで、小宮さんはここで待っといてください。僕達3人で絶対女の子連れてくるんで」。何かにつけてカッコつけようとするデカぼくろのブス、キム。「じゃあ頼んだぞ」。とりあえずそう言うしかない感が凄い小宮さん。そして僕達が部屋を出ようとした瞬間でした。小宮さんの口からとんでもない言葉が飛び出しました。

「ちなみにナンパするのはいいけど、僕の名前は絶対出さないでね。なんか恥ずかしいから」

急遽告げられた驚愕の新ルールに僕達は愕然としました。なぜなら、僕がナンパに行こうと言ったのも、それにせいやが乗っかったのも、キムがカッコつけた台詞を吐いたのも、3人の頭の中に、「小宮さんの名前出したら大丈夫やろ？」という浅はかな算段があったからなのです。その僕らの浅はかな計画を木っ端微塵に打ち砕く、「なんか恥ずかしいから」というチンカスのような理由。プロ野球の2段モーション禁止という新ルールにより、当時苦しんだ投手たちの気持ちが初めてわかりました。

しかも、こういう時の小宮さんはマジなのです。先輩の言う事には決して逆らってはいけないのがこの世界の常識。僕達3人は精一杯の作り笑顔で言いました。「わかってますよ！　じゃあ行ってきます！」部屋のドアを閉めた瞬間、絶望に変わる3人の表情。翼をもがれた3匹の童貞。〝小宮さん〟という最強の単語を使い、自由に道頓堀の大空を飛び回れる筈が、地べたを這いずり回るだけのブス3人。

3人の頭の中に沸々と怒りがこみ上げてきます。なんでなん？　名前出すぐらい別にええやん？「三四郎の小宮さんと飲めるけど一緒にけえへん？」これで一丁あがりやん？　ていうかこれ以外の言葉でオレらがどうやって声かけられんねん？

そんな僕達を他所(よそ)に、前からはちょうど良い感じの女の子2人組が歩いてきます。おい、なんて声かけたらええねん？「かわい子ちゃん達、オレらと一緒に遊ばない？」いや絶対違う。これだけは絶対違う。どんどんと近づいてくる2人組女子。「オレら芸人やねんけどテレビで観たことない？」ダサい。ダサすぎる。どんどんと距離は詰まり、もう目と鼻の先まで迫ってきている2人組女子。「とりあえず何も考えずヤらせてくれへん？」殺されてもおかしくない。そしてとうとう女子とすれ違った瞬間に僕達3人が出した結論。

「三四郎の小宮さんと飲めるけど一緒にけえへん？」

下衆、炸裂。超法規的下衆、炸裂。ルールなんてクソくらえ。法は破るためにあるんだ。これがザ・ブルーハーツを聴いて少年時代を過ごした僕達が出した答えでした。もがれた筈の翼を、まるでピッコロの如く見事に再生した僕達。意気揚々と女子2人の反応を窺うピッコロとネイルとデンデ。しかし、女子2人のリアクションは、まさかの無視でした。え!? 嘘やん!? なんで!? まさかの反応に戸惑うナメック星人たち。そんな筈はないと、次々と道行く女の子に声をかけます。「三四郎の小宮さんと飲めるけど一緒にけえへん？」無視。「三四郎の小宮さんと飲めるけど一緒にけえへん？」無視。「三四郎の小宮さんと飲めるけど一緒にけえへん？」無視。え？ 小宮さんってもしかして売れてへんの？ そう思わざるを得ないぐらい全く振るわないナンパ。

そこからも一応続けましたが、「あっ、大丈夫でーす」や「ごめーん、興味なーい」などの薄い反応のオンパレードでした。次々と断られるうちに、だんだんと小宮さんに対して腹が立ってくる僕達。どないやねん！ あいつ売れてへんのかい！ そもそもの自分達の童貞感丸出しのナンパスタイルは棚に上げ、ただただ小宮さんへの怒りが募るナメック童貞たち。挙句の果てには、「Twitterでどこぞのバカに、「さらば青春の光の出っ歯の奴がナンパ失敗しまくっている」などと呟かれる始末。こんな時だけ気づかれるんかえ。と、思った僕はやけくそになり、普段の生活ではおおよそ絡みたくないような、なかなかのギャル2人組にま

で声をかけていました。すると、

「え!? 小宮!? 超好き! めっちゃ飲みたい!」

ここには響くんかえ。釣るつもりのなかったギャルが釣れてしまったものの、こっちからナンパした手前、引くに引けなくなり、そのギャル2人を連れ、小宮さんの待つカラオケボックスに向かいました。部屋のドアを開けるなりギャル達が叫びます。「えっ! 本当に小宮いるじゃん! 超すげーんですけど!」急なギャルの登場にびっくりする小宮さん。「僕の名前出してんじゃん?」一瞬でバレるルール改正。「まあいいじゃないっすか! とりあえず飲みましょ!」なし崩し的に飲み会をスタートさせました。

しかし、ここからの童貞達のグズグズ加減は、他の追随を許さないほど酷かったのです。まず、4対2という童貞の勝ちパターンのデータには全くない稀有な状況。かといって小宮さんとギャルを残して再びナンパに行くのも危険。そもそもあんな世知辛い道頓堀には二度と戻りたくないという強いトラウマを抱えている3人。更に、元々馴れ馴れしかったギャルの一人が、酒が入り輪をかけて馴れ馴れしくなり、やたらと小宮さんに酒を飲まそうとします。それに徐々に本気で切れていく小宮さん。部屋の空気が悪くなる一方で、もう一人のギャルの矢印はしっかりと小宮さんに向いていました。とはいえ、その矢印を察知したところで、どうやって2人で抜けるかがわからない童貞と、どうやって抜けさせればいいかわからない他の童貞達。

だったらとりあえず2対2になるのが一番得策ではないのか？と僕は思いましたが、こんな時に限って全く帰ろうとしないキム。せいやがなんとなく察知して帰ろうとしましたが、なぜか「帰らなくていい」と言う小宮さん。それならば自分が犠牲になろうと、僕が帰ろうとしてもなぜか「帰らないでくれ」と言う小宮さん。終始微動だにしないキム。勝手に小宮さんのスマホをいじり、電話番号を知ろうとするギャルにぶち切れる小宮さん。史上稀に見るグズグズさ。なんの進展もないまま、時間だけが過ぎていき、気がつけば朝の6時でした。小宮さんにキレられたギャルは途中からふて寝し、もう一人のギャルがそれを起こし、最初僕達が声をかけた時のテンションとは程遠い、最弱のテンションで帰っていくギャル達。とりあえずホテルに戻って、僕の部屋で反省会をしましたが、全員精根尽き果てた状態で何一つ盛り上がりませんでした。そして、11時ぐらいの新幹線で東京に帰らなければいけない僕とキムは、新幹線の時間まで寝るか、起きられなくなるのも怖いのでそのまま起きておくかの決断を迫られていました。大阪在住のせいやは、家に帰ればいいのに、なぜかここでは全く帰ろうとしません。いよいよ眠気がピークになってきたその時、小宮さんから僕達3人に起死回生の提案が告げられました。

「じゃあ約束通り、僕が奢るから9時からみんなで風俗に行こう」

敗戦ムードを打ち消す鶴の一声。そうや！　それがあったの忘れてた！　そう、せいやはこれを見越してなかなか帰ろうとしなかったのです。僕を遥かに凌ぐ下衆野郎、せいや。「じゃあ僕その時間まで部屋に戻ってちょっと寝るから、また後でね」とだけ告げて、滑舌の悪いメガネの鶴は部屋に戻っていきました。

僕達3人はギンギンに目を輝かせ、まるで旅行のガイドブックを見るかのように、すぐに風俗店のホームページを読み漁りました。そして、色々と吟味した結果、結局僕が大阪時代によくお世話になっていた、超老舗M性感店に行く事にしました。

せいやは風俗初体験らしく、期待と不安でだいぶ鼻息が荒くなっていました。そこから、その店をこよなく愛する僕が、店のコンセプトや、風俗嬢に対する作法などを2人に手解きしているうちに、一瞬で約束の時間がやってきました。すでに半勃ちでロビーに移動した僕達は、小宮さんが降りてくるのを今か今かと待ちわびていました。しかし、約束の時間を5分過ぎても、10分過ぎても、一向に小宮さんは現れません。不安になり電話をかけますが、全く出ません。鬼電とはまさにこの事と言わんばかりに、何十回もかける僕達。しかし出る気配のない小宮さん。受付で小宮さんの部屋番号を聞き、小宮さんの部屋まで全速力で走りました。

しまった！　この落とし穴は想定してなかった！　よう考えたらあの人が一番酒飲んでた

んやった！

部屋の前に到着し、扉をガンガン叩く僕達。ドンドンドン!!「小宮さーん！　起きてください！　小宮さーん！」ドンドンドン!!『Ｄｒ．コトー診療所』とかで観た事のある風景。

「ここまで来て風俗行かれへんとかあり得へんぞ！」と、泣きそうになりながら部屋の扉を数十回叩いたその時でした。

ガチャ。部屋の扉が３ｃｍほど開き、その向こうに０・２ｍｍも開いてるかどうかの目をした、恐ろしく眠そうな小宮さんの姿がありました。

３人「小宮さん！　風俗！　風俗行く時間ですよ！」

小宮「……」

バタン!!　部屋の扉を閉める小宮さん。

３人「小宮さん!!」ドンドンドン!!

３人「小宮さん!!」ドンドンドン!!

曲がりなりにも先輩の部屋の扉を、なんのためらいもなく再びガンガンに叩き続ける僕達。Ｄｒ．コミヤ診療所。そこに助けを求めてやってきた泌尿器科の患者達。すると、ガチャ。

再び扉が数ｃｍ開きました。

３人「小宮さん！　風俗！　風俗行くって約束したでしょ！」

すると数cm開いた扉から手が出てきた次の瞬間、1万円札が3枚、ひらひらと宙を舞うのが見えました。バタン!!

1万円札が地面に落ちきる前に閉まる扉。一瞬で全てを理解し、ワクチンと言わんばかりに、万札に群がる、泌尿器がいかれた患者達。思わず目を背けたくなるぐらいの下衆。そのワクチンにより、半勃ちから全勃ちへと変貌を遂げる患者達の体。そう、彼らにとって、人の金で行く風俗が一番の治療法なのです。

お目当ての風俗に到着した患者達。なぜか待ち合い室ではほとんど会話を交わしませんでした。恐らく各々が頭の中で昨日からここまでの出来事を振り返っていたに違いありません。

そして、本当の意味での舐めっく星人になった僕達。

東京に帰りテレビをつけると、バラエティ番組で爆笑を取っている小宮さんの姿がありました。

芸能界の第一線で戦う男。その男が必死で戦って稼いだ金に、なんの躊躇もなく群がった僕達。今もまさにテレビの中で、名だたる先輩方と対等に渡り合っているその姿を観ながら、一人狭いワンルームで僕は呟きました。

「これ来年は倍の万札が宙に舞う事になるで」

ハロウィンの夜とAV女優
森
'17.12.15
田
絵：鰻和弘（銀シャリ）

1ヶ月の下衆休みをいただき、再びホームグラウンドへ帰ってまいりました。「今月下衆コラムないの残念です!」などの声は一切なく、世間はすっかりクリスマスムード一色になりつつあります。お洒落なクリスマスツリーの前で撮った写真をInstagramに載せてキャッキャするリア充達を見ていると、もしかすると世間は下衆なものなど求めていないのではないかという不安が襲ってきます。それならば方向転換とばかりに『陸王』のような熱き男達の戦いを描いた小説を書かせてくれと担当に持ちかけたら無視されました。「感情など持たず、早く新しい下衆を産め。お前は下衆を産む機械だ」の目を向けてくる担当。「いくら求められてないといっても、終電間際の電車内に吐き落とされたゲロよりはマシだ。だから早く書け」の目を向けてくる担当。

ネット上に吐き落とされた小さなゲロ、それがこのコラムなのです。というわけで、いつものようにただただ下衆を撒き散らす以外に選択肢はなくなったので、今月もサクッとやっちゃいましょう。

さて、今年も漫才師の頂点を決める大会、M-1グランプリ2017が幕を閉じました。今年も面白い漫才師達がしのぎを削る、物凄くハイレベルな大会。そんなハイレベルな大会を制したのはとろサーモンさんでした。僕自身、日頃からお世話になっているとろサーモンさんの優勝には、ただただ感動しました。特にボケの久保田さんは、長年泥水をすすり、食えない時はキャバ嬢が飼っている犬を散歩させて生計を立てていたほどの下衆のカリスマです。そんなカリスマに追いつくべく、僕も来年の決勝までに、犬ぞりぐらい散歩させてくれるキャバ嬢を見つけようと思います。そんな軽い冗談で締めくくって今月のコラムを終えるのが理想でした。しかし、そんな事をここの読者と担当が許してくれる筈もありません。しかも先月休んでいることにより、下衆のキャリーオーバー発生中。普段以上に醜い文章でなければ、担当の検閲をパスすることはできません。もうこうなったらM－1グランプリ開催中に行われた、男達のもう一つの熱い闘いをここに晒すしかありません。ここの読者なら『陸王』の数倍熱くなれる、そんな物語です。

それは、今年のハロウィンシーズンのことでした。ここ数年、日本でも異常な盛り上がりを見せるハロウィン。首都東京も毎年渋谷が、イベント事に敏感なパーティーピープル達でごった返します。渋谷全体が巨大なクラブと化し、「トリックオアトリート」という本来あるべき言葉などとうに消え失せ、各々が好きな仮装に身を包み、数人で群れを成し酒を飲み、とにかく騒ぐ。そして、そういう状況を一番疎ましく思っているのが、芸人という人種です。ハロウィンに限らず、流行っているものなどに対して常に斜に構えたスタンスをとり、あーだこーだ言いながら決して乗っかることはしないノーパーティーピープル、それが芸人です。「芸人はハロウィンを楽しいイベントだと思ってはいけない」。居酒屋のトイレに貼ってある

〝親父の小言〟にもそう書いてあったような気がします。しかし実際のところ、ほとんどの芸人がハロウィンに対してこう思っているのです。

「オレも参加してぇぇぇ！！！　斜に構えたスタンスなんてどうでもいい！　何も考えずミニスカポリスと絡みてぇぇぇ！！！」

そう、ほとんどの芸人が本当は参加したいという葛藤と闘っているのです。それなのにハロウィンに対して興味のないふりをし、ハロウィンの日はなるべく渋谷に近づかないように家路につき、次の日のニュースも「ふーん」ぐらいの感じで眺めるだけ。芸人は死ぬまでこれを繰り返すのです。僕も芸人として、そう振舞って死んでいく筈でした。しかし、今年のハロウィンで、芸人としてのポリシーに反する行動を取ってしまったのです。

その日僕は、とある収録終わりに後輩2人と新宿でご飯を食べ、家路につこうと3人で品川方面へ行く山手線に乗り込みました。同じ車両に、仮装をした楽しそうなグループがちらほらいました。「そっか、今日はハロウィンかー」「なんかめんどくさいっすね」。「全員スベってますよね」みたいな毎年恒例の会話をしながら僕らは座席に腰掛けました。すると、原宿駅でセクシーミニスカポリス達が乗り込んできました。車内の視線を釘付けにするセクシーミニスカポリス達。僕ら3人も御多分に洩れず、バッチリとその子達にピントを合わせていました。「ハロウィンって基本だるいけど、ああいうセクシーな仮装する女子見られんのはいいよな?」「そうですね」。なんとなくの沈黙。「ああいう子達も最終的にお持ち帰りとかされんのかな?」「今日会ったばっかりのわけわからん男に持って帰られたりするんじゃないっすかね?」「へー」。また沈黙。「渋谷ってやっぱ凄いことなってんのかなー?」「流石に今日は人の多さヤバイんじゃないすか?」「うわー。絶対に行きたくないっすねー?」そうこうしてる間に電車は渋谷に到着。ミニスカポリス達が降りていきました。「うわー、やっぱ渋谷で降りんねやー」「お持ち帰りされるためにね」「けしからんすね」。「結局オレらみたいな奴がそういうのをパトロールせなあかんのかもな? ミニスカポリスだけに!」「全然うまくないですよ! ていうか、そもそもなんで森田さんがパトロールするんすか!?」「そうですよ! あんたハロウィンに縁もゆかりもないでしょ!」「しかも今日の渋谷なんて本当に凄い人の数だと思いますよ? そんなとこ入っていくの馬鹿だけですよ?」「それもそうか!」「あっはっはっは!」

気がつくと3人とも渋谷駅のホームにいました。芸人であるにもかかわらず、ハロウィンの渋谷に降りたった3人。「ちょっとだけやぞ? ちょっとだけパトロールして帰ろな?」「わかってますよ。本当にちょっとパトロールするだけですよ?」男はこういう時すぐに〝パトロール〟という言葉を使います。「これは私服警官のコスプレなんだ」と言わんばかりに渋谷の街に繰り出す3人。

後輩の一人はジーパンを穿き、もう一人はミリタリーのモッズコートを羽織っていました。『太陽にほえろ！』の松田優作演じるジーパン刑事と、『踊る大捜査線』の織田裕二演じる、いつもモッズコートを羽織っている青島刑事。無理矢理にもほどがありますが、一応出来上がった即席の刑事の仮装。そのセンターを陣取るただの童貞刑事。『西部警察』のオープニングの如く、悠然と夜の渋谷を歩きだす3人。

しかし、えげつない人の量と、セクシーコスプレ軍団に出くわしても声一つかけられない内勤刑事達。渋谷の街にウヨウヨいるSWATの仮装をしたイケてる集団は、いとも簡単に女性をナンパしています。アメリカの特殊部隊に気後れする日本の内勤刑事達。たまに「芸人さんですよね？」と声をかけられるもゴリゴリの男ばかり。諦めムードが漂う中、僕は振り絞るように、あの言葉を言いました。

「まあでも、賞レースの時期に新規の女性とエッチな事するのは御法度やから、実際ヤらせてくれる女の子おってもヤらんけどな」

そう、このコラムの「M－1グランプリと風俗業界の密接な関係」でもチラッと書きましたが、その日会ったばかりの新規の女性とエッチな事をすると、勝負の運気を全部女性に吸い取られ、結果良くない方向に転ぶという僕の中でのジンクスがあります。3人とも数日後にM－1グランプリの準々決勝を控えている身。ここで変な過ちを犯し、今年一年を棒に振るわけにはいかないのです。全くハロウィンを謳歌できてない男達がギリギリ見つけた、「オレら新規の女の子とでけへんもんなー」というダサすぎる大義名分。そんなダサすぎる大義名分を盾に、早くこの劣等感から解放されるべく渋谷を後にしようと思った矢先でした。「僕の知り合いの女の子が今渋谷にいるみたいです！　飲もうって言ってます！」ジーパンからの突然の報告。「マジか!?　飲もう！　向こう何人!?」急に慌ただしくなる捜査本部。「2人です！」1人足りないですが、贅沢を言っていられる状況ではありません。僕達はすぐに居酒屋に入り、女子2人が来るのを待ちました。すると、程なくして現れたのは「UFO」の時のピンク・レディーの仮装をした2人組でした。しかも当時のピンク・レディー（ミーちゃんとケイちゃん）に匹敵するぐらい可愛い2人組。10月下旬だというのに、銀色のキラキラしたノースリーブのセクシーなボディコンを身に纏ったピンクなレディ達。

「ハッピーハロウィン！！！」

気がついたら人生で初めて発した単語を自然に叫んでいました。ジンクスなど一瞬で忘れ、なんとしてでもピンク・レディーをお持ち帰りするために躍起になるペッパー警部達。あの手この手でなんとかお持ち帰りを狙います。

しかし、そもそも人数も合ってなければ、ヤリマンの空気感もさほど感じられません。いつも通りウーロン茶をウーロンハイのふりをして飲もうが、ドMのくせに〝夜はドS〟とアピールしようが（結局女は圧倒的にドMが多いからという独自のデータより）、うんともすんとも言いません。途中から元々知り合いのミーちゃんとジーパンがいい感じにはなりますが、それでもお持ち帰りできるほどの距離感ではありません。もしかすると、ハロウィンの日に仮装した女の子を持ち帰るのは、M－1の決勝で満票を取って優勝するのと同じぐらい難しいのかもしれません。

時間だけがイタズラに過ぎていき、とうとう始発電車が動き出すタイミングで、ピンク・レディーが帰ると言いだしました。僕達3人も今日は分が悪いと判断し、全員でトボトボと駅まで歩くことにしました。

僕と青島とケイちゃんで並んで歩いていると、後ろで往生際の悪いジーパンがまだミーちゃんを口説いていました。それに感化されたのか青島が最後の力を振り絞りケイちゃんに話しかけます。「ちなみにケイちゃんは3Pとかした事ある？」は？　こいつ凄えな。無理とわかったらなんでもありやん？　青島のボケにつっこむのもしんどいのでシカトを決め込んでいると、隣から耳が吹き飛ぶほどのどえらいパンチラインが聞こえてきました。「した事はないけど興味はあります」。なななななんて!?　興味ある？？？　さささささ3Pやで？！？！？！？

「おい青島！　逆探知は？」「逆探知成功しました！」「発信元は？」「ケイちゃんです！」

そんなやり取りがあったかどうかはびっくりしすぎてあまり覚えていませんが、とにかくケイちゃんがそう言ったのは事実なのです。「ほんまに言ってるそれ？　なあ？　ほんまにほんま？」青島と僕による執拗な取り調べ。「はい。なんか人生でそういうのも経験しといた方がいいのかもとは思ってます」

午前4時35分、容疑者確保。

まさか青島がヤケクソで言ったボケが、こんな好奇心旺盛な容疑者を炙り出そうとは夢にも思っていませんでした。しかもケイちゃんは「ミーちゃんにこの会話聞かれてないかな？」の感じで、後ろを歩くミーちゃんをチラチラ気にしている素振りをしていました。この素振りがさっきの言葉の信憑性をぐんと高めてくれています。

これはひょっとしたらひょっとするぞ！　このままもし後ろのジーパンがミーちゃんのお持ち帰りに成功した場合、オレと青島に3Pチャンスが舞い込んでくるんちゃうんか!?　かつてこんな素直な容疑者がいただろうか？　なんとかしてこの子の人生を彩ってあげたい！　そしてオレの人生も彩りたい！

そんな気持ちで後ろを振り返る僕。するとそこには敗北感にまみれたジーパンの姿がありました。持って帰れそうな空気など一切なく、むしろこれ以上傷つかないために、当たり障りのないトークを引きつった顔でしているジーパン。そして気がつけばすでにハチ公前まで歩いてきている一行。

そして渋谷駅に到着。ピンク・レディーの2人は、「ご馳走さま！ また飲もうね！」と言って、何事もなかったかのように改札の奥へと消えていきました。最後になんとなく僕と青島に目線をあわせてくれたケイちゃんを見送りながら、歯茎貫通するんちゃうかってぐらい奥歯を噛み締めました。

その後、ひとまずハチ公前へ移動し、僕と青島のジーパンに対する説教が始まりました。「お前オレら3Pできたかもしれんねんぞ！」決して犬の銅像の前で言う台詞ではありません。「マジすか!? そんな事になってたんすか!?」驚愕するジーパン。「どうしてくれんねん！ もう諦めてたのにここにきてむっちゃムラムラしてきたやんけ！」日本を代表する感動的な話の主人公の銅像の前でなかなか理不尽なキレ方をする僕と青島。

ジーパンへの怒りをグッとこらえ、再び渋谷の街をあてもなく徘徊する僕達。女の子に声をかけるわけでもなく、かといって声をかけられるわけでもなく、ただただ徘徊しているだけの童貞3人。すると青島のスマホが鳴りました。素早くスマホを確認する青島。そして告げられる衝撃の一言。

「僕の知り合いのAV女優が今から3人で家来てもいいって言ってます！！！」

僕は一瞬何が起こったかわかりませんでした。意識が飛びそうになるのを寸前のところでなんとか踏み止まりました。え、え、え、え、AV女優！？！？！？！？

そう、東京という街には、AV女優という魅惑の生物が多数生息しているのです。単体女優、企画物女優、人妻系女優など、ありとあらゆる種類のAV女優の保護地域、それが東京なのです。いつ世界遺産に登録されてもおかしくありません。そしてその魅惑の生物を捕獲し、ワシントン条約をかいくぐり、こちら側に提供しようとしてくれる密売業者、青島。この男は只者ではありません。「どうします？」青島が聞いてきます。いきなり訪れた4Pチャンスに、流石にたじろぐ僕とジーパン。4Pなんて『ボンバーマン』でしかやったことないよ？と、わけのわからない言葉が頭の中を駆け抜けていきます。しかし、どれだけたじろごうが、選択肢は一つしかないのは全員がわかっています。しかも、こんな時間にこんなクソ芸人3人を家に招いてくれるAV女優の懐の深さにはただただ脱帽します。

「行くしかないだろ！！！」

コブクロよりも力強く言い放った僕達は、すぐさまタクシーに乗り込み、AV女優の家へ向かいました。このコラムを始めた頃は、まだドブの中の薄汚いただの下衆だった僕が、下衆登山における山頂とも言える、AV女優のお宅に足を踏み入れようとしていると思うと、込み上げてくるものがあります。山頂から見る景色はさぞゲスいことでしょう。

僕達は途中のコンビニでレッドブルを一気飲みし、バキバキに目を血走らせながら、AV

女優が住むマンションの下のインターホンを押しました。「はーい」。AV女優の声と共に開くエントランスの扉。エレベーターに乗り込み、行き先階のボタンを押した時、すっかりあのジンクスを忘れていた事に気づいた僕は勇気を出して言いました。「おい、今M-1期間中やで？ 数日後には準々決勝やで？ こんなとこでエッチな事して大丈夫かな？」「……」。先輩相手に余裕で無視をする青島とジーパン。「やっぱまずくない？ ほんまに運気吸い取られたら洒落にならんで？」「……」。完全にシカトを決め込む青島とジーパン。「オレ今年も決勝行きたいねん。お前らも1回ぐらい決勝行きたいやろ？ そうやろ？ なっ？ なっ？」「プロだったら問題ないってコラムに書いてましたよね？」去年もクソ一休がいましたが、今年のクソ一休担当青島がとんちを利かせてきました。確かに去年、「プロだったら問題ない」と書きましたが、去年お世話になったプロとはまた違う種類のプロ。去年は手コキのプロ、今年は挿入のプロ。挿入のプロは危険すぎるのではないか？という不安で僕はいっぱいでした。

考えがまとまらないまま、とうとうAV女優の部屋の前まで来てしまいました。インターホンを押し、扉が開くと、そこには物凄くエロそうな風貌と物凄くエロそうな佇まいの、正にAV女優といった感じの女性が立っていました。一瞬でムラムラが加速する3人。ダメだとわかっていても股間は自然と熱を帯びてきます。そしてなぜかテレビでは有名女優さんの作品が再生され、物凄くエッチなシーンが流されています。部屋に置かれている大量のエロDVDにも目がいきます。「今ね、色んな女優さんの作品観ながら勉強してたの。みんなやっぱりエロくて素敵」。お前もな。と、心の中で呟く僕。「なんか人がいっぱい来たからちょっと暑いね」と言いながらフワッフワの生地の薄ピンクのパジャマのジッパーを少し下ろすAV女優。そこに現れたるはGカップはあろうかというパイオツの谷間。もしかしたらこれ自体がAVなんじゃないか?というぐらいのシチュエーション。そして、どこからともなく聞こえてくるダミ声。「ヤッちゃえよ」。僕の中の悪魔が語りかけてきました。「相手はプロなんだから大丈夫だよ。いいからヤッちゃえよ」。確かにプロやもんな……。「ダメよ！　絶対ヤッちゃダメ！　また同じ過ちを繰り返すわよ！」甲高い声の天使が応戦してきました。「今年も決勝に行きたいんでしょ?　だったら絶対ヤッちゃダメ！」そうやんな、今年も決勝行きたいもんな……。「お前はそもそもコントの人間なんだからそんなに漫才頑張らなくていいんだよ」。確かに……。「絶対ダメ！　M-1の決勝に行くと行かないでは営業の数が如実に違ってくるのよ！」それもほんまやねんなぁ……。「だったら最悪手コキだけしてもらえよ」。手コキ?「そうだ。最後までするから運気が吸い取られるんだよ。手コキなら運気を吸い取られたりはしない筈だ。だから去年は手コキ専門のデリヘルを呼んでたんだろ?」確かに去年は手コキで決勝まで行ったんだ……。

「しょうがないわねぇ。じゃあ手コキまでよ。それ以上は絶対ダメだからね！」

最終的に天使が折れる、という漫才の基本のようなやり取りが終わった直後、気がつくと僕はズボンを下ろし、全員の前で恥ずかしげもなくイチモツを放り出していました。

「ごめん、手コキだけお願いしてもいい？」

この世の中で最も醜いお願い。「えっ？　別にいいけど、手コキだけでいいの？」やはりそうです。手コキ以上の事は確定しているのです。「うん、手コキで大丈夫。オレ今年も決勝行きたいから」。この人何言ってんの？の顔をしながらも渋々手コキをしてくれるAV女優。ほんまにこの人誰に何言うてんねん？の顔で見てくるジーパンと青島。

そして僕の、飽くなき挑戦が始まりました。今までこのコラムで散々繰り広げてきた死闘の数々。それらは全て最終目標をセックスに設定してきたものばかりでした。あの手この手で何とかセックスに漕ぎつけようとしていました。だがしかし、今回は違います。セックスをさせてくれる女性が目の前にいるにもかかわらず、M－1時期の影響でセックスができないのです。僕は自らの数奇な運命を呪いました。

なんでや!?　なんで今日なんや!?　目の前にいるのはAV女優やぞ!?　AのVの女優やぞ!?　そのAのVの女優と、SのEのXできんねんぞ!?　これ逃して決勝行かんかったらショックで死んでまうかもしれんぞ!?

今世紀最大とも言える強烈な葛藤などお構いなしに、序盤からAV女優のプロの技が光ります。

これでもかというほどのテクニックで僕のイチモツを刺激してきます。

登頂を目標として始めた下衆登山。しかし今回は6合目でフィニッシュするという道を選んだ僕。そう覚悟を決めたにもかかわらず、その6合目にまたあいつが現れます。

「山頂まで行っちゃえよ」

そりゃ行きたいっすよ……。「ダメよ！　山頂までは絶対ダメ！　6合目で我慢するのよ！」そうすよね……決勝行きたいっすもんね……。「関係ねえよ。山頂は気持ち良いぞー？」「絶対山頂まで行っちゃダメ！　手コキで我慢して！」天使と悪魔のめまぐるしい攻防。「森田さん、挿れたいんじゃないすか？」急に比喩表現もクソもなくカットインしてくる青島。「そうですよ！　挿れた方がいいですよ！」ジーパンも加勢してきます。もはや悪魔は3匹になりました。そこからは天使と悪魔3匹による地獄のオーケストラが頭の中で鳴り響きました。

さあ登れ！　山頂まで登れ！　絶対ダメよ！　登頂するんだ！　絶対ダメよ！　登頂すればいいんだよ！　ダメよ！　森田さん！　登頂！　ダメ！　登れ！　森田さん！　ダメよ！

登頂！　森田さん！　登れ！　ダメ！　森田さん！

もはやベートーヴェンの第九（交響曲第9番）に聞こえてきます。第九はどんどん加速し頭がおかしくなりそうです。

登れダメ森田登れダメ森田ダメ森田登れダメ森田登れダメ森田登れダメ森田登れダメ森田登れダメ森田登れダメ森田登れダメ森田登れダメ森田。登れーーーーー！！！　ダメーーーーー！！！　森田ーーーーーー！！！

「ふぅー……」。イキました。長々と書きましたが、普通に4、5分の手コキでイキました。紆余曲折ありましたが、今回はどうにかこうにか6合目でフィニッシュできたのです。そして、ここまで読んでくれている人はいるのかという強烈な不安が襲ってきています。僕ならボンバーマン辺りで読むのやめます。

しかし、ここまで読んでくれた方々には申し訳ありませんが、ここから更に醜い展開になります。なんと、ジーパンと青島が、僕の手コキでの昇天に感化されたのです。急にリアルにM－1の事を考えたのか、奴らも手コキで済まそうとしだしたのです。こうなったらもういよいよヤバイです。6合目にごった返す刑事たち。「僕達も手コキでお願いします！」とまでは言わないものの、全く山頂まで登ろうとはしません。青島とジーパンの相手をしている最中のAV女優からは、「なんでこの人達は誰も挿れないんだろ？」の空気がバンバン伝わってきます。

よく考えてください。AV女優の家に男が3人も行って、誰も最後までヤらずに帰るなんてことがありますか？「M－1の時期やから手コキしか無理やねん」と言ってどこの女子が納得しますか？　僕は2人にプレッシャーをかけ続けましたが、2人とも鉄のハートで頑なに山頂までは登らず、6合目でフィニッシュしていました。ジーパンに至ってはフィニッシュしたかどうかも怪しかったです。

AV女優のマンションから下山し、昇る朝日を眺めながら僕らは思いました。「この中の誰も絶対決勝なんて行かんねやろなー」。案の定、誰一人として決勝には行きませんでした。決勝進出者の発表が終わった直後、こんなことなら挿れておけばよかったという強烈な後悔で、本当に死にたくなったのを覚えています。そしてよくよく考えると、散々天使だ悪魔だ言ってましたが、一番の天使は何も考えずひたすら僕らに手コキをしてくれた、あのAV女優だという事に気づかされました。

そして一番の悪魔は、あの後何回LINEしても既読すらつかないケイちゃんです。２０

17年最後のコラムを書き終えた今、いつ打ち切りを宣告されても大丈夫なように、来年のM－1で優勝するためのネタを、今のうちから作っておこうと思います。

最後に、兼ねてからこのコラムのファンだと言ってくれている銀シャリの鰻さんが、今回の挿し絵を担当してくれました。ちなみに挿し絵のタイトルは『イキな演奏』とのことです。M－1にまつわる下衆話の挿し絵を、まさかガチのM－1チャンピオンが描いてくれるとは夢にも思っていませんでした。銀シャリファンのクリーンな方々は、くれぐれも文章は読まないでくださいね。

いつか有名ミュージシャンが、「このコラムを曲にさせてくれ！」とか言うてけえへんかなぁ、とバカげた夢を見ております。

流れ星降る夜の、
名古屋嬢との攻防戦

森
'18.07.15
田

格差社会と言われている昨今、とうとうこの『ダ・ヴィンチ』内でも明確な格差が生まれてしまいました。3年前の2月にスタートしたこの下衆コラム。時同じくして始まったのが、流れ星の瀧上さんのコラム『肘神様が生まれた街』でした。故郷の飛騨高山で生まれ育った思い出話や、お笑いについての自身の見解などを展開する、この下衆コラムとは真逆の超クリーンコラムです。その瀧上さんの超クリーンコラムの書籍化がとうとう決定したそうです。同じタイミングでスタートしたにもかかわらず、しっかりと書籍化への準備をしていた働きアリと、やれ合コンだ、やれ風俗だと、欲望のままに女性にうつつを抜かしていたゲスギリス。圧倒的な差をつけられ、僕が追っていた瀧上さんの背中は、もはや肛門ぐらいの小ささにまでなってしまいました。

こうなったら僕に残された道はただ一つ。大先輩である瀧上さんを、このコラムに巻き込んで、瀧上さんもろとも沈んでいただくしかありません。

あれはとある名古屋での仕事の時でした。僕らは名古屋ローカルの深夜の情報番組のゲストに、流れ星さんと共に呼んでもらいました。その番組は、いわゆる〝撮って出し〟と言われる手法で収録する30分番組でした。その日のお昼に収録したものを、ほとんど編集せず、そのままその日の深夜に流すという、テレビ業界ではたまに用いられる手法です。流れ星さんと一緒という事もあり、収録は和気あいあいとした雰囲気で進み、瀧上さんの相方であるちゅうえいさんのお得意のギャグも冴え渡り、良い感じで30分間の収録を終えました。

収録を終えて、次の日に名古屋でのお笑いライブを控えていた僕達は、そのまま名古屋駅付近のホテルに宿泊することになりました。流れ星さんは東京に帰りましたが、僕らは名古屋のスタッフさんと打ち上げも兼ねて、ご飯に行く事になりました。

東京から遠く離れた名古屋という土地にテンションが上がる僕。芸人という生き物は地方に行ったら必ずと言っていいほどムラムラするヤバイ性癖を抱えています。そして、地方に行った芸人は、スタッフさんとの打ち上げの後半ぐらいから、テーブルの下で現地の風俗情報を漁りだします。そして、突如として睡魔が襲ってきたふりをし、「昨日あんま寝てないんすよ～」などとほざきながら、早めに打ち上げを終わらせようとするのです。芸人に限らず全ての男性がなぜかソワソワする〝地方〟という響き。しかも風俗のメッカと言っても過言ではない名古屋。それに加え、ホテルに帰るまでの道中で、次から次へと胡散臭いキャッチの方々が寄ってきます。これでムラムラしない筈がありません。

「お兄さんお兄さん、今日は抜きとかないですか？」女子がしかめっ面するには十分なほどの品のない誘い文句。「ないわけないです。抜きとかあります」。それに対し即答で自らのムラムラを明かす僕。「うちの店マジで可愛い子しかいないんですけどどうすか？」嘘以外の何ものでもない言葉を平然と言ってくるキャッチ。「じゃあ行きます」。こんなに胡散臭い誘い文句にも、チンコが喋ったんじゃないかと錯覚するほどの即答。

これが地方の魔力です。

「マジで嘘じゃないっすよ！　おれタクヤって言うんで！」なぜ名前を明かしてきたのかはわかりませんが、郷に入っては郷に従えと言わんばかりに、タクヤが紹介する店に決める僕。ホテル名と部屋番号をタクヤに告げ、部屋で名古屋嬢の到着を待つ僕。そして程なくして部屋にノック音が響きました。すぐにドアを開けることもできますが、「別にがっついてませんよ？」ぐらいの間を取りドアを開ける僕。女の子から来たＬＩＮＥを、暇だと思われたくないので、すぐには返さないあの感じです。ドアを開けると、少しギャルっぽい服装の女の子が立っていました。その瞬間、僕の脳内でタクヤの言葉が再生されました。「うちの店マジで可愛い子しかいないんですけどどうすか？」もう一度女の子を見る僕。「マジで嘘じゃないっすよ！」

あいつマジで嘘ついてるやん？

女子の可愛いとタクヤの可愛いだけは本当に信用できないと心の底から思いました。

しかし、わざわざ来てくれた目の前の女の子に対して、「チェンジで」と言える勇気もありません。恐らく多くの日本人男性がこの言葉を言えず、涙を呑んできたのではないでしょうか？　この国の外交からもわかるように、日本人とはそういう国民性なのです。

とはいえ、〝風俗は容姿よりも技術だ〟という理念を掲げ、尚且つ「鶯谷デッドボール」のバースまで経験している僕には、それほどの痛手ではありませんでした。

嬢「出張ですか？」

僕「まあ、そんなとこです」

当たり障りのない会話をし、料金を支払う僕。金の確認を終えるなり、すぐに自らの服を脱ぎだす名古屋嬢。

嬢「お兄さんも服脱いで」

ムードもへったくれもなく、事務的に始めようとする名古屋嬢。これはハズレだ。始まって5分でその答えに辿り着く僕。容姿が芳しくないのは百歩譲ってしょうがないとしても、初対面ならではの少しむず痒いトークを楽しみつつ、徐々にエロい空気になっていくのが風俗の醍醐味です。その行程を怠り、尚且つ愛嬌もクソもないのは目も当てられません。僕も人より容姿は劣っている人間です。だからこそ、人一倍女性に対しての気遣いや優しさを重んじてきたという自負があります。ヤッた、ではない。ヤらせていただいたんだ、という気持ちを常に持って生きてきました。それらを踏まえた上で、目の前の名古屋嬢の事務的な対応に、僕のしゃちぽこは反り返るどころか何一つ反応を示さず、ういろうぐらいの柔らかさを維持していました。

僕が服を脱ぐと、名古屋嬢が僕の体をまさぐってきました。まさぐられている最中も、この愛嬌なき名古屋嬢に数万円を支払ったことを心底後悔していました。このままでは名古屋という土地自体を嫌いになってしまいそうだと思っていた矢先でした。

名古屋嬢が僕のしゃちぽこを咥えた瞬間、今まで感じたことのない快感が僕の体を駆け巡りました。しかし、舌使いが巧みなわけでもなく、他のテクニックが突出しているわけでもありません。それなのにこの全身を駆け巡る快感は一体なんなのか？

その快感の正体は、〝温度〟でした。

名古屋嬢の口の中の温度が尋常じゃないぐらい温かかったのです。要するに、名古屋嬢の口の中の温度と、僕のしゃちぽこの温度に大きな差があったために、この快感が生まれたのです。言うなれば彼女は、冷たい麺を温かいスープにつけて食べる〝つけ麺型風俗嬢〟だったのです。

これは温かいスープどころやあれへん！　これ味噌カツ揚げる温度ちゃうか!?　これ口か

ら出したらカラッと揚がってたりせんやろな!?

僕のしゃちぽこは一瞬にして反り返り、さっきまでの名古屋嬢へのイラつきなどとっくに忘れ、恍惚の表情で口の中の温度を馬鹿みたいに楽しむ僕。そして気がつくと、所定の時間をかなり残し、僕はフィニッシュしてしまいました。

嬢「え？　早すぎない？」不思議そうに僕を見てくる名古屋嬢。僕「ごめん、だいぶ溜まってたから」。平然と嘘をつく味噌カツ。しかも賢者タイムにより、最初の悪い印象が蘇ってきたため、素直に気持ち良かったとは言わない下衆カツ。すると名古屋嬢が、「お店に帰るの早すぎると怒られちゃうから、もうちょっと居てい？」と言いだしました。そう、本来風俗嬢という職業は、コース時間を目一杯使って顧客を満足させなければいけません。あまりに早く終わって店へ帰ると、お座なりのプレイをしたのではないか、とお店から怒られる場合があるのです。この名古屋嬢も、本来ならもうちょっと時間を使う筈だったと思います。しかし、思いもよらぬ味噌カツ童貞ボーイの出現により、本来のプランが狂ってしまったのです。

僕「じゃあ時間もまだだいぶ余ってるし、もう1回してもらったりとかでけへん？」

あの味噌カツ体験を1回で終わらせるのはもったいないと判断した僕は、名古屋嬢への救済措置と言わんばかりに、ダメ元で2回戦の提案をしてみました。

嬢「え？　無理無理。うちの店1回だけだもん」

即答でノーをつきつけてくる名古屋嬢。味噌カツ完売の悲報と、終始イラッとする彼女の喋り方にげんなりする僕。ふと彼女を見ると、こちらの了解も得ずに、既にタバコを吸っていました。店のルールがどうであろうとも、ここからは風俗嬢の心意気次第です。しかし、その心意気をこの名古屋嬢に求めること自体がナンセンスでした。ピロートークを楽しむ気にもなれず、かといって「帰ってくれ」とも言えない僕。そんななか、名古屋嬢が服を着てテレビを観ようと、リモコンの電源ボタンを押していました。

すると、とんでもない光景が僕らの目に飛び込んできました。なんと、テレビの電源を入れた瞬間、画面にヘラヘラしている僕が映し出されたのです。そう、今日の昼に収録した番組が、今まさに放送中だったのです。

嬢「え？　え？　何これ？　え？　なんでいるの？」

軽いパニックになる名古屋嬢。

嬢「え？　もしかして芸人なの？」

僕「まあ、実はそやねん……」

嬢「へー、そうなんだ。あたし家にテレビないからお笑いとか全くわかんなくて。有名なの？」

僕「東京では結構毎日ぐらいテレビ出てるよ」

とりあえず嘘をつく僕。

嬢「へー、凄いじゃん。あたしお笑いなんてナイナイとかで止まってるわ。てか面白いの？」

このしんどい会話をあと数十分しないといけないと思うと、ゾッとしました。このまま2人でこの放送を観る事ほどしんどいものはありません。そう思った僕がチャンネルを変えようとしたその時でした。

嬢「え⁉　ちゅうえいじゃん‼　あたしちゅうえいめっちゃ好きなんだけど‼」

急にテンションがぶち上がる名古屋嬢。全然ナイナイで止まっていませんでした。

嬢「あたしちゅうえいだけはマジで好きなの！　めっちゃ面白くない？」

この部屋に入ってきて、彼女の笑顔を初めて見た瞬間でした。流石は稀代のギャグマシーンちゅうえいさん。名古屋の風俗嬢にまで面白いと言わしめるその才能は、間違いなく将来のお笑い界を背負って立つ男のそれでした。

かたや秒でイカされ、2回戦も断られ、挙句存在すら知られていなかった味噌カツ三流芸人。そんな三流芸人が、ちゅうえいさんでキャッキャしてる名古屋嬢を見て、掟破りの大逆転案を絞り出しました。

僕「ちゅうえいさんに会いたい？」
嬢「え？　会いたいに決まってんじゃん？」
僕「実はオレちゅうえいさんとめっちゃ仲良いねやんか？」
嘘に嘘を重ねる味噌カツ。ちゅうえいさんの連絡先すら知りません。
嬢「え？　マジ!?　会いたい!!」
嬉々とする名古屋嬢。そこにMC味噌カツが、渾身のパンチラインをはめにいきます。
僕「じゃあ、2回戦してもらってもいい？」
ついさっきまで三流芸人だった男の実態は、超一流の下衆カツ芸人だったのです。こいつマジで言ってんのか？の目を向けてくる名古屋嬢。マジやで？の目で対抗する下衆カツ。ちゅうえいさんという大先輩の一流芸人を、2回戦にいけるかどうかの駆け引きに使う超一流でらしゃちぽこ野郎。そして本当にまさかでしたが、名古屋嬢は僕の要求を呑んでくれました。なんと、2枚目の味噌カツを揚げてもらえる事になったのです。
それもこれも全てちゅうえいさん、いや、肘神様のおかげです。正直絶対に無理だと思っていましたが、こうなってくると、ちゅうえいさんの凄さにただただ脱帽せざるを得ません。もしかすると彼こそが真の信長なのかもしれません。そんな信長から猿と呼ばれ、農民出身にもかかわらず、後に天下統一を成し遂げた豊臣秀吉と、南大阪の団地出身で、猿のような

性欲を見せる自分を重ねながら、2枚目の味噌カツを堪能しました。

東京に帰り、ちゅうえいさんに事の顚末を話しました。

僕「というわけなんで、今度その名古屋嬢に会ってもらってもいいですか？」

ちゅ「会うわけねえだろ！」

肘神様は、お怒りになられていました。

結局、書き終わってみれば、瀧上さんを巻き込んで失墜させるどころか、大先輩の名前を使って風俗嬢に2回抜いてもらったというゴミのような話をたらたらと書いただけになってしまいました。書けば書くほど自分の書籍化が遠ざかっていく事に、やっと気づいてきた今日この頃です。

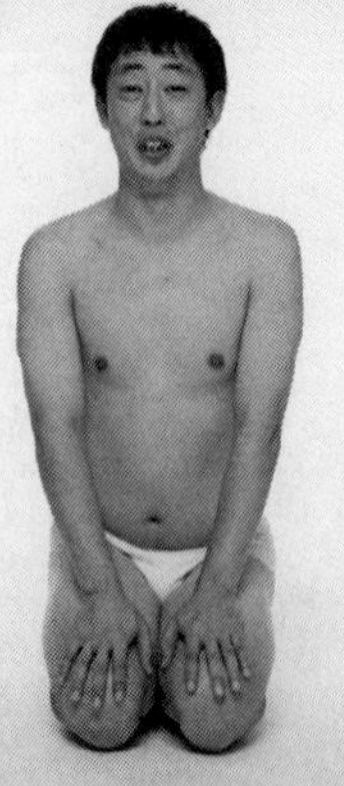

最後まで読んでいただき……

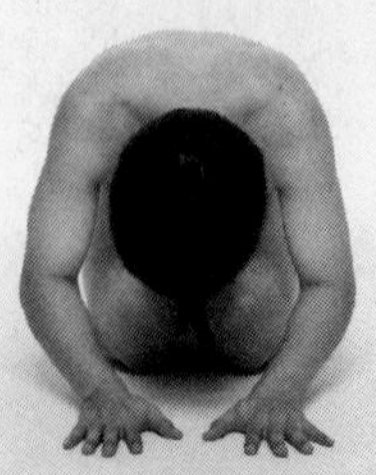

ホンマ、すんませんでした!!

で……、宅飲みどうします？

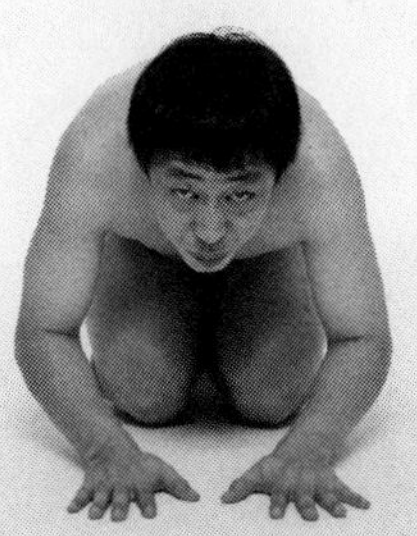

4年ぶりのメンタル童貞
Mental

皆様、ご無沙汰しておりました。ご無沙汰しすぎたかもしれません。これに近い台詞が日本中を席巻していた2019年。

その2019年に発売された『メンタル童貞ロックンロール』から4年もの歳月が経過してしまいました。

その間、新型コロナウィルスという人類史上最も厄介な伝染病により、世界は未曽有の危機に瀕してきました。

世界的パンデミックにより、社会はストップし、人々の生活は一変しました。

そんな中、我々ゲスの生活も一変しました。

今まで馬鹿みたいに行っていた合コンは一切なくなり、相席居酒屋や風俗に行くことも憚られる最悪の事態。ゲスにとってはまさに陸の孤島とも言える日々を過ごしてきました。

それならばネットの中に逃げ込むしかない、と始めたエロチャットで、月に100万円の請求が来た馬鹿もいました。

そんな鬱屈した時間を過ごし、ようやくコロナの規制緩和が本格的に実施されだした2023年初旬。赤坂の路上を歩いていた僕はとんでもない言葉を耳にしました。

「お兄さん、ヤリマンキャバクラいかがですか？」

耳から突然入ってきた衝撃的すぎるその言葉を脳が理解するのに数秒かかりました。

ヤヤヤヤヤ、ヤリマン!?

コロナ禍に入り、合コンもなくなり、口にすることも耳にすることもなくなった『ヤリマン』の4文字。

その言葉を脳が理解した瞬間に全身を光の速さで駆け巡り、足先まで到達した時、僕は歩みを止めていました。

4年間眠っていたゲスの体に血液と酸素が送り込まれ、体が緑と紫と茶色を混ぜたような本来の汚い色を取り戻す。

仕事に向かっていたにもかかわらず、気がつけばキャッチのお兄さんのほうに無心で向かっていく僕。

その姿はフォレスト・ガンプが足についた器具が外れながらもただただ無心で走っていくあのシーンに酷似していたと思います。

「なんすか？　なんすか？　なんすか？」

そう言いながらキャッチのお兄さんに駆け寄るフォゲスト・ガンプ。

「ヤリマンキャバクラって言いました？」

今一度確認の為に聞くフォゲスト。

「そうです。ヤリマンキャバクラです」

真っ直ぐな目で言ってくるキャッチのお兄さん。どこか頼り甲斐のあるその姿に、思わず『ダン中尉』と呼びそうになるフォゲスト。

「どういうことですか？　女の子がヤリマンってことですか？」

ゆっくりと確認していくフォゲスト。

「はい、そういうことです」

こちらが待っている答えをはっきりと言ってくれるダン中尉。

「ほんますか？」

念押しするフォゲストの鼓膜にダン中尉の衝撃的な言葉が突き刺さります。

「全員ヤリマンです」

全員ヤリマン。

アウトレイジの『全員悪人』

WBC日本チームの『全員野球』

よりもセンセーショナルな言葉、

『全員ヤリマン』

もし「日本三大全員は？」と聞かれたらこの3つで間違いないでしょう。

一生懸命キャッチのお兄さんを質問攻めにする僕。そんな僕の後ろを「あっ、さらば青春の光だ」と言いながら僕に気づいてくれたサラリーマン2人組にも『ヤリマン』というワードは聞こえていたことでしょう。

しかし、一旦は歩を止めキャッチのお兄さんの話に耳を傾けていた僕でしたが、TBSラジオでやらせてもらっている『さらば青春の光がTaダ、Baカ、Saワギ』通称〝タダバカ〟という番組の収録に向かう途中だったことを思い出し、どうしてもその場を離れなければいけませんでした。

「ちょっとこれからまだ仕事なんでとりあえず行きますね。ありがとうございました」

僕がそう告げると、お兄さんが聞いてきます。

「仕事何時に終わるんですか？」

流石は港区のキャッチ。もう完全に話を終わらせにいった僕に対しても当然のように粘ってきます。

「12時過ぎとかですね」

『遅いでしょ?』のニュアンスを含ませながら答える僕。しかし手練れのキャッチはそんなことをものともせず畳みかけてきます。

「それぐらいの時間がヤリマンは一番仕上がってますよ」

こちらが何を言ってもそれを更に上回ってくる誘い文句で気持ちを揺さぶってきます。このままだと取り込まれてしまう、そう思った僕は逃げるようにTBSへ向かいました。

ラジオの本番を迎えても、僕の頭の片隅には終始ヤリマンキャバクラが怪しい光を放ちながら存在し続けていました。

ヤリマンキャバクラってなんだ?

そういう面接があるのか?

もし仮にヤリマンじゃなかった時警察に摘発されるのではないか?

など、僕の中でどんどんヤリマンキャバクラへの興味が膨らんでいきます。

帰り際、エレベーターホールに向かう途中、もう3年以上の付き合いになる、『タダバカ』のディレクターの福田氏とADの柴田氏に、我慢できずヤリマンキャバクラの話を聞いてもらいました。

二人は瞳を輝かせながら僕が乗るエレベーターが閉まる直前まで「それめっちゃ良いっすね!」と言いながら興奮していました。


それから1週間が経ち、またまた『タダバカ』の収録の為にTBSラジオに入った僕。いつもだいたい入ってから今日はどんなバカ騒ぎできる企画をやるのかディレクターの福田氏から説明を受け、みんなでその企画を多少揉んで本番に臨みます。

しかし、この日はいつものラジオブースではなく会議室に通されました。僕が会議室に入ると、福田氏と柴田氏が神妙な面持ちで僕の到着を待っていました。

何かおかしいなと思いながらも、僕は福田氏に尋ねました。

「今日なにやるんすか？」

実はスケジュールの都合上、今日はどこのラジオブースも空いていないので、会議室で簡易的に録音するしかない、という前置きをしてから、福田氏は少し照れ臭そうに僕に言いました。

「今日はヤリマンキャバクラに行きましょう」

まさかの一言に呆気に取られる僕。

しかし、叩き上げのラジオマン二人の目は真剣でした。

「本当にヤリマンキャバクラが存在するのか、確かめといたほうが良いと思うんです」

なぜこのラジオが3年も続いてるのか、演者、スタッフ、リスナーも含め誰も分かっていません。

しかし、会議室にはまるで『下町ロケット』のような空気が流れていました。
僕が焚き付けてしまったヤリマンキャバクラの実態解明への夢。

「深夜3時台の小さなラジオ番組にそんなことができるわけがないだろ」

恐らく僕の知らないところで他のラジオマンたちからそう揶揄されてきたのでしょう。
しかし彼らはそこで卑屈になるのではなく、深夜ラジオ特有の反骨精神で僕に真正面からぶつかってきてくれました。

「社長が納得いくまでとことんやってください。オレたちはどこまでも社長についていきます」

そう言われているような気がしました。

『町工場から宇宙へ』
『深夜ラジオからヤリマンキャバクラへ』

この二つの言葉が見事にリンクした瞬間でした。

程なくして、その週のオープニングだけ録音し、相方、ディレクター、作家、マネージャーを会議室に残し、僕とＡＤ柴田氏がいよいよヤリマンキャバクラに向かうことになりました。

オレたちが作りあげたヤリマントランスミッションのバルブトークシステムがあれば、なんとかヤリマンキャバクラの実態を解明できるかもしれない。そう意気込みながら、あのキャッチのお兄さんがいた場所に向かいました。

1週間前と同じ場所にキャッチのお兄さんはいました。

いよいよ現実味を帯びてきたことに少し怖気付く僕と柴田氏。しかし、ビビっていても仕方がないので、思い切ってこちらから声をかけました。

「あの～、先週ここでお兄さんに声かけられた者ですけども……」

夜の街において、客からキャッチに声をかけることもなければ、この台詞もあまり聞いたことはありません。広大なサバンナでシマウマがライオンに「あの〜、先週追いかけ回された者なんですが……」と言いながら近づいていくようなもんです。

「そうですよね。覚えてますよ」

今は腹を空かせていないのか、先週食べようとして追いかけ回したかよわいシマウマに冷静に対応するライオン。その冷静さに一抹の不安がよぎる僕たち。風営法だなんだで次の日には店の業態が変わってるなんてことも珍しくないのがこの世界。もしかすると今日は普通のガールズバーになっている可能性もなくはない。僕は恐る恐る聞きました。

「ちなみにお兄さん何のキャッチなんでしたっけ？」

「ヤリマンキャバクラです」

百獣の王でした。今週もしっかりと百獣の王のままでした。夜の街における圧倒的王者、ヤリマンキャバクラ。そのヤリマンキャバクラが今週もまだ君臨していたことに安堵感を抱きながらも、まだ実態は掴めていないのが現状です。僕はあらためて聞きました。

「ほんまにヤリマンキャバクラなんですか？」

その質問をした時にはもう既にライオンのテリトリーの中に入っていたのかもしれません。お兄さんは不敵な笑みを浮かべながら僕たちにこう言いました。

「実は2店舗ありまして、ゴリゴリヤリマンキャバクラと……」

ゴリゴリヤリマンキャバクラ!?　ゴリゴリヤリマンキャバクラ!?

ただのヤリマンキャバクラではない、ゴリゴリヤリマンキャバクラ。

普通のダッシュモーターじゃなく、ハイパーダッシュモーターを積んでミニ四駆で遊んでる金持ちの同級生を見た時を思い出しました。そんな悔しさに塗れた幼少期が一瞬フラッシュバックした僕に更なる衝撃が。

「まあこれは生乳ベロチューファイヤーなんですけど……」

なななな生乳ベロチューファイヤー!?

そんな車種あんの!? 今までスーパーエンペラーとかアバンテJr.とかサンダードラゴンとかは使ってたけど、生乳ベロチューファイヤーなる車種は地元の金持ち同級生でも持ってなかったぞ!?

最早さっきまでライオンに見えていたキャッチのお兄さんが今ではミニ四ファイターにしか見えない森田&柴田あらためレッツ&ゴー。

生乳ベロチューファイヤーのGに耐えられず、マシンがひっくり返りただただタイヤが空回りしてるレッツ&ゴーにミニ四ファイターが続けます。

「もう一つは、赤坂中のエロいのを凝縮して集めたやんわりヤリマンキャバクラです」

生乳ベロチューファイヤーの衝撃で見落としがちですが、こっちはこっちで何を言ってるかほぼほぼ理解できません。

よくよく聞くと、一つめのゴリゴリヤリマンキャバクラ（生乳ベロチューファイヤー）は胸へのお触りやディープキスができるいわゆる〝セクキャバ〟と言われる業務形態で、股間がギンギンにはなりますが、抜きは無いので男たちの間で〝生殺し〟と言われている種類のお店です。

これはこれで魅力的ではありますが、本来の趣旨とは少し違うので、こちらの調査は今回は見送ることにしました。

一方の赤坂中のエロいのを凝縮して集めたやんわりヤリマンキャバクラ。こっちがいわゆる先週僕にプレゼンしてきた本来のヤリマンキャバクラだとお兄さんは言ってきました。

しかも70分2000円という赤坂という土地では破格のプライス。

そしてずっとキャッチのお兄さんとして僕らと対峙してきたこの人は、この店のゼネラルマネージャー、いわゆるGMでした。

GM自らキャッチへと街に繰り出すその姿は、出世しても尚、未だ『ゴッドタン』のフロアで地べたに座りながらカンペを出す佐久間Pのようで、どこか頼もしさを感じました。

この数分でGMが僕らに浴びせてくる色んな情報のせいで本題を見失っていたので、軌道修正の意味を込めて今一度聞きました。

森田「在籍してる子全員がヤリマンなんですか？」

「てか赤坂自体がヤリマン多めなんで……」

物凄い偏見を放つＧＭ。

「そうなんすね。で、その中でも全員ヤリマンのお店だと？」

「まあヤリマンでしょうね」

ん？

「バックヤードでの女の子たちの会話聞いてる限り間違いなくヤリマンです」

ん？　ん？

「あとはもう立ち振る舞いが完全にヤリマンのそれだなっていつも思いますし……」

ん？　ん？　ん？　あれ……？

僕と柴田氏の目の前に濃い霧のような、はたまた巨大な白いモヤのようなものが立ち込めました。そしてそのモヤの正体は明らかにＧＭから出ているものでした。

まあヤリマンでしょうね？

バックヤードの会話聞いてる限りヤリマン？

立ち振る舞いがヤリマンのそれ？

これらの言葉をかき集めた僕たち二人の頭の中に浮かんだ一つの疑問。

そういえばＧＭさっきからずっと主観で喋ってない？

もしかしたら僕たちはとんでもない勘違いをしていたのかもしれません。ずっとヤリマンキャバクラという業務形態が存在するものだと思って話を進めていました。セクキャバ、ガールズバー、ラウンジなどと同様にヤリマンキャバクラという業種が存在するものだとばかり思っていたんです。

しかし、これまでのＧＭの発言を聞いてると、ＧＭ自らが見たものを勝手にヤリマンだと判断している可能性が非常に高いのではないか？

その結論が出た瞬間、僕はもう聞かずにはいられませんでした。

「もしかしてこれってヤリマンキャバクラとは謳ってないんですか？」

僕の質問にＧＭの顔が曇りました。そして、

「いや……まあ……ヤリマンキャバクラとは謳ってないですけど……」

やはりそうでした。完全なるＧＭのスタンドプレーでした。

ごく普通の赤坂のキャバクラ店。ヤリマンかどうかを問う面接も一切ない。ただそこで働く女性たちの所作を見て、勝手にうちはヤリマンキャバクラだと道行く人たちに吹聴していただけだったんです。

僕たちは落胆せずにはいられませんでした。しかし、僕たちのガッカリした表情を目の当たりにしたにもかかわらず、ＧＭの勢いは一向に止（とど）まることはありませんでした。

「でも、どう考えてもヤリマンなんで」

「露骨にヤリマンですよ」

「店終わってからの女の子たちの会話聞いてたら本当に分かるんで」

「常にお泊まりセット持参で出勤してる子もいますし」

自分の店の女の子たちがヤリマンだと信じて疑わないGM。

これがもしも世界的配信者のひろゆきさんとのディベートだったら、

「それってあなたの感想ですよね？」

で一蹴されて終わりです。

しかし、ただただ自分の主観でヤリマンだと決めつけているやべえスタッフなのに、憎めないこの男の存在に僕たちはどこか惹かれるものがありました。

ここまではっきりと実態を暴かれたにもかかわらずまだ目を輝かせ、

「だって本当にヤリマンなんですもん」

の一点張りで応戦してくるこの男に、なぜか僕たちはBETしたくなっていました。悪い人間ではないのかもしれない。そう思いながらその店に行くことに決めました。店の前まで案内してくれたGMが去り際に、

「あと女の子に僕がヤリマンキャバクラって言ってたって言うのは絶対にやめてくださいね」

やはり悪い人間かもしれない。

店に入り、席に着くと綺麗な女の子が二人ずつ付いてくれました。

与えられた時間は70分しかないので、僕たちは積極的にパンチを繰り出すことにしました。

GMからは〝ヤリマンキャバクラ〟というワードは出すなとしか言われていなかったので、

「なんかちょっとエロめの女の子がいるって言われて来てんけど？」

と軽くジャブを打ちました。すると、

「え、そうなの？　まあでも確かに私たちエロいよね」

と、こちらよりも若干鋭いジャブが返ってきました。

「でもエロいってどれぐらいの感じ？」

と再びこちらがジャブを放ちます。

「じゃあさ、最近いつエッチした？」

こちらが打ったジャブにストレートが返ってきました。

「私10日前ぐらい」

左フック。

「セフレと」

右アッパー。序盤からとんでもないコンビネーションが僕たちを襲ってきます。

「でもそのセフレはエッチの相性悪かったから切ったんだよね」

止まらないジョーの攻撃。いや、嬢の攻撃。

「だからもう今ヤってなさすぎてどうかなっちゃいそう」

ずしりと重いボディブローが僕たちの肝臓部分に突き刺さります。許されるなら物理的にクリンチしたいぐらいエロすぎる嬢。もしかしたらGMの言ってたことは間違いじゃなかったのかもしれない。防戦一方の中、AD柴田氏の、

「僕1週間前ぐらいすかね。デリヘルですけど」

というリングにすら上がれてない意味不明のイキリ発言で早々に試合が終わりかけたので、

「じゃあ今日とかでもエッチしたいんちゃうん？」

というモーションバレバレの大振りパンチで応戦すると、

「うち来る？」

ダウン。

僕たちはマットに突っ伏して倒れました。

カウントを数えるレフェリーがなぜか中山秀ちゃんに見えました。

そしてマットに突っ伏しながら悟りました。

これは、ヤリマンキャバクラだ。

ゆうみちゃんと名乗るその子は、言動、所作、立ち振る舞い、全てがヤリマンのそれでした。

オレに確認も取らず、勝手にゆうみちゃんを場内指名する柴田氏。最早敵か味方かも分かりません。

しかし、その他の女の子たちはＬＩＮＥは交換してくれるものの、どこかヤリマンの決め手にかける子たちばかりで時間だけが過ぎていきました。

何人も女の子が入れ替わり立ち替わりする中、ゆうみちゃんだけは僕たちの席に居続けました。

その間も、ずっと機嫌を損ねないように丁寧に仲を深める僕たち。もしかしたら今日本当に家に行けるかもしれない。なんなら3Ｐの可能性だってある。

そして、あっという間に70分が経過しました。

良い感じで酒が入ったゆうみちゃんに最後の質問をぶつけます。

「今日家行っていい？」

「無理〜」

「3Pは？」

「無理無理〜」

あっさりとロケット打ち上げ失敗。やはりヤリマントランスミッションのバルブトークシステムが異常をきたしまくっていたに違いありません。

木っ端微塵になった2機のロケットを見るに見かねた、最後についたもう一人の女の子が、

「シャンパン入れたらもしかしたら行けるんじゃない？」

と言ってくれました。

そうか、オレたちにはまだシャンパンというロケットがある！　そう思いすかさず、

「シャンパン入れるから！」

と言うと、

「アソコに？」

というただの酔っ払いの答えが返ってきて、ＴＨＥ ＥＮＤ。シャンパンロケットも木っ端微塵に弾け飛びました。

うなだれる僕たちの元に店員さんが伝票を持ってきました。

５万７００円。

当初70分２０００円のはずでしたが、場内指名やら女の子のドリンク代やらが積み重なったのか、えげつない額に跳ね上がっていました。

敗北感に塗れ店を出ると、そこにはＧＭが立っていました。僕はＧＭに言いました。

「ちょっと！　どこがヤリマンキャバクラなんすか！　誰も無理でしたわ！」

するとGMはまた不敵な笑みを浮かべ言いました。

「LINE交換したでしょ？　ここからですよ」

「もうええわ！」

と叫びながらも、やはりどこか憎めない男だなと思い、みんなの待つTBSラジオに戻りました。

コロナ禍もいよいよ本格的に明けそうな兆しを見せ、メンタル童貞活動も第2章に突入出来るかもしれません。

もしも街で僕を見かけたら、その時は皆様快くヤらせてください。

解説

バイク川崎バイク

どうも、ピン芸人のＢＫＢことバイク川崎バイクです。

Ｂ僕はＫこの本の作者のＢベストフレンド。ＢＫＢ。ヒィア。ブンブン。レッゴ。

さて、こちらを読んでくれているということは、一旦すべてのおもしろゲスエッセイを読み終え、自然にページをめくりここに辿りついてくれたノーマルプレイの方々なのか、あるいは、本編を読む前にとりあえず表紙カバーを剝がしてみたり、あとがきなどもチラ見したりするタイプの乱暴早漏プレイの方々なのか。

いや……すみません。僕も本文の方を今しがた読んだ影響で、無理やり森田っぽい喩えを入れてはみましたが、なんも巧くもないし、もうフォームを崩しそうなのでやめときます。

いずれにせよ、記念すべき文庫版の〝解説〟というものを幻冬舎さん、並びに親友後輩の森田のてってつから頼まれまして、それは快諾させてもらったのですが、正直なところ「この本の解説てなに？」とはなりました。

なぜなら、この本を手にとってる方々なんて、大抵は森田の出てる番組やYouTube、ラジオやSNSなどを見聞きして、あるていど森田の人となりを理解してニヤニヤと読んでいるコア層の方々がほとんどなのでは、と思ったからです。

もちろん、お話の一つひとつに多少の浪漫的脚色はあれど、明け透けに書かれているダサく儚い出来事たち。それこそがすべてであり、それ以上でもそれ以下でもない。解説だなんてそんなそんな。今更BKBがなにを語ることがあろうか。

てか、こんなに〝手コキ〟とか〝ヤレるかも〟とかやたら書いてる文章の解説てなんやねん。未成年が手コキで検索してもたらどう責任とるねん。ああもう。〝手〟って打ったら〝手コキ〟で予測変換が出るようになったやないかどないしてくれんねん。書き下ろしの

『4年ぶりのメンタル童貞』もめちゃくちゃおもろかったけどなんやあれ。ノリのいい思わせ振りなだけのキャバ嬢に軽くボッタくられただけちゃうんかい。あと、〝書き下ろし〟って言葉もなんかエロく感じてきたわどないしてくれんねん。

……ただ、そんなことばかり言っていると筆がすすまずブレーキがかかるので（バイクだけにね）BKBなりに解説させて頂きますね。レッゴー!!!

まず、タイトルにもなっている〝メンタル童貞〟の語源。

漠然としたイメージでしか捉えられてない方もいるかもしれませんので、森田本人にもラインで確認したところ「多分僕が考えた言葉なんですが、誰か他の人も言ってたかもっす。まあニュアンスっす笑」という、これまた漠然とした返信がありました。

BKBなりの解釈としては、『マジの童貞ではないけれど、メンタルが童貞。つまるところ、ヤリたいヤリたいヤレそうヤレそうと強気なこと言ってるけど、結局現場では空回りして最後には逃げ腰になってチャンス逃しまくってる儚い男』みたいなことだと思います。

森田にも「〜ていう解釈でOK？」と聞くと「はい！」と荒めの3文字だけの返信があっ

たので、僕も「ヒィア！」と荒めの4文字で返信しました。

まあ読者の感じ方次第で、なんでもいいということだとは思います。森田哲矢という愛すべきゲス野郎を表した、いいタイトルです。

ちなみに余談ですが、2019年に元々の単行本が出版されたとき、「メンタル童貞ロックンロールありますか?と本屋さんで聞くのなんか恥ずかしい」というつぶやきをSNSで見た記憶があります。お察しします。この文庫版でも同じような方がいることでしょう。でも、いいタイトルです。いつかドラマ化もするでしょう。そしてドラマ化ではコンプラの影響を受けて、違うタイトルになることでしょう。


内容のほうは、と言いますと、本編をすべて読まれた方はわかると思いますが、エッセイの5回に1回、約20%くらいの確率でニューヨークの屋敷とBKBが出てきてます。これもいわゆる僕が解説を頼まれた理由の一つにもあたると思うのですが、この本に掲載されてるお話は2015年〜2018年くらいまでの出来事。

まだ未曽有のコロナがやってくる前。

さらばの森田、ニューヨークの屋敷、BKB、誰が呼んだか通称〝森屋B〟。

確かに、この時期は森屋Bの3人でよくプライベートを共にしていたので（まあ2023年現在も初詣とかは絶対元旦に3人で行ってTwitterのヘッダーをお揃いにしてる仲ですが）、当時はエッセイ執筆の相談も軽く受けていた記憶もあります。

差しあたって、このエッセイ集のキラーチューンになったであろう作品『身の毛もよだつヤリマン2万7千円事件』について。

この話は当時、口コミでも広がり、芸人まわりなどでも「あれってマジなん?」「女子ヤバくない?」と話題にはなっていました。

そして、別のエッセイで後述されてる通り、あの話に出てくる〝フリーディレクター財津〟は〝バイク川崎バイク〟です。〝ザイツ〟ではなく〝バイク〟。

森田的には、絶対エッセイにしたいとんでもない出来事が身に起こった。とはいえ、そのとき彼女がいた僕は「万が一彼女がエッセイを読んだらまずい」という保身のため「俺は仮名で頼む」と芸人としてはとてもダサいお願いを森田にしました。

ほどなくして彼女と別れた僕は、このお話が話題になるたび「あの財津は、実は俺やねん」という謎のネタばらしを方々で吹聴して、キラーチューンのメンバーだったアピールをする始末。

あとこれは余談も余談ですが、当時の彼女とは、僕がフラれた側でした。このときの家飲みがバレた、とかそんなことでは一切なく「冷めた」という理由で。

あとこれも余談も余談も余談ですが、お話にも出てくるグループラインでの「オレの家の電気のリモコンもなくなってる！」は、そのときは「どうでもいい……」と一蹴されてましたが、割と本気で困ってました。電気の明るさが一切変えられなくなりましたから。豆電とかにもできない。

結果、酔っ払った屋敷がカバンにリモコンを入れてしまってたわけですが、今でも意味がわかりません。

ここまででなんとなくお気づきの方もいると思いますが、BKBももちろんメンタル童貞ではあります。もっと言うとメンヘラ童貞でもあります。森田からは「性格とか女子の好みとかも真逆やから仲いいんでしょうね俺たち」とよく言われます。

あとはそうですね。『水にまつわるエトセトラ』の裏話的なこととしましては、あの出来事が起こって少したってから森田が、「あの話書いていいすか!?」という連絡をしてきました。BKB的にはほんとに情けない出来事だったので少し渋りましたが、まあええかとOKしました。

ただ、ネズミ講をカマしてきた女性の素性は名誉のためにふせてもらえれば、という条件だけ出させてもらいました。でもせっかくなので、今だから言いますが、本当は〝ピアノの発表会〟ではなく、〝新体操の発表会〟でした（どっちでもええ）。

『ちょいちょいテレビに出てる芸人達の壮絶なる性の現場』なんかは、ただただ健康エロ男子二人が風俗に行っただけなのに、いつのまにか見事にエキストラの一人にされてた、という感覚です。

この話を読んでると、数年前の森田の誕生日を思いだしました。

先輩である僕が、バースデー風俗を奢ってあげたのですが、「バイクさん、ありがとうございました。でもあまりタイプじゃなくてイケなかったんで、もう一軒行ってきますわ」と居酒屋みたいな言い方で、誕生日に風俗二軒目に消えていった森田。もはやメンタル童貞というか、シッカリ童貞の性欲だなと思いました。

ちなみに、森田が風俗予約の電話をするときの偽名は〝林田〟「なんで木を一本減らすねん」。僕、川崎の偽名は〝本田〟「なんでバイクのメーカー変えるねん」。というやりとりを二人でたまにしています。

そんな頻繁に二人で行ってるわけでもないのですが、二人で行くときはいつも森田に予約電話をしてもらってます。多分このエッセイのお話のときだと思うのですが、森田がお店に予約電話をしたとき、「今から二人予約いけますか？　林田ですけど」と言うと「いつもありがとうございます。もう一名は本田様でよろしかったですか？」と、お店側が把握しすぎてたのは怖かったです（笑）。


……しかし改めて、解説のオファーがきてからこの本をまたザッと読みましたが、わかりきってることあえて言いますが、めちゃくちゃ文章おもしろいですよね森田って。

もちろんネタも喋りも生きざまもおもしろいのですが。なんというか、文体の切り返しとか、テンポとか、喩えとか。

これもあえて言いますが、割と執筆の一つひとつに絶対に時間はかかっています。当時は今ほどの忙しさではなかったにしろ、寝る間を惜しんで書いてたはずです。そんな努力や苦労してる素振りをほとんど見せず、少しでも笑ってくれたらそれでいいですというスタンス。森田本人もよく笑うやつなので、森田といると元気になるんですよね。

とはいえ、そんなプロのスタンスの森田ですが、このエッセイでもわかる通り、心配にはなりますね。プライベートもかなりお笑い優先しすぎてるので。結婚とかできるのでしょうか。言えない悩みは抱えてないでしょうか。

森田といるとき、よく言ってくるのが「一生青春やってますね、俺たち！」「俺らいつまでこんなことやってんねん！」「まあこれが俺たちって感じっすね！ガハハハハ！」などのメンタル童貞台詞のオンパレード。

この歳で、そんなことを言い合える友達がいることが、少し疲れたときの〝メンタル（回復の）道程〟になるのかもしれませんね。

いや、違うんすよ。なんか、このエッセイを読み返すとダサゲスすぎる内容多かったので、なんか、いい感じな雰囲気でまとめて取り返そうとしてる途中なんすよ。

でももう、そろそろ長くなったのでエンジン切りたいと思います。ここまで読んでくれた方、ありがとうございました。
最後になりましたが、文庫化おめでとう！
B僕らKこれからもBバカやっていこうぜ！　BKBヒィア！！！　ススス！！！

——芸人

本文デザイン：chutte
章トビライラスト：榎屋克優
本文イラスト：森田哲矢
本文イラスト（「ハロウィンの夜とAV女優」）：鰻和弘（銀シャリ）
撮影：山下大輔
写真素材：紙（各話トビラ）／煙（各コラム）©shutterstock.com

この作品は二〇一九年一月KADOKAWAより刊行されたものに新章「4年ぶりのメンタル童貞」を加えたものです。

幻冬舎文庫

●最新刊
最後の彼女
日野　草

恋愛専門の便利屋・ユキは、ターゲットにとって理想の恋人を演じる仕事を完璧にこなしていたはずだった、ユキ自身が誘拐されるまでは——。終わった恋が新たな真実を照らす恋愛ミステリー。

●最新刊
縄紋
真梨幸子

「縄紋時代、女は神であり男たちは種馬、奴隷でした」。校正者・興梠に届いた小説『縄紋黙示録』。そこには貝塚で発見された人骨の秘密が隠されて……。世界まるごと大どんでん返しミステリ。

●好評既刊
#塚森裕太がログアウトしたら
浅原ナオト

高三のバスケ部エース・塚森裕太が突然「ゲイ」だとSNSでカミングアウトした。周囲は騒然とするが反応は好意的。しかし彼の告白に苦しみ、葛藤する者たちもいた。痛みと希望の青春群像劇。

●好評既刊
ヘルジャパンを女が自由に楽しく生き延びる方法
アルテイシア

「男と女、どっちがつらい？」そんな不毛な争いはやめて、みんなで家父長制をぶっ壊そう！と元気づける著者による爆笑フェミエッセイ。お笑い芸人・せやろがいおじさんとの特別対談も収録。

●好評既刊
ああ、だから一人はいやなんだ。3
いとうあさこ

4人で襷を繋いだ「24時間駅伝」。接続できずに大騒ぎのリモート飲み会。お見合い旅inマカオ。〝初〟キスシーンに、〝初〟サウナ。いくつになってもあさこの毎日は初めてだらけ。

幻冬舎文庫

●好評既刊
もうレシピ本はいらない
人生を救う最強の食卓
稲垣えみ子

冷蔵庫なし・カセットコンロ1台で作る「一汁一菜」のワンパターンご飯は、調理時間10分、一食200円。これが最高にうまいんだ！「今日何食べよう」の悩みから解放される驚きの食生活を公開。

●好評既刊
遅いインターネット
宇野常寛

インターネットは世の中の「速度」を決定的に上げた。しかしその弊害がさまざまな場面で現出している。インターネットによって本来辿り着くべきだった未来を取り戻すために、必要なことは何か。

●好評既刊
マボロシの鳥
太田 光

〝マボロシの鳥〟を失い、芸ができなくなった魔人チカブーが、二十年後、バーで出会った男に言われた言葉は……。厄介で、面倒で、ドタバタな世界への、祈りに満ちた小説集。

●好評既刊
昨日のパスタ
小川 糸

ベルリンのアパートを引き払い、日本で暮らした一年は料理三昧の日々でした。味噌や梅干しなどの保存食を作ったり、お鍋を愛でたり。小さな暮らしの中に流れる優しい時間を綴った人気エッセイ。

●好評既刊
片見里荒川コネクション
小野寺史宜

留年が決定した二十二歳の海平。ひょんなことから「オレオレ詐欺」の片棒を担ぎかけるハメになった七十五歳の継男。同じ片見里出身ということ以外、接点のなかった二人が荒川で出会った――。

幻冬舎文庫

●好評既刊
帆立の詫び状
てんやわんや編
新川帆立

デビュー作『元彼の遺言状』が大ヒットし、依頼が殺到した新人作家はアメリカに逃亡。ディズニーワールドで歓声をあげ、シュラスコに舌鼓を打ち、ナイアガラの滝で日本のマスカラの強度を再確認。

●好評既刊
それでもしあわせフィンランド
芹澤　桂

フィンランド人と結婚し子供を産んでヘルシンキに住むこと早数年。家も買い、ローンも背負い、定職にもつきました。住めば都かそれとも？　幸福度No.1の秘訣が詰まった本音エッセイ第四弾。

●好評既刊
悩め医学生
泣くな研修医5
中山祐次郎

憧れの医学部に入学した雨野隆治を待ち受けていたハードな講義、試験、実習の嵐。自分なんかが医者になれるのか？　なっていいのか？　現役外科医による人気シリーズ、エピソードゼロ青春編。

●好評既刊
猫だましい
ハルノ宵子

乳がん、大腿骨骨折による人工股関節、ステージⅣの大腸がん……自身の一筋縄ではいかない闘病と、両親の介護と看取り、数多の猫との出会いと別れ――。いのちについて透徹に綴る名エッセイ。

●好評既刊
オタク女子が、4人で暮らしてみたら。
藤谷千明

気の合う仲間と一軒家暮らし。この生活に、沼落ちしました！　お金がない、物が増えていく、将来が不安……そんな思いで始めたアラフォーオタクのルームシェア。ゆるくてリアルな日常エッセイ！

メンタル童貞ロックンロール

森田哲矢

令和5年5月15日　初版発行
令和5年5月25日　2版発行

発行人――石原正康
編集人――高部真人
発行所――株式会社幻冬舎
〒151-0051東京都渋谷区千駄ヶ谷4-9-7
電話　03(5411)6222(営業)
　　　03(5411)6211(編集)
公式HP　https://www.gentosha.co.jp/
印刷・製本―中央精版印刷株式会社
装丁者――高橋雅之

幻冬舎文庫

ISBN978-4-344-43297-0　C0195　も-22-1

この本に関するご意見・ご感想は、下記アンケートフォームからお寄せください。
https://www.gentosha.co.jp/e/